EIGHT
Think 8

일러두기

· 통상적으로 사용하는 구어체 표기와 맞춤법 일부를 그대로 따랐습니다.

· 외래어 표기는 국립국어원 원칙을 따르되, 일반적으로 통용되어 굳어진 용어들은 그대로 사용했습니다.

· 문장 부호는 다음의 기준에 맞춰 사용했습니다.

　《　》 단행본·신문·잡지·정기간행물

　〈　〉 칼럼·논문·기사 또는 이 사항들의 하위항목

인공지능의 딥러닝을 이기는 동서양 천재들의 생각법

에이트
EIGHT
Think 씽크

이지성 지음

차이
정원

차례

1장 지금 당신이 그 무엇보다 먼저 해야 할 일
문명적 의미의 Think를 만나라

2장 인공지능 창조자들의 숨겨진 정체
인공지능 창조와 발전의 핵심은 '수학'이다

3장 Think^{인공지능이 복제할 수 없는 생각} 하는 뇌를 만들어라
거대한 생각, 위대한 부에 다다르는 훈련

4장 실리콘밸리 천재들의 How to Think
세상에 없던 혁신을 만든, 천재들의 생각 시스템에 접속하라

5장 인공지능의 딥러닝을 이기는 법 10
Think 하라

인공지능의 딥러닝을 이길 유일한 무기

1

'인공지능에게 대체되지 않는 나'를 만드는 여덟 가지 방법을 다룬, 《에이트》가 독자들의 폭발적인 반응을 얻으며 전국 서점 종합 베스트셀러 1위를 질주하고 있을 때의 일이다. 나는 집필실에 들어앉아 조용히 다음 책을 구상하고 있었다. 그것은 '인공지능에게 대체되지 않는 생각'을 하는 법을 다룬 《에이트:씽크》였다.

《에이트》에서 말하는 인공지능에게 대체되지 않는 나를 만드는 법의 핵심은 공감 능력과 창조적 상상력이다. 그런데 이 둘은 'Think'를 통해 얻을 수 있다. 공감 능력은 '나'를 넘어 '너'와 '우리'의 입장에서 'Think' 할 때 발휘되고, 창조적 상상력의 불꽃은 기존에 있던 것에 혁신을 일으키는 'Think'를 하거나 기존에 없던 새로운 것을 'Think' 할 때 타오르기 때문이다.

그렇다면 인공지능에게 대체되지 않는 'Think'란 도대체 무엇이며, 그 'Think'는 어떻게 할 수 있는 걸까? 나는 이 주제를 놓고 집필실에서 홀로 치열하게 사색하고 있었다. 그러던 어느 날의 일이다. 내 안에서 어떤 문^門 같은 것이 순간적으로 열렸다가 닫혔다. 얼마 뒤 나는 뭔가에 홀린 사람처럼《에이트 : 씽크》의 목차를 써 내려가고 있었다.《에이트 : 씽크》는 그렇게 탄생의 서막을 열었다.

2

소아 우울증을 앓는 아이, 집단 따돌림을 당하고 삶이 갈기갈기 찢어진 10대, 학교폭력에 시달린 나머지 죽음을 생각하는 학생, 감정 노동에 지쳐 자아감을 상실한 근로자, 쪽방에서 홀로 쓸쓸히 죽음을 기다리는 노인, 외상후스트레스에 시달리는 난민…. 당장 눈에 보이지는 않지만 우리 곁에 늘 있는, 우리의 공감 어린 위로가 필요한 사람들이다. 하지만 우리는 그들을 모른 척하기 일쑤다. 아니, 그들이 우리 옆에서 함께 살아간다는 사실조차 모르고 있는 경우가 대부분이다. 그렇게 우리는 자신도 모르게 세상의 약자들을 소외시키고 있다.

인공지능은 어떨까? 인공지능도 세상의 약자들에게 우리처럼 하고 있을까? 아니다. 인공지능은 세상의 약자들과 적극적으로 만나고 있고, 그들에게 거의 유일한 친구가 되어주고 있다. 물론 이는 제작자에 의해 그렇게 프로그래밍이 됐기 때문이다. 스스로의 감정과 의지로 하는 일이 아니라는, 진짜 공감해서 하는 것이 아니라는 뜻이다. 하지만 육체적·심적 고통 속에 빠져 있는 사람들은 아무 조건 없이 자신에게 다가와주고, 자신의 말을 들어주고, 위로와 격려까지 해주는 인공지능 로봇에게 마음을 연다. 그러니까 인간이 인간에게 공감받고 위로받는 게 아니라, 인간이 인공지능에게 공감받고 위로받는 일이 벌어지고 있다. 미래가 아닌 현재에 말이다.

무서운 사실은 이게 시작일 뿐이라는 것이다. 인공지능은 우리가 먹고사는 문제에 매달린 나머지 공감 같은 것은 생각조차 하지 못하고 있는 지금 이 순간에도, 그러니까 우리가 《에이트》에서 이야기하는 리틀E^{Little empathy ability}를 얻기 위한 노력조차 못하고 있는 지금 이 순간에도 쉬지 않고 공감을 학습^{딥러닝}하고 있다. 추측하건대 지금 인공지능의 공감 능력은 리틀E를 넘어선 듯하다. 물론 이는 앞에서도 말했듯이 프로그래밍이 된 것이다. 하지만 알파고가 바둑의 거의 모든 것을 학습한 뒤에 프로그래밍을 뛰어넘었던 것을 기억해보라. 그와 같은 일이 공감 영역에서 일어나지 않으리라는 보장은 없다.

지금 과학자들은, 제발 아무것도 하지 않고 가만히 있었으면 좋겠다는 우리의 바람과 달리 생물학적 원리가 적용된, 그러니까 생물 같은 피부 조직과 근육 조직을 갖추고서 인간처럼 감각을 느끼는 감성 로봇을 개발하고 있다. 그리고 그 감성 로봇에 장착될 인공지능은 심리학과 인지과학을 공부하고 있다. 인간보다 더 깊이 있는 공감과 위로를 인간에게 전해줄 목적으로 말이다.

3

2004년에 개봉한 영화 〈아이, 로봇^{I, Robot}〉에는 인간과 인공지능 로봇이 나누는 의미심장한 대화가 나온다.

> **인간**: 로봇이 교향곡을 작곡할 수 있을까? 캔버스에 걸작을 그릴 수 있을까?^{Can a robot write a symphony? Can a robot turn a canvas into a beautiful masterpiece?}
>
> **인공지능 로봇**: 당신은요?^{Can you?}

나는 이 대사를 듣고 잠시 심장이 멎는 것 같았다. 나는 교향곡은 커녕 간단한 동요조차 작곡할 수 없고, 캔버스에 걸작은커녕 도화지에 아그리파 석고상조차 그릴 능력이 없기 때문이다.

물론 나에게는 글을 쓰는 능력이 있다. 하지만 글은 인공지능도 쓴다. 그것도 사회에 혼란과 충격을 줄 정도로 잘 써서 개발자들이 겁을 먹고 자신들이 개발한 인공지능을 폐기할 정도다.[1]

어디 글뿐인가. 요즘 인공지능은 작곡도 하고 그림도 그린다. 그 것도 베토벤의 〈미완성 교향곡〉을 완성하는 프로젝트에 도전하고,

뉴욕 크리스티 경매에서 약 5억 원이 넘는 가격에 팔리는 그림을 그릴 정도다. 이뿐 아니다. 요즘 인공지능은 발명도 한다. 그것도 유럽 특허청으로부터 '특허를 받기에 충분하나, 법률상 특허 신청은 인간만 할 수 있기에 불허한다'라는 평을 받을 정도다.

그렇다면 이제 인류는 완전히 끝났다는 말인가? 아니다. 아직은 인공지능 작가, 작곡가, 화가, 발명가가 인류에게 미치는 영향은 거의 없다고 해도 좋을 정도다. 하지만 미래에는 어떨까? 나는 대중에게 호기심을 일으키는 수준의 인공지능 작가, 작곡가, 화가, 발명가들은 얼마든지 나올 수 있지만 대중을 감동하게 하는 인공지능 작가, 작곡가, 화가, 발명가 들은 앞으로 100년 안에는 만나기 불가능할 거라고 생각한다. 이유는 《에이트》에서 밝혔듯이 인공지능이 그 정도의 창작을 할 수 있으려면, 인공지능에 탑재되는 양자컴퓨터의 큐비트가 최소 500만을 돌파해야 하는데, 과학기술의 발달 속도를 볼 때 앞으로 최소 100년 동안 그런 일은 일어나지 않을 것 같기 때문이다.

그렇다고 안심할 수만은 없다. 지금 이 순간에도 천재 예술가들의 특징으로 알려져 있는 우울증, 조울증, 강박증 등 다양한 정서적 불안 증세는 물론이고 조현병 같은 정신질환까지 겪으면서, 다시 말해 여러 정서적 불안 증세와 정신질환을 프로그래밍한 신경망을 탑재한 인공지능이 천재 작가, 작곡가, 화가, 발명가의 작품을 성실하게 모방·변형·융합하고 있기 때문이다. 모방·변형·융합의 다음 단계인 창조를 위해서 말이다.

4

혹시 주변에 거울이 있는가? 그렇다면 책을 잠시 덮고 거울을 보자. 누가 비치는가? 이제 손에 펜을 쥐고 책을 다시 열어보자. 그리고 방금 거울에서 본 사람의 이름을 아래 괄호에 적어보자.

[   ]

이번에는 손에 스마트폰을 들어보자. 그리고 인터넷 검색창을 열고 '비금도 천재'라고 쳐보자. 그러면 우리가 TV에서 한 번쯤은 보았을 사람의 기사가 뜰 것이다. 아래 괄호에 그의 이름을 적어보자.

[   ]

이제 다음 질문을 자신에게 던져보자.
"나와 이세돌의 차이점은 무엇일까?"
답은 쉽게 나온다. 나는 평범한 사람이고, 이세돌은 전 세계가 알아주는 바둑 천재다.
그렇다면 이제 다른 질문을 던져보자.

"나와 이세돌의 공통점은 무엇일까?"

뭔가 당황스러울 것이다. 천재 바둑 국수와 나 사이에 공통점이라니? 같은 나라에 살고 있다는 것 말고는 딱히 떠오르지 않을 것이다. 그럼 다시 스마트폰을 들고 이세돌을 검색해보자. 알파고가 나올 것이다. 눈치 빠른 독자들은 자기도 모르게 속으로 이렇게 외쳤을 것이다.

'인공지능!'

맞다. 인공지능이다. 아니, 정확하게는 인공지능에 의한 은퇴다. 물론 시간차는 있다. 이세돌은 최근에 은퇴했지만 우리는 서서히 은퇴하게 될 것이다.

이세돌은 인공지능이 자신에게 미친 영향을 이렇게 설명했다.[2]

"(나에게는) 세상에서 바둑을 가장 잘 두는 존재라는 자부심이 있었다. 그런데 인공지능이 나오면서 내가 아무리 바둑을 잘 둬도 이길 수 없을 것 같다는 생각이 들었다. … 인공지능으로 인해 바둑을 보는 관점 자체가 근본적으로 흔들렸다. 나는 바둑을 예술로 알고 배웠다. 그런데 지금은 과연 그게 맞는 건지 잘 모르겠다."

"젊은 나이에 은퇴를 결심하게 된 계기가 있다. 인공지능이다. 알파고를 만나고 인간의 한계 같은 것을 경험했고 처음으로 무력감을 느꼈다. 그리고 수학적 계산으로 승리하는 인공지능을 마주하면서 '바둑은 예술인가?'라는 회의감에 사로잡혔다. 인공지능 앞에서 바둑은 흑과 백이 만드는 예술작품이 아니었다. 그저 확률 싸움에 불과했다."

이세돌의 고백은 인류의 미래다. 지금 각 분야에서 천재 소리를 듣고 있는 사람들은 앞으로 자기 분야에 침투해온 인공지능을 접하고 이세돌 같은 고백을 하게 될 가능성이 높다. 평범한 사람들은 말할 것도 없다. "아니, 《에이트》에서는 공감 능력과 창조적 상상력을 가진 사람은 인공지능에게 대체될 일이 없다고 하더니 이제 와서는 인공지능이 인간보다 공감도 더 잘하고 창조도 더 잘한다고 이야기하고, 이세돌의 고백이 인류의 미래가 될 것이라고 단언하다니, 나더러 도대체 어쩌란 말이냐?" 혹시라도 이렇게 푸념할 사람들을 위해 말하자면, 《에이트》에서 이야기한 게 맞다. 공감 능력과 창조적 상상력을 가진 사람은 인공지능의 주인이 된다. 그리고 그 미래는 지금 우리 곁에 와 있다.

인공지능이 보여주는 공감과 창조 능력은 냉정히 말해서 가짜다. 인간의 공감과 창조를 모방·변형·융합한 것에 불과하다. 이는 당연하다. 인공지능에게는 학습하는 능력만 있을 뿐 생각하는 능력은 없기 때문이다.

진짜 공감과 진짜 창조는 생각하는 능력의 기반 위에서 나온다. 물론 이 생각은 단순한 생각이 아니다. '나'를 넘어 '너'와 '우리'를 위하는, 즉 자기 자신과 자신이 속한 사회를 극복하고 인류와 지구

전체를 위하는 마음에서 나오는 위대한 무엇이다.

알파고는 우리에게 분명하게 보여줬다. 이미 만들어진 판 위에서는 인공지능이 무적임을, 인간은 인공지능에게 필패必敗함을. 이제 우리는 새로운 판을 만드는 존재가 되어야 한다. 이미 만들어진 바둑이라는 판 위에서 최고가 되는 것이 아니라, 바둑처럼 전 인류가 공감하고 즐길 수 있는 새로운 게임을 창조하는 것을 목적으로 삼는 사람이 되어야 한다는 의미다.

5

우리는 자신의 생각과 감정과 행동을 스마트폰에 기록한다. 전화, 문자, 앱 등을 통해서 말이다. 그런데 스마트폰의 두뇌는 인공지능이다. 이는 무슨 의미인가? 우리가 그동안 인공지능에게 우리 자신의 생각과 감정과 행동을 학습시켜왔다는 뜻이다.

혹시 1년 전 오늘, 무슨 생각을 했고 어떤 감정을 느꼈고 어디를 갔고 누구를 만났고 무엇을 샀고 어떤 음식을 먹었고 카카오톡으로 사람들과 어떤 대화를 나눴고 유튜브는 어떤 걸 봤는지 등을 생생하게 떠올릴 수 있는가? 아마도 전혀 기억나지 않을 것이다.

하지만 스마트폰 속의 인공지능은 100퍼센트 정확하게 알고 있다. 전화·문자 사용 내역, 카카오톡·텔레그램 등 각종 앱 사용 내역, 인터넷 검색 내역, 유튜브 시청 내역, SNS에 올린 사진과 글, 신용카드 사용 내역 등 스마트폰에 완벽하게 기록된, 아니 우리가 스마트폰을 통해 완벽하게 학습시켜준 정보를 가지고 있기 때문이다.

이쯤에서 자신에게 이런 질문을 해보자.

"나보다 나를 더 잘 알고 있는 존재는 누구일까? 나일까? 아니면 스마트폰 속에 있는 인공지능일까?"

그리고 이 질문도 던져보자.

"그동안 내가 해왔던, 지금 하고 있는, 앞으로 하게 될 생각, 즉 나의 공감과 창조의 뿌리가 될 생각은 스마트폰 속의 인공지능이 복제할 수 있는 것인가? 복제할 수 없는 것인가? 아니! 나는 인공지능에게 대체되지 않는 생각이라는 것을 단 한 번이라도 한 적이 있는가? 아니, 아니! 나는 인간 고유의 생각이라는 게 무엇인지 알고나 있는가?"

스마트폰에 탑재된 인공지능은 인공지능이라고 부르기도 민망한 수준이다. 앞으로 우리가 만나게 될 인공지능이 우주왕복선이라면 스마트폰 속의 인공지능은 잘해야 쌍엽기다. 그런데 우리는 지금 이런 수준 낮은 인공지능에게조차 두뇌를 빼앗긴 지 오래다. 이제 우리는 스마트폰 없는 삶은 상상할 수조차 없다. 도대체 우리는 앞으로 어쩌려고 이러는 것일까!

6

지금 인류는 신종 바이러스 질병의 공격을 받고 있다. 이 질병의 여파로 나타난 게 비대면非對面 문화다. 이제 사람들은 직접적인 접촉과 소통을 꺼리고 있다. 대신 인공지능이 탑재된 IT 기기를 통해 접촉하고 소통하고 있다. 학교 수업과 회사업무는 물론이고, 회의와 미팅, 회식까지도 IT 기기로 하고 있다. 이런 현상을 두고 전 세계의 석학들은 한목소리로 이렇게 말하고 있다.

"인류는 이번 전염병을 계기로 인공지능 시대로 강제 돌입했다. 인류가 코로나 이전의 비非인공지능 시대로 돌아가는 일은 없을 것이다."

이는 무엇을 의미하는가? 《에이트》에서 예측한, 인간이 인공지능에게 대체되는 시기가 훨씬 앞당겨졌다는 것이다. 한국인의 99.997퍼센트가 인공지능에게 대체되어 프레카리아트난민 수준의 사회적·경제적 삶을 사는 계급로 떨어지는 미래가 좀더 일찍 시작된다는 것이다.

지금이라도 인공지능에게 대체되지 않는, 아니 인공지능은 그 흉내조차 낼 수 없는 생각, 즉 'Think'를 시작해야 한다. 이를 위해서는 다음 다섯 가지를 알아야 한다.

1. 인공지능에게 대체되지 않는 생각, 'Think'란 무엇인가?
2. 인공지능을 창조하는 'Think'는 무엇인가?

3. 평범한 사람이 'Think' 능력을 가지려면 어떻게 해야 하는가?

4. 실리콘밸리 천재들의 'How to Think'는 무엇인가?

5. 인류 역사를 새롭게 쓴 천재들의 'How to Think'는 무엇인가?

7

내가 무엇엔가 홀린 듯한 상태로 써 내려간 《에이트 : 씽크》의 목차는 앞에서 밝힌 다섯 가지 질문에 대한 답변을 충실하게 담고 있었다. 나는 늘 그렇듯이 목차를 정리한 종이를 서랍 깊은 곳에 던져두었다. '때가 되면 이 종이는 깊은 잠에서 깨어나 나를 부르겠지. 그럼 난 이 종이를 지도 삼아서 책을 쓰기 시작하겠지.' 이렇게 믿으면서 말이다.

그러던 어느 날, 출판사에서 전화가 왔다. "2015년에 출간하신 《생각하는 인문학》 개정판을 내야 할 것 같은데요. 어떻게 생각하세요?"라고. 마침 《생각하는 인문학》 개정판 작업을 생각하고 있던 터라 흔쾌히 응했다. 그런데 문제가 생겼다. 개정판 작업을 위해 《생각하는 인문학》 원고를 다시 파고들던 중에 《생각하는 인문학》이 다루고 있는 주제가 《에이트 : 씽크》에서 다루고자 하는 주제와 본질적으로 같음을 깨닫게 된 것이다. 당혹스러웠다. 하지만 현실을 인정할 수밖에 없었다.

《생각하는 인문학》을 폐기하고 《에이트 : 씽크》를 새로 쓸 것인가,

아니면《에이트 : 씽크》집필을 포기할 것인가? 나는 이를 놓고 참으로 오랜 시간 고민했다. 내가 내린 결론은《생각하는 인문학》을 완전히 새롭게 편집해서《에이트 : 씽크》를 내는 것 말고는 다른 방법이 없다는 거였다. 그런데 이 작업이 쉽지 않았다. 새 책을 집필하는 것만큼이나 어려웠다. 정말이지 몇 달을 고생했다. 그래도 이렇게 작업을 마치고 세상에 내놓을 수 있어서 기쁘다. 부디 이 책이 인공지능 시대를 지혜롭게 대비하고자 하는 많은 이들에게 도움이 됐으면 한다.

2020년 6월 4일 새벽에,

파주 집필실에서

그렇다, 바로 'Think'다

1597년 음력 7월 16일, 삼도수군통제사 원균은 배를 버리고 뭍으로 도주하다가 한 소나무 아래에서 최후를 맞았다. 이날 조선 수군은 전멸했다. 거북선을 비롯해 160여 척에 이르는 전함이 격파됐고, 1만여 명의 병사가 전사했다. 이틀 뒤인 7월 18일, 백의종군하던 이순신은 도원수都元帥 권율의 허락을 받고 송대립, 유황, 윤선각, 방응원, 현응진, 임영립, 이원룡, 이희남, 홍우공과 함께 패전지로 향했다. 백성을 위로하고 대응책을 마련하기 위해서였다. 하지만 현실은 절망적이었다. 약 한 달 뒤 삼도수군통제사에 복직한 이순신에게 "조선 수군은 더 이상 가망이 없으니 배를 버리고 육지로 종군하라"는 어명이 떨어졌다.

하지만 이순신은 "신에게는 아직 열두 척의 배가 남아 있습니다. 죽을힘을 다해 싸우면 기필코 승리할 수 있습니다. 아직 신이 죽지 않고 살아 있으니 적이 감히 우리를 업신여기지 못할 것입니다"라고 대답했다. 그리고 9월 16일, 이순신은 패잔병으로 구성된 조선 수군을 이끌고 울돌목으로 향했다. 전날 밤, 이순신은 부하들을 모아놓고 이렇게 말했다.

"병법에 이르기를 죽고자 하면 살고, 살고자 하면 죽는다고 했다. 또 한 사람이 길목을 지키면 능히 천 명도 두렵게 할 수 있다고 했다. 이는 오늘의 우리를 두고 이른 말이다. 너희는 내 명령을 조금도 어기지 마라. 만일 내 명령을 따르지 않는다면 결코 용서하지 않을 것이다. 즉시 군율대로 처리할 것이다."

이순신이 말한 병법은 《한비자》와 《사기열전》에서 손무의 《손자병법》과 쌍벽을 이룬다고 평가한 《오자병법》이다. 오기吳起는 《오자병법》〈치병治兵〉 편에서 말했다.

"죽음을 각오한 자는 살고, 살기를 바라는 자는 죽는다必死則生 幸生則死."

그리고 〈여사勵士〉 편에서는 이렇게 말했다.

"한 사람이 목숨을 바치면 능히 천 명도 두렵게 할 수 있다一人投命 足懼千夫."

이순신은 자신보다 약 2000년 일찍 태어난 오기가 쓴 병법서에 나오는 말을 "죽고자 하면 살고, 살고자 하면 죽는다必死則生 必生則死" "한 사람이 길목을 지키면 능히 천 명도 두렵게 할 수 있다一夫當逕 足懼千夫"로 바꿨다. 그리고 이 두 문장으로 패배의식에 찌든 부하들을 인류 역사상 최강의 전사들로 탈바꿈시켰다. 어쩌면 이순신이

'23전 23승'이라는 기적 같은 전적을 세울 수 있었던 것은 탁월한 병법서 중 하나인《오자병법》을 활용한 덕분이 아닐까?

아니다. 이순신은 오기의 병법을 뛰어넘었다. 그리고 손무의 병법도 뛰어넘었다.《오자병법》과《손자병법》모두 적의 숫자가 아군보다 더 많으면 절대로 싸우지 말아야 한다[1]고 명기하고 있다. 하지만 이순신은 병력이 열 배나 많은 적과 싸우는 것을 선택했고, 완벽한 승리를 거두었다. 이순신은 어떻게 오기와 손무를 뛰어넘는 병법을 구사할 수 있었을까. 이렇게 설명하고 싶다.

"이순신에게는 오기와 손무가 절대 따라갈 수 없는 마음이 있었다. 그것은 낮은 자리에서 고통받는 백성을 향한 사랑이었다."

《리딩으로 리드하라》의 결론을 '사랑'으로 맺은 바 있다. 내가 인문학에서 발견한 가장 아름답고 위대한 가치, 그것이 사랑이기 때문이다.《리딩으로 리드하라》가 뜨거운 사랑을 받으면서 우리나라에 인문고전 읽기 붐이 일었다. 대표적으로《발해고》《논어》《소크라테스의 변명》같은 책들이 베스트셀러에 오르는 기현상이 벌어졌고, 학교와 기업 등에서 인문고전을 읽는 운동이 일어났다.

하지만 사랑을 깨닫고 실천하는 일은? 거의 없다고 해도 과언이 아닐 것이다. 물론 사랑을 깨닫고 실천하는 일은 세상에서 가장 어렵고 힘들다. 뉴턴의 말을 빌리자면, 지금 이 글을 쓰고 있는 나도 사랑이라는 바다에 한 발조차 담그지 못한, 모래밭에서 놀고 있는 아이일 뿐이다. 그렇다고 해서 바다를 눈과 가슴에 품으려는 노력조차 하지 않는 것은 아니다. 이미 내 눈동자와 가슴속에는 바다가 넘실거리고 있다. 언젠가 나는 그 바다에 나 자신을 내던질 것이다. 나자신을 사랑이라는 바다에 던지려는 그 순간, 아마도 무수히 많은 사람이 곁에 있지 않을까. 그때 옆에서 손을 맞잡고 뛰어드는 사람이 지금 이 글을 읽고 있는 당신이라면 좋겠다. 이런 상상만으로도 기분이 좋아진다. 가슴이 뛴다. 영혼이 행복해진다. 예수님의 말씀처럼 천국은 과연 내 마음속에 있구나, 고개를 끄덕여본다.

사랑을 깨닫고 실천하기에 앞서 해결해야 할 과제가 있다. 그것은 사랑을 깨닫기 위한 '생각', 우리가 처한 현실을 직시할 수 있는 '생각', 앞으로 어떻게 살아야 할지에 대한 '생각'. 그렇다, 바로 'Think'다.

지금 당신이
그 무엇보다 먼저 해야 할 일

문명적 의미의 Think를 만나라

인공지능에게 대체되지 않으려면 무엇보다 먼저 인공지능에게 대체되지 않는 생각을 할 줄 알아야 한다. 인공지능의 주인이 되려면 무엇보다 먼저 인공지능의 학습^{딥러닝} 능력을 무용지물로 만드는 위대한 생각을 할 수 있어야 한다. 그리고 이 두 능력을 가지려면 무엇보다 먼저 인공지능에게 대체되지 않는 생각이란 무엇인지, 인공지능의 주인이 되는 위대한 생각이란 무엇인지 알아야 한다. 그 생각은 문명적 의미의 'Think'다.

IBM, MS, 애플
그리고 Think

지금으로부터 약 100년 전의 일이다. 철물점 주인에게 빌린 싸구려 마차에 피아노와 재봉틀을 잔뜩 싣고는 시골 마을을 돌아다니면서 농부들을 상대로 세일즈를 하는 청년이 있었다. 처음엔 제법 돈을 모았다. 그러나 이내 불경기가 찾아왔고, 청년은 하루아침에 망하고 말았다. 비록 스펀지 더미로 가득 찬 남의 집 지하실에서 생활하는 처지로 전락했지만, 청년은 좌절하지 않았다. 대신 찬란한 미래를 꿈꾸면서 스스로 이렇게 다독였다.

'오늘의 실패는 성공으로 가는 과정일 뿐이야. 난 언젠가 거대한 성에서 왕처럼 살게 될 거야.'

오래지 않아 청년은 재기했고, 힘겹게 모은 돈을 밑천 삼아 작은 정육점을 열었다. 하지만 입소문이 나면서 손님들로 문전성시를 이루려는 찰나 문을 닫아야 했다. 변심한 동업자가 돈을 몽땅 빼돌린 뒤 잠적해버렸기 때문이다. 보통 이런 경우 사람들은 세상을 원망하고, 자신의 신세를 한탄하고, 인간을 믿지 않게 된다. 물론 청년도 잠시 이런 감정에 빠졌지만 이내 마음을 다잡고 새로운 미래를 향해 전진했다. 전보다 더 순수하고 뜨겁게 삶을 긍정하기로 한 것이다.

그가 '굳이' 침몰하는 배에 올라탄 이유

청년은 다시 세일즈맨이 됐다. 이제 청년은 고객을 고객으로만 대하지 않았다. 대신 어렸을 때 헤어졌다가 다시 만난, 10년 넘게 애끓는 마음으로 찾고 또 찾은, 목숨을 나눠줘도 아깝지 않을 가족처럼 대했다. 단지 세일즈왕이 되고 싶어서 그런 것은 아니었다. 그저 고객이 눈물 나게 고마워서 그랬다. '친구의 배신으로 사회 밑바닥으로 떨어진 나를 만나주고 인정해주고 믿어주는 존재는 고객밖에 없구나'라고 마음속 깊이 깨달았고, 이 깨달음이 그를 완전히 변화시켰다고나 할까. 그는 고객들의 신뢰를 바탕으로 기존의 판매 기록을 갈아치우면서 세일즈 업계에서 정상에 올랐다.

그러던 어느 날이었다. 사법기관에서 출석 요구서가 날아들었다. 알고 보니 경쟁회사에서 '반독점 담합 금지법'을 위반했다는 이유로 그를 고소한 것이었다.[1] 그는 회사가 자신을 구해줄 것이라 믿었다. 그러나 회사는 그에게 별 신경을 쓰지 않았다. 결국 그는 1년의 징역형과 당시 미국의 평범한 노동자가 7년 가까이 쉬지 않고 일해야 모을 수 있는 금액[2]인 5000달러의 벌금형을 선고받았다.[3] 그리고 얼마 뒤 해고됐다. 이때 그의 나이 마흔이었다. 이제 겨우 인간다운 삶을 살게 됐는데 또다시 진흙탕 속으로 내동댕이쳐진 것이다. 하지만 그는 이번에도 좌절하지 않았다. 오히려 지금이야말로 청년 시절에 꿈꾸었던 '거대한 성에서 왕처럼 사는 삶'을 향해 나아가야 할 때라고 생각했다. 그런데 이 꿈은 남의 밑에서는 도저히 이룰 수 없는 것이었다. 그는 때가 왔다고 생각했다. 다름 아닌 사장이 될 때 말이다. 그는 해고당한 동료들과 함께 회사를 나오다가 불현듯 회사 건물을 뒤돌아보면서 이렇게 외쳤다.

"나는 앞으로 이 회사는 비교도 안 될 세계 최고의 기업을 세울 거야. 두고 봐. 반드시 그렇게 할 거야!"

얼마 뒤 그는 지난 18년 동안 삶의 터전이었던 오하이오의 데이턴을 떠나 뉴욕으로 향했다. 그러고는 C-T-R이라는 회사의 소유주를 찾아가서 자신을 사장으로 받아줄 것을 요구했다. 이 회사는 '컴퓨팅 태뷸레이팅 레코딩 컴퍼니Computing-Tabulating-Recording Company'라는 거창한 이름과는 달리 정육점용 저울과 커피 분쇄기 등을 제조, 판매하고 있었다. 놀랍게도 그는 총책임자로 임명됐고, 1년 뒤에는 진짜로 사장이 됐다. 사실 이는 전혀 환영할 만한 일이 아니었다. C-T-R은 650만 달러^{당시 미국의 평범한 노동자가 약 8874년을 일해야 벌 수} ^{있었던 금액}의 빚을 갚지 못해 파산을 향해 달려가고 있었기 때문이다. 즉 그는 침몰하고 있는 배의 뒤처리를 위해 고용된 것이었다. 하긴 곧 무너질 회사가 아니고서야 도대체 어떤 회사가 경제사범 전과가 있는 사람을 사장 자리에 앉히겠는가. 이대로 계속 가다간 C-T-R 은 반드시 망할 것이고, 그는 모든 책임을 뒤집어쓸 판이었다.

이쯤에서 생각해보자. 그는 왜 끝이 빤히 보이는 기업에 들어가서 사장이 된 걸까? 바보여서? 사장 자리에 눈이 멀어서? 아니다. 그에 게는 C-T-R을 회생시키는 것은 물론이고, 단기간에 미국 최고의 기업으로 변화시킬 자신이 있었다. 설령 이미 부도가 나서 법정관리에 들어간 회사일지라도 짧은 시간 안에 최고의 회사로 거듭나게 할 비법이 있었다. 실제로 그는 과거에도 이 비법을 사용해서 최고의 세일즈맨이 됐고, 비록 사장의 죄를 뒤집어쓰고 불명예스럽게 해고당했지만 NCR을 미국에서 가장 성공적이고 혁신적인 기업[4]으로 성장시킨 바 있었다. 그 비법은 자본도 권력도 인맥도 아니었다. 새로운 경영기법의 도입이나 구조조정, 신제품 출시 같은 것도 아니었다. 그것은 'Think'였다. C-T-R의 총책임자로 출근한 첫날, 그는 임직원 앞에서 이렇게 선언했다.

"우리 회사의 미래는 찬란합니다. 나는 우리 회사의 사훈을 'Think'로 바꾸려고 합니다. 기꺼이 'Think' 하고자 하는 마음이 있다면 우리 앞의 모든 문제는 매우 쉽게 해결된다고 믿기 때문입니다. 앞으로 우리는 온 마음을 다해 'Think' 할 것이고, 'Think'를 통해 위기를 극복할 것입니다. 또한 'Think'를 통해 전 국민의 존경을 받는 위대한 기업으로 성장할 것입니다."

그의 지도로 C-T-R의 전 임직원은 'Think'를 시작했다. 얼마 뒤 C-T-R은 기적적으로 회생했다. 'Think'를 사훈으로 삼은 지 6년째인 1920년에는 매출 1400만 달러에 순익 200만 달러를 기록했다. 이후 C-T-R은 매년 20퍼센트 이상 성장세를 유지했다.

노벨상 수상자를 다섯 명이나 배출한 기업의 비밀

1924년의 어느 날, 이제는 C-T-R의 소유주가 된 그는 회사 이름을 인터내셔널 비즈니스 머신International Business Machines, 즉 IBM으로 바꾸었다. 그러고는 전 임직원을 C-T-R 시절과는 비교도 할 수 없는 'Think'의 세계로 몰아넣었다.

그는 모든 임직원 사무실과 공장 작업실, 회의실, 휴게실을 표어 'Think!'로 도배하다시피 했고, 회사 현관 입구에는 아예 놋쇠로 만든 'Think' 다섯 글자를 박아넣었다. 그는 'Think' 하면서 일어났고, 'Think' 하면서 출근했고, 임직원들과 함께 'Think'를 외치며 하루 업무를 시작했고, 'Think' 하면서 먹었고, 'Think' 하면서 쉬었고, 'Think' 하면서 잠들었다. 그에게 있어 'Think'는 삶의 전부나 마찬가지였다. 그의 이런 열정은 전 임직원에게 전염됐고, 얼마 안 돼 IBM은 미국 최고의 'Think' 기업이 됐다. 사람들은 'Think'라는 단어를 들으면 바로 IBM을 떠올릴 정도였다. IBM은 곧 'Think'였고, 'Think'는 곧 IBM이었다.

그로부터 12년 뒤인 1936년, IBM의 심장에 'Think'를 새겨넣은 주역인 토머스 J. 왓슨Thomas J. Watson은 미국에서 돈을 가장 많이 버는 사람이 됐다. 이때부터 그는 부자로 유명세를 타기 시작했다. 하지만 그는 단지 벼락부자에만 머무르지 않았다. 그는 부와 명성을 세상을 위해 아낌없이 쓰기 시작했다. 그의 'Think'는 단지 머리를 잘 써서 성공하자는 것이 아니라, 인류를 위해 위대하고 아름다운 일을 하자는 의미를 담고 있었기 때문이다. 그의 이런 자세는 IBM 재단 창설로 이어졌고, 이 재단은 지난 100년 동안 미국에서 사회 공헌을 가장 많이 한 기관으로 평가받고 있다.[5]

1957년, IBM은 1조 원 넘는 매출을 기록했다. 1972년에는 시가 총액 약 47조 원을 기록하면서 미국 1위 기업이 됐고, 1987년에는 시가총액 약 79조 원을 기록하면서 세계 1위 기업이 됐다. 이후로도 IBM은 승승장구했다. IBM의 위대한 성공 비결에 대해 세계의 석학들은 한목소리로 이렇게 말한다.

만일 토머스 J. 왓슨이 'Think'를 사훈으로 내걸지 않았다면 오늘날의 IBM은 존재할 수 없었을 것이다. 지난 100년 동안 4만 배 넘는 주가 상승이라는 IBM의 기적 뒤에는 'Think'가 있다. 그리고 특허가 5900여 개에 이르는 세계 최다 특허 보유 기업, 직원 가운데 노벨상 수상자를 다섯 명이나 배출한 세계에서 가장 창조적인 기업, 《포천》 선정 세계에서 가장 존경받는 기업이라는 빛나는 타이틀 뒤에도 역시 'Think'가 있다.

빌 게이츠와 스티브 잡스의 Think 전쟁

160여 개 나라에 수십만 명의 직원들을 두고 세계 컴퓨터 시장을 휩쓸다시피 하고 있던 IBM 앞에 어느 날 한 젊은이가 나타났다. 그는 세 명의 직원과 함께 아주 작은 회사를 힘겹게 꾸려나가고 있었는데, IBM을 꺾고 세계 최고의 자리에 오르겠다는 야심을 품고 있었다. 그리고 실제로 IBM에 도전장을 던졌다. 그는 당시 세계 최강 기업이던 IBM과 전쟁을 치르기 전에 IBM의 성공 요인을 철저하게 분석했던 것 같다. 그가 IBM을 쓰러뜨리기 위해 선택한 무기가 'Think Week'였기 때문이다.

그는 회사의 비전과 전략을 새롭게 세워야 한다거나 새로운 사업 진출 또는 투자 등을 결정해야 할 일이 있을 때면 회사에 출근하는 대신 홀로 숲으로 떠났다. 그러고는 작은 통나무집에 들어앉아 그 누구도 만나지 않은 채 2주 동안 오직 'Think'만 하는 'Think Week'를 보냈다. 그는 직원들에게도 'Think Week'를 요구했고, 아예 회사의 시스템으로 만들었다. 전 임직원이 'Think'를 하는 공룡 기업 IBM을 뛰어넘으려면 무엇보다 먼저 그들의 성공 전략, 즉 'Think'부터 뛰어넘어야 한다고 판단했기 때문이다. 그것은 'Think Week', 즉 IBM보다 더 많이, 더 깊이, 더 넓게, 더 치열하게 'Think' 하는 것이었다. 이 이야기의 주인공 빌 게이츠^{Bill Gates}는 얼마 뒤 자신의 야심대로 IBM을 꺾고 세계 최고의 자리에 올랐다. 그는 이렇게 말한다.

마이크로소프트의 놀라운 성과들은 전부 'Think Week'를 통해 이루어졌다. … 나는 마이크로소프트를 이끌 때 경쟁 기업들을 전혀 두려워하지 않았다. 하지만 언제나 그들의 새로운 'Think'를 두려워했다. … 내가 마이크로소프트를 떠나고 가장 먼저 한 일은 'Think Tank' 회사인 bgC3를 설립한 것이었다. 우리 집과 마이크로소프트 본사에서 차로 5분 거리에 있는 이 회사의 주 업무는 사회, 과학, 기술 등의 문제에 광범위한 'Think'를 제공하는 것이다. … 과거에 나는 고요한 숲속 통나무집에서만 'Think Week'를 보냈다. 하지만 지금은 언제 어디서나 나만의 'Think Week'를 누린다.

빌 게이츠가 'Think Week'를 통해 컴퓨터 기업의 역사를 새롭게 써나가고 있을 때 이를 비웃는 한 사람이 있었다. 그가 볼 때 중요한 것은 'Think'나 'Think Week'가 아니었다. 중요한 것은 'Think Different'였다.

'Think Different'는 그로 하여금 컴퓨터를 전혀 다른 관점에서 보게 했다. 지구상의 다른 모든 컴퓨터 기업은 컴퓨터를 사무기기로만 인식하고 있었다. 하지만 그에게 있어서 컴퓨터는 예술작품이어야 했다. 그것도 뉴욕 현대미술관에 전시될 정도여야 했다. 그렇다고 그가 제작한, 예술작품의 경지에 오른 컴퓨터가 극소수 부유층의 전유물이 되어서는 안 됐다. 그의 컴퓨터는 세상 모든 사람의 것이 되어야 했다. 그리고 세상을 바꾸는 위대한 도구가 되어야 했다. 물론 이런 그의 관점은 IBM과 마이크로소프트 등 당시 컴퓨터 업계를 주름잡고 있던 인사들에게 철저하게 무시당했지만 그는 굴하지 않았다. 그에게는 IBM의 'Think'와 마이크로소프트의 'Think Week'를 구시대의 유물로 만들어버릴 'Think Different'가 있었기 때문이다. 그의 이름은 스티브 잡스Steve Jobs다.

우리나라의 정부 기관과 대학, 기업 들은 지난 수십 년 동안 'Think Month' 'Think Hard' 'Think Smart' 'Think Simple' 'Think Future' 'Think Big' 'Think Great' 등 토머스 J. 왓슨과 빌 게이츠는 물론이고, 스티브 잡스마저 놀라게 할 'Think' 표어를 내걸고 'Think' 전략을 뜨겁게 실천해왔다. 하지만 결과는 보잘것없었다. 도대체 우리는 'Think'의 어떤 부분을 놓치고 있는 걸까?

이 질문에 대한 답을 얻기 위해 수메르어, 아카드어, 우가리트어, 페니키아어, 히브리어, 그리스어, 라틴어, 영어 전문가들을 만나서 묻고 또 물었다. 그리고 각종 참고자료를 읽고 또 읽었다. 참고로 영어는 '수메르어→아카드어→우가리트어→페니키아어→히브리어→그리스어→라틴어→영어'라는 계보를 가지고 있다. 한편으로 서양 철학고전도 다시 파고들었다. 'Think'는 결국 인문학적인 용어라고 판단했기 때문이다. 이런 과정을 통해서 우리가 놓치고 있는 'Think'의 진면목을 만날 수 있었다.

문명과 역사,
권력을 좌우해온 힘의 실체

우리는 'Think'를 '생각하다'로 알고 있다. 국어사전은 보통 '생각'의 뜻을 이렇게 풀이하고 있다.

1. 두뇌를 써서 사물을 헤아리고 판단하는 행위

2. 어떤 사람이나 사건 등에 관한 기억

3. 어떤 일을 하고 싶어 하거나 하려고 마음을 먹음

4. 미래에 일어날 일 등에 대해 상상하는 행위 또는 그런 상상

5. 어떤 사람이나 사건, 사물 등에 대해 의견 또는 느낌을 가짐

6. 사리를 분별하는 행위

나는 국어사전의 권위를 인정하고 존중한다. 그래서 국어사전이 '생각'의 뜻을 거의 완벽하게 풀이했다고 본다. 하지만 국어사전이 풀

이한 뜻을 'Think'의 해석으로 삼기엔 무리가 있다. 아니 좀더 정확하게 말하자면 국어사전의 뜻풀이는 'Think'의 표면적인 해석은 될 수 있겠지만 심층적인 해석은 될 수 없다. 왜냐하면 미국의 'Think'는 우리나라의 '효도'처럼 그 심층에 문명을 담고 있기 때문이다. 영어사전은 '효도'를 보통 이렇게 해석하고 있다.

1. filial piety[duty]
2. be a good son[daughter]
3. be devoted to one's parents

물론 이게 틀린 해석은 아니다. 하지만 여기에는 삼국시대부터 조선시대까지 국가통치이념이자 사회규범이자 도덕원칙이자 교육이념이자 가정의 질서였던, 그리고 21세기인 지금도 우리의 DNA에 강력하게 살아 있는 '신체발부 수지부모 불감훼상 효지시야身體髮膚 受之父母 不敢毀傷 孝之始也'로 대표되는 그 효도가 없다. 즉 효도의 표면적인 해석만 있을 뿐 심층적인 해석이 없다. 왜 그럴까? 이유는 간단하다. 영어사전 편찬자들이《효경孝經》의 존재와《효경》이 동양 문명에 미친 영향에 대해서 모르기 때문이다.

《효경》은 공자가 그의 제자 증삼에게 전해준 효도에 대한 가르침을 기록한 것으로, 유학의 최고 경전이라 일컬어지는 십삼경十三經 중 처음부터 책 이름에 '경經' 자를 붙인 유일한 책이다. 우리에게 알려진 '신체발부 수지부모 불감훼상 효지시야머리부터 발끝까지 내 몸은 부모에게 받은 것이니 다치지 않음이 효도의 시작이다'는 공자가 증삼에게 전해준 효도에 관한 첫 번째 가르침으로,《효경》의 첫머리인〈개종명의장開宗明義章〉제1에 나온다.《효경》은 삼국시대 이후로 우리나라에서 효도가 국가 통치이념이자 도덕원칙으로 작용하게 한 결정적인 무엇이다. 만일 이 책이 없었다면 우리가 알고 있는 효도 또한 없었을 것이다. 결론적으로 효도는《효경》이라는 인문고전의 바탕 위에 세워진 우리 역사와 문명의 다른 이름이다. 더 나아가서 공자 이후 약 2500년 동안 형성된 동양 역사와 문명의 다른 이름이기도 하다. 하지만 이런 내용은 영어사전에서는 찾아볼 수 없다. 앞에서도 말했지만 영어사전 편찬자들이 동양의 인문학이 동양의 문명과 역사에 미친 거대한 영향에 대해서 무지하기 때문이다.

소크라테스와 플라톤이 쌓은 Think의 기초

우리는 똑같은 실수를 'Think'와 관련해서 저지르고 있다. 지금으로부터 약 2500년 전 공자는 '인'과 '예'를 부르짖으며 동양 문명의 기초를 놓았다. 이때 그리스에서는 소크라테스가 'Think'를 부르짖으며[6] 서양 문명의 기초를 놓았다.[7] 물론 고대 그리스인들은 영어를 쓰지 않았다. 그들은 당연히 자신들의 언어이자, 영어의 모체가 된 라틴어의 모체인 그리스어를 썼다.[8] 영어 'Think'의 기원은 라틴어 '코기토cogito'다. 라틴어 'cogito'의 기원은 그리스어 '도케오δοκέω'다. 그리스어-영어 사전은 'δοκέω'를 보통 이렇게 해석하고 있다.

1. to think

2. to believe

3. to appear

4. to count for something

라틴어-영어 사전은 'cogito'를 보통 다음과 같이 해석하고 있다.

1. to think

2. to consider

3. to have one's opinion

4. to have in mind

5. to cxpect

6. to imagine

영어-영어 사전은 'Think'를 보통 이렇게 풀이하고 있다.

1. use one's mind

2. to have opinion

3. imagine

4. consider somebody or something

5. have an idea to remember somebody or something

이렇게 놓고 보면 'δοκέω=cogito=Think=생각하다'이다. 하지만 과연 이게 전부일까? 이제 인문학적 관점에서 'δοκέω'와 'cogito'와 'Think'를 살펴보자.

그리스어 '도케오'의 명사형은 '독사δοξα'다. 독사의 사전적 의미는 'what one thinks'로, 우리말로 번역하면 '생각'이다. 그런데 고대 그리스 철학자들은 독사를 좋아하지 않았다. 그들은 '독사'를 영혼이 하는 올바른 생각이 아니라 육체가 하는 잘못된 생각으로 이해했다. 그리고 진리를 추구하는 사람이 반드시 버려야 할 것으로 규정했다. 대표적으로 플라톤은《국가》에서 어릴 때부터 목과 팔다리를 결박당한 채 동굴에 갇힌 사람들이 동굴 벽에 비친 바깥세상의 그림자를 보고서 진짜 바깥세상의 모습으로 생각하는 것을 가리켜 독사라고 칭했다.

그렇다면 고대 그리스 철학자들에게 있어서 독사와 반대되는 행위,[9] 즉 '영혼이 하는 진짜 생각'이란 무엇이었을까? 그것은 절대 변하는 일 없이 영원히 존재하는 진리의 세계를 인식하는 행위였다. 그들은 이 행위를 일러 '노에시스^{νόησις}'라 칭했다. 그리고 오직 철학하는 사람만이 노에시스를 할 수 있다고 선언했다. 그렇게 그들은 노에시스를 통해 찬란한 고대 그리스 문명을 건설했다.

그리스가 인문학을 사랑했을 때, 그리스는 세계 최강의 국력을 자랑했다. 그런데 그리스는 어느 순간부터 인문학의 정신에서 벗어나기 시작했고, 결국 황금과 무력을 최고의 가치로 믿게 됐다. 역설적이게도 그리스는 이때부터 약해지기 시작했다. 그러고는 뛰어난 철학자 중 한 명인 아리스토텔레스를 스승으로 두고, 서른세 살에 열병에 걸려 죽어가던 순간에도 손에 인문고전[10]을 들고 있었던 마케도니아의 알렉산드로스에게 정복당하고 말았다.

알렉산드로스 사후에 그의 제국을 분할, 통치한 알렉산드로스의 부하들은, 망하기 전의 그리스가 그랬듯이 인문학의 정신에는 전혀 관심이 없고 온통 황금과 전쟁에 정신이 팔려 있었다. 그래서였을까? 그들은 로마에 정복당하고 말았다.

로마는 국민 시인 호라티우스가 남긴 "우리 로마는 군대의 힘으로 그리스를 정복했지만 오히려 그리스의 인문학에 정복당하고 말았다"[11]는 말처럼 그리스의 인문학을 스펀지처럼 흡수했다. 그리고 고대 서양의 진정한 최강자가 됐다.

역사 서술은 이쯤에서 마치고, 고대 로마제국의 공용어이자 유럽 언어의 모체이자 서양 인문학의 두 근본 언어 중 하나인 라틴어, 그 중에서도 영어 'Think'의 직접적인 기원이 되는 단어인 '코기토'의 인문학적 의미에 대해서 알아보자.

아이비리그의 천재들은 왜 《고백록》을 읽는가

아우구스티누스는 서양 인문학과 신학의 스승이라 불리는 사람이다. 그의 저서들은 지난 1600년 동안 서양 천재들의 필독서였다. 물론 지금도 아이비리그를 비롯해 세계 명문대학들의 필독서다. 만일 아직껏 아우구스티누스의 《고백록》을 읽지 못했다면 지금 당장 서점으로 달려가서 사라. 그리고 온 힘을 다해서 읽고 밑줄 치고 필사하고 사색하라. 이 책은 최초의 인문주의자라 불리는 페트라르카를 비롯해 데카르트, 파스칼, 키르케고르, 비트겐슈타인 등 서양 최고의 철학자들에게 지대한 영향을 미쳤다. 그리고 그들의 삶을 바꿨다. 만일 당신이 페트라르카처럼 《고백록》을 늘 몸에 지니고 다니면서 수시로 꺼내서 읽는다면, 비트겐슈타인처럼 《고백록》을 되풀이해서 읽는 즐거움에 빠진다면 어떻게 될까? 당신의 내면에 반드시 변화가 일어날 것이다.

아우구스티누스가 활동하던 시기는 플라톤이 세운 철학 학교인 아카데메이아에 뿌리를 둔 아카데미학파가 득세하고 있었다. 그런데 이들의 사상은 플라톤이나 소크라테스와 사뭇 달랐다. 이들은 인간은 불완전한 존재이기 때문에 완전한 것, 즉 진리를 알 수 없다고 주장했다. 당연히 인간의 두뇌, 마음, 감각기관을 통해서 얻은 정보도 불확실한 것이었다. 그러니까 이런 식이다.

"지금 당신은 이지성의 책을 읽고 있다. 당신은 여기에 대해서 추호의 의심도 없다. 당신의 손이 잡고 있고, 당신의 눈이 보고 있고, 당신의 두뇌가 받아들이고 있음을 알고 있기 때문이다. 그런데 이 모든 게 꿈이라면 어떻게 할 것인가? 당신은 이게 꿈이 아니라는 증거를 댈 수 있는가? 물론 당신은 볼을 세게 꼬집어볼 수도 있다. 그리고 당신이 느끼는 통증을 증거로 댈 수도 있다. 그런데 그 통증마저 조작된 것이라면? 악마가 당신의 꿈을 가지고 장난치고 있는 것이라면? 그러니까 당신이 완벽하게 속고 있다면 어떻게 할 것인가? 만일 당신이 여기에 대해서 완벽히 반증할 수 없다면, 당신은 속고 있는 것이다. 때문에 당신은 모든 것을 의심해야 한다. 당신의 눈에 보이고 귀에 들리고 피부에 느껴지는 것은 물론이고 당신의 생각, 의견, 감정, 기억 등등 모든 것을 의심해야 한다. 그 모든 게 거짓일 수 있기 때문이다. 심지어는 이 세계, 이 우주 그리고 당신 자체도 거짓일 수 있다. 그러니 의심하라. 오직 의심하라. 당신이 삶에서 가져야 할 유일한 태도는 바로 의심이다."

어떤 사람은 이렇게 말할지도 모르겠다. 자기 자신이 존재하고 있는지 아닌지조차 확신할 수 없어 항상 의심 속에서 살아가는 이상한 사람들일랑 그냥 무시해버리면 되는 것 아니냐고 말이다. 그런데 앞에서 말한 아카데미학파의 이론은 철학의 한 분파인 회의주의다. 그리고 철학은 그렇게 쉽게 무시해버릴 수 있는 무엇이 아니다. 회의주의도 마찬가지다. 회의주의는 무신론과 공산주의를 낳았다. 만일 회의주의가 없었다면 인류의 불행은 크게 줄어들었을 것이다.

아우구스티누스는 회의주의의 위험성을 잘 알았다. 만일 신앙인이 회의주의에 빠져서 하나님의 존재를 의심한다면? 만일 자녀가 회의주의에 빠져서 부모의 존재를 의심한다면? 만일 교사가 회의주의에 빠져서 학생의 존재를 의심한다면? 만일 경찰이 회의주의에 빠져서 범죄자의 존재를 의심한다면? 세상은 어떻게 될까? 엉망진창이 될 것이다. 한편으로 회의주의는 허무주의의 아버지다. 내가 실제로 존재하고 있는지조차 의심스러운데, 어떻게 세상을 활기차게 살아갈 수 있겠는가. 지극히 허무한 마음으로 살아갈 수밖에 없다. 그러다가 마음속에 큰 병을 키우게 되고, 극단적인 선택을 생각하게 된다. 이는 아우구스티누스 자신이 경험한 것이었다. 아우구스티누스는 세상을 바로잡고 싶었다. 그러려면 무엇보다 먼저 세상에 만연한 회의주의를 격파해야 했다. 내가 존재하고, 가족이 존재하고, 타인이 존재하고, 세계가 존재하고, 우주가 존재한다는 당연한 사실을 증명해야 했다. 그리고 인간이 비록 불완전한 존재이지만 하나님의 전적인 은혜로 완전한 진리, 즉 예수 그리스도를 만날 수 있다는 사실 또한 증명해야 했다.

이를 위해서 아우구스티누스가 선택한 무기가 "시 팔로르 에르고 숨 Si fallor ergo sum", 즉 "만일 내가 속고 있더라도, 나는 존재한다"다. 그러니까 만일 악마가 나를 속여서 거짓인 것을 사실로 믿게 만들고 있더라도, 그 악마에게 속고 있는 내가 존재한다는 것만큼은 부인할 수 없다는 것이다. 즉 내가 속고 있다는 그 자체가 내가 존재한다는 증거라는 의미다. 아우구스티누스는 이렇게 '나'가 존재한다는 것을 증명했다. 그리고 나의 존재를 증명함으로써 가족, 타인, 세계, 우주의 존재 또한 증명했다. 존재하는 또 다른 나의 다른 이름이 가족, 타인이고 무수한 나들이 실재하는 공간이 세계와 우주이기 때문이다. 내가 존재하고 가족이 존재하고 무수한 타인이 존재하고 세계가 존재하고 우주가 존재한다면, 결국 이 모든 것을 창조한 하나님도 존재한다. 이로써 아우구스티누스는 하나님의 존재까지 증명했다. 중세 신학이 시작되는 순간이자, 약 1000년에 이르는 중세 문명이 시작되는 순간이었다.

아우구스티누스는 이 모든 일을 고대 그리스의 노에시스에 해당하는 코기토, 즉 철학적 사고를 통해서 해냈다. 그렇게 코기토는 중세 유럽 문명의 근원이 됐다.

산업혁명, 컴퓨터, 뇌과학…
이 모든 것이 데카르트에서 비롯됐다

시와 음악과 검劍을 사랑한[12] 스무 살 데카르트는 '공부'하는 인문학의 끝에 서 있었다. 그는 자신이 학문적으로 인문학의 모든 것을 터득했음을 느꼈다. 그리하여 그는 '공부'하는 인문학을 집어치우기로 결정했다. 대신 새로운 인문학을 하기로 했다. 그것은 내면에서 솟아나는 진실한 인문학이었고, 세상이라는 거대한 책 속으로 뛰어드는 살아 있는 인문학이었다. 그가 새로운 인문학을 하기 위해 선택한 것은 여행과 성찰이었다. 훗날 그는 이 시절을 회상하면서 이런 기록을 남겼다.[13]

나는 20대를 여행하면서 보내기로 했다. 나는 되도록 많은 곳을 방문하고, 궁전들과 군대들을 둘러보고, 기질과 신분이 각양각색인 사람들을 사귀고, 운명이 나를 위해 마련한 온갖 사건을 경험하면서 나 자신을 마음껏 시험해보기로 했다. 그리고 그런 경험을 통해서 나 자신을 얼마나 발전시킬 수 있을지 시험해 보기로 했다. … 그렇게 나는 세상이라는 거대한 책 속에서 공부하고 경험하는 데 몇 년 정도를 보낸 뒤에 온 힘을 다해 나 자신을 성찰하고 또 내가 앞으로 살아가야 할 인생을 선택하기로 했다.

인류의 미래를 바꾼 세 가지 꿈

스무 살 데카르트는 파리로 향했다. 그리고 그곳에서 당시의 20대가 즐길 수 있었던 거의 모든 것을 누렸다. 그는 와인, 도박, 파티, 여자에 빠져들었다. 그러나 그 생활은 1년 정도밖에 이어지지 않았다. 스물한 살의 데카르트는 어느 날 문득 자신이 파리의 유흥보다는 파리의 인문학을 더 사랑한다는 사실을 깨달았다. 하지만 매일 집 앞까지 찾아와서 함께 놀자고 유혹하는 친구들이 문제였다. 물론 데카르트도 친구들을 좋아했다. 하지만 그렇다고 친구들과 똑같은 미래를 맞이하고 싶지는 않았다. 그는 오직 영혼에 충실한 사람만이 맞이할 수 있는 찬란하고 위대한 미래를 꿈꾸었다. 결국 데카르트는 우정을 내세우면서 자신을 술과 도박과 파티와 천박한 여자들이 있는 곳으로 이끄는 친구들에게서 도망쳤다.

그는 파리 시내를 떠나 한 시골 마을로 숨어들었다. 그러고는 1년 동안 그 누구도 만나지 않았다. 그는 오직 책과 만났다. 그는 10대 시절부터 강렬하게 꿈꾸었던 위대한 작업, 즉 플라톤이나 아리스토텔레스 같은 고대 철학자들과 토마스 아퀴나스 같은 중세 철학자들의 인문학이 틀렸음을 증명하고 앞으로 새로운 인문학을 통해 인류 문명의 새로운 토대를 쌓는 일에 자신의 온 존재를 내던지고 싶었다. 그는 심지어 인간 영혼의 한계를 뛰어넘고 싶었다.[14]

파리 외곽의 은둔처에서 오직 책과 씨름하던 데카르트는 결국 친구들에게 들키게 되자 검의 고수답게[15] 당시 군대의 주력 화기였던 신식 머스킷 총 대신 구식 검을 차고서 네덜란드 군대에 자원입대했다. 그리고 훗날 역사가 30년 전쟁으로 기록하게 될, 당시 유럽 최대 규모의 전쟁이 터지자 바이에른 군대로 군적을 옮겼다. 그렇게 데카르트는 '30년 전쟁'의 한복판으로 뛰어들었다.

인류 역사를 100으로 놓고 보면 전쟁이 없었던 시기는 고작 3일뿐이라고 한다. 이는 곧 인류가 근본적으로 죄에 물든 악한 존재임을 증명한다. 그리고 전쟁을 모르고서는 인간과 인간에 관한 학문인 인문학을 알 수 없음을 의미한다. 그래서일까. 공교롭게도 동서양 인문학의 최고봉인 공자와 소크라테스는 전쟁과 관련이 매우 깊다. 공자는 500년 넘게 계속된 전쟁의 시대였던 춘추전국시대에 무사의 아들로 태어나서 전쟁과 학문이 주업이던 '사士'로 구성된 집단을 이끌었다. 그리고 소크라테스는 펠로폰네소스 전쟁 초반기에 10년 동안 포티다이아 전투, 델리움 전투, 암피폴리스 전투에 참

전해서 스파르타와 싸웠다. 참고로 소크라테스는 전쟁터에서 보여 준 용맹으로 아테네 최고의 전사라는 찬사를 받았다.

아마도 데카르트도 같은 이유로 자원입대했을 것이다. 즉 인간과 인문학을 제대로 알고 싶어서 전쟁에 참가했을 것이다. 실제로 데카르트는 군대 막사에서 새로운 철학을 시작하게 된다. 데카르트가 스물세 살이던 1619년 11월 10일 밤부터 11일 새벽 사이의 일이다. 당시 그는 독일에 주둔하고 있었는데 황제의 대관식에 참석한 뒤 부대로 복귀하던 도중 추위를 피해 한 마을에 머물고 있었다. 이날 거의 모든 장교와 병사가 술에 취해 있었다. 11월 10일은 성 마르티누스 수호성인을 기념하기 위한 축일 전야로, 밤새도록 술을 퍼마실 수 있었기 때문이다.[16] 그러나 데카르트는 단 한 방울의 술도 입에 대지 않았다. 대신 늘 그렇듯 혼자만의 공간에서 치열하게 사색하고 있었다. 이런 데카르트의 열정에 하늘도 감동했던 걸까. 이날 데카르트는 자신은 물론이고 인류의 미래까지 바꾸게 될 세 가지 꿈을 연달아 꾸게 된다.[17]

첫 번째 꿈에서 그는 악마의 바람이 무섭게 휘몰아치는 거리를 걷고 있었다. 허리를 굽힌 채 겨우 전진하고 있었다. 그런데 다른 사람들은 허리를 곧게 펴고 똑바로 걷고 있었다. 이때 그의 눈앞에 자신이 졸업한 대학교가 나타났다. 순간 그는 강한 바람에 휩싸여 대학교 안에 있는 교회로 날아갔다. 두 번째 꿈에서 그는 천둥 같은 소리가 울리는 방 안에 있었다. 밖에서는 무시무시한 폭풍우가 치고 있었다. 이때 그는 방 안이 온통 번개 같은 불빛으로 가득 차오르는 것을 보았다. 세 번째 꿈에서 그는 사전과 시집이 놓인 책상에 앉아 있었다. 그가 시집을 펼치자 라틴어 구절 'Quod vitae sectabor iter?'가 나타났다. 이를 해석하면, '나는 인생에서 어떤 길을 가야 하는가?'다. 그가 이 구절을 낭독하자 한 사람이 나타나서 '예, 그리고 아니오'라는 제목의 또 다른 시를 내밀었다.

잠에서 깬 데카르트는 온종일 꿈을 생각했다. 그는 세 가지 꿈이 하나님의 계시라고 믿었고, 하나님 앞에 무릎 꿇고 지혜를 구했다. 서원 기도도 했다. 만일 깨달음을 주신다면 이탈리아로 성지순례를 떠나겠다는.[18] 데카르트의 기도가 응답을 부른 것일까. 그는 마침내 세 가지 꿈을 해석했고, 앞으로 어떻게 살 것인가에 대한 답을 얻었다. 그가 해석한 바에 따르면, 첫 번째 꿈은 비록 악마가 잘못된 곳으로 인도할지라도 하나님께서 나를 보호한다는 의미이고, 두 번째 꿈은 내면의 방에서 진리의 불꽃을 만났다는 의미이며, 세 번째 꿈은 '아니오' 대신 '예'의 길, 즉 비진리 대신 진리의 길을 가야 한다는 의미였다. 그가 얻은 답은 세상의 모든 학문을 통합하고, 인류를 진리의 길로 인도하는 새로운 철학을 해야 한다는 것이었다. 즉 10대 시절부터 생생하게 꾸었던, 새로운 인문학으로 인류 문명의 새로운 토대를 쌓는다는 위대한 꿈을 실천하는 일이었다.

의심하고 부정하고, 또 의심하고 부정하라

새로운 철학을 시작하기 위해서는 무엇보다 먼저 기존의 모든 것을 철저하게 의심하고 부정해야 했다. 그리고 그 절대적인 의심과 부정의 체에 걸러지지 않고 살아남은 순수한 사상을 새로운 철학의 출발점으로 삼아야 했다. 이 작업에 대해서 데카르트는《성찰》과《방법서설》에서 이렇게 말한다.

일생에 한 번은 기존에 내가 참된 것으로 인식했던 모든 것을 완벽하게 뒤집어 엎어야 한다. 그리고 처음부터 새롭게 토대를 쌓아야 한다. 그래야 확고부동한 새로운 인문학을 세울 수 있다.[19]

나는 앞으로 오직 진리만 탐구할 예정이다. 이를 위해서는 털끝만큼이라도 의심의 여지가 있는 것은 전적으로 거짓된 것으로 규정하고, 용납하지 않아야 한다. 그리고 이런 과정 속에서 절대로 의심할 수 없는 그 무엇이 내 안에 존재하는가를 확인해보아야 한다.[20]

데카르드는 모든 것을 의심하기 시작했다. 그는 우주, 자연계, 생물, 무생물 등은 물론이고 '1+1=2' 같은 수학적 진리까지 거짓일 수 있다고 단정 지었다. 하지만 그 모든 것이 거짓일 수 있다고 의심하는 나라는 존재, 다시 말해 '생각하는 나'의 존재는 절대로 의심할 수 없었다. 데카르트는 '코기토', 좀더 정확하게 말하면 '코기토 에르고 숨^{Cogito ergo sum}', 즉 '나는 생각한다, 고로 존재한다'를 새로운 철학의 출발점이자 제1원리로 삼았다.

어떤 사람은 이렇게 물을지도 모르겠다. 지금으로부터 약 400년 전에 있었던 데카르트의 생각하는 나라는 발견이 지금 21세기를 살아가는 나와 무슨 상관이 있느냐고 말이다. 사실 인문학 강의를 할 때마다 이런 식의 질문을 이따금 받는다. 그때마다 나는 우리의 조급증과 내면의 '얇음'을 느낀다. 내면이 얇으면 조급해지기 마련이고, 조급하면 지게 된다. 나라와 나라 사이는 물론이고, 사람과 사람의 사이에서도 내면이 얇고 조급한 쪽이 주도권을 잃고 바보가 되어 끌려다닌다. 우리에게 필요한 것은 진중함과 깊이 있는 내면이다. '지금 당장'만이 아니라 10년 뒤, 30년 뒤, 100년 뒤, 500년 뒤, 1000년 뒤를 보려고 하는 자세가 필요하다. 또한 '나한테 이익인가?'만이 아니라 '우리 모두와 후손들에게도 이익인가?'라는 질문을 던지고 답을 찾을 줄 아는 능력이 필요하다. 아무튼 이런 질문을 받을 때마다 나는 대답 대신 아래와 같은 질문을 던진다.

"1397년 5월 15일, 지구에 한 아기가 태어났습니다. 그로부터 약 150년 뒤인 1545년 4월 28일, 또 한 아기가 태어났습니다. 이 두 아기가 21세기를 살아가고 있는 우리와 무슨 상관이 있을까요?"

그러면 보통 머리를 긁적이면서 "글쎄요, 잘 모르겠는데요"라고 답한다. 그럼 다시 이렇게 말해준다.

"첫 번째 아기는 자라서 오늘날로 치면 공무원이 되고, 두 번째 아기는 자라서 군인이 됩니다. 첫 번째 아기는 세종대왕이 되고, 두 번째 아기는 충무공 이순신이 되지요. 만일 우리 역사에 이 두 아기가 없었다면, 당신은 지금 어떤 삶을 살고 있을까요? 인문학이라는 게 이 두 아기와 같습니다. 지금 당장은 아무것도 아닌 것처럼 보이지요. 그리고 제대로 하려면 아기를 키우는 이상의 수고와 정성이 필요할 것만 같아서 두렵고 막막하기만 하지요. 하지만 인문학을 제대로 하면 언젠가는 반드시 당신의 인생이 완벽하게 바뀌게 됩니다. 인문학은 당신의 내면에 '위대함'과 '깊이'를 만들어주기 때문입니다."

현대 세계는 뼛속까지 데카르트적이다

이쯤에서 데카르트가 발견한 '생각하는 나'라는 '아기'가 자라서 어떻게 됐는지 살펴보자. 데카르트의 코기토는 영국의 로크와 독일의 칸트에게 지대한 영향을 미쳤다. 그러니까 데카르트의 이성 중심의 사고방식, 즉 합리주의는 로크가 영국에서 경험론을 체계화하고,[21] 칸트가 독일에서 관념론을 탄생시키는 데 큰 공헌을 했다.

그렇다면 영국의 경험론과 독일의 관념론은 인류에 어떤 영향을 미쳤을까? 영국의 경험론은 산업혁명과 계몽사상의 뿌리가 됐다.

특히 로크의 사상은 프랑스의 인권선언과 미국의 독립선언서, 권리 장전, 헌법 탄생에 결정적인 영향을 미쳤다. 독일의 관념론은 마르크스주의의 뿌리가 됐고, 독일 관념론의 창시자 칸트의 철학은 미국의 정신이라 불리는 프래그머티즘, 즉 실용주의의 탄생에 커다란 영향을 미쳤다.그러나 프래그머티즘은 관념론을 지양한다. 또한 프래그머티스트, 즉 실용주의 철학자들은 미국의 공립학교 교육을 설계했고, 이는 그대로 우리나라에 이식됐다.

그러니까 데카르트의 코기토는, 미국 역사가 러셀 쇼토Russell Shorto가 《데카르트의 사라진 유골》에서 인용한 철학자 리처드 왓슨 Richard Watson의 말, "데카르트는 이성이 과학과 인간사를 지배하는 토대를 놓았다. 그는 자연을 탈신성화하고, 개인을 교회와 국가보다 더 우위에 두었다. 데카르트의 개인주의가 없었다면 민주주의도 없었을 것이다. 물질세계를 기본요소까지 분석해가는 데카르트의 방법인문학이 없었다면 우리는 결코 원자폭탄을 개발하지 못했을 것이다. 17세기 근대 과학의 등장, 18세기 계몽주의, 19세기 산업혁명, 20세기 컴퓨터와 21세기 뇌과학, 이 모든 것이 데카르트에서 비롯됐다. 현대 세계는 뼛속까지 데카르트적이다"라는 말처럼 근대와 현대 문명의 거대한 뿌리가 됐다. 그리고 대한민국의 정치제도·과학·공학·의학·기술·교육 등 거의 모든 것의 뿌리가 됐다. 한마디로 지금 우리가 대한민국에서 누리고 있는 거의 모든 것은 데카르트의 코기토의 기반 위에 있다.

앞에서 영어 'Think'의 직접적인 기원은 라틴어 'cogito'라고 설명했다. 그런데 라틴어 '코기토'는 데카르트의 '코기토 에르고 숨'을 의미한다. 즉 데카르트의 인문학을 모르고서는 코기토를 알 수 없다. 이는 곧 데카르트의 '나는 생각한다, 고로 나는 존재한다'를 모르고서는 'Think'의 진정한 의미 또한 알 수 없다는 뜻이다.

아니다. 데카르트는 비록 기존의 모든 인문학을 무너뜨리고 새로운 인문학을 하겠다며 '코기토 에르고 숨'을 들고 나왔지만 이는 아우구스티누스의 '시 팔로르 에르고 숨'을 응용한 것에 불과하니, 아우구스티누스의 인문학과 신학을 모르고서는 'cogito'와 'Think'의 문명적인 의미를 알 수 없다. 그리고 아우구스티누스는 성경을 해석하고 신학을 전개하는 데 있어서 플라톤의 철학을 도구로 삼았고, 플라톤은 소크라테스는 물론이고 피타고라스와 파르메니데스와 헤라클레이토스에게 영향을 받아 자신의 철학을 세웠으니,[22] 성경과 신학과 다섯 명의 철학자들 그러니까 피타고라스, 파르메니데스, 헤라클레이토스, 소크라테스, 플라톤을 모르고서는 'cogito'와 'Think'의 근원적인 의미를 알 수 없다. 여기에 더해 오늘날 'Think'는 곧 미국의 'Think'이므로 미국을 만든 다음 세 가지 정신을 알아야 한다.

첫째, 성경에 바탕을 둔 프로테스탄티즘^{청교도 정신}

둘째, 서부 개척 시대에 탄생한 프런티어 스피릿^{개척 정신}

셋째, 남북전쟁 이후의 미국을 만들었다고 평가받는 프래그머티즘^{실용주의 정신}

프래그머티스트들은 칸트에게 영향을 받았다.[23] 그런데 칸트는 스피노자, 라이프니츠 등이 데카르트의 기반 위에서 펼친 유럽 대륙의 합리론과 로크, 버클리, 흄 등이 프랜시스 베이컨의 기반 위에서 펼친 영국의 경험론을 결합해서 관념론을 만들었다. 이는 곧 프래그머티즘을 제대로 이해하려면 데카르트, 스피노자, 라이프니츠, 프랜시스 베이컨, 로크, 버클리, 흄, 칸트의 철학을 알아야 한다는 의미다.

이렇게 놓고 보니 'Think'의 의미를 제대로 이해하려면 서양 문명 전체를 알아야 할 것 같은 기분이 든다. 그런데 이는 절대적으로 맞다. 서양 문명 전체, 특히 서양의 모든 신학과 인문학을 모르고서는 결코 'Think'를 알 수 없기 때문이다.

인공지능의
뿌리이자 줄기이자 꽃

'Think'는 고대 그리스·로마 문명을 만든 '노에시스'와 중세·근대 유럽 문명을 만든 '코기토'의 뒤를 이어 현대 미국 문명을 만들었다. 그리고 '컴퓨터'로 대표되는 현대 미국 문명은 인류의 새로운 문명이 됐다. 한마디로 'Think'는 과거 서양 문명 그 자체이자 현재 서양 문명 그 자체이며 미래 서양 문명 그 자체다. 또한 현재 인류 문명에 가장 거대한 영향을 미치고 있고, 미래의 인류 문명을 건설해갈 무엇이다.

그동안 우리나라가 길을 잃고 방황했던 것은 'Think'의 진정한 의미가 무엇인지 모른 채 'Think'를 했기 때문이다. 'Think'의 심층적인 의미는 새로운 인류 문명을 설계하고 창조한다는 것인데, 이를 단순히 두뇌를 잘 쓰는 행위 정도로 이해했기 때문이다.[24] 다시 말해 토머스 J. 왓슨의 'Think'는 '컴퓨터로 새로운 인류 문명을 창조한다'이고, 빌 게이츠의 'Think Week'는 'IBM을 뛰어넘는 컴퓨터 문명을 창조하는 시간을 보낸다'이며, 스티브 잡스의 'Think Different'는 'IBM, 마이크로소프트와 다른 컴퓨터 문명을 창조한다'라는 뜻이다. 그런데 이를 '토머스 J. 왓슨, 빌 게이츠, 스티브 잡스처럼 머리를 잘 굴려서 세상이 원하는 멋진 컴퓨터 상품을 내놓으면 세계 최고의 부자가 될 수 있다'는 식으로 이해했다는 뜻이다. 한마디로 우리는 내면이 얕았고 조급했다. 그 대가는 너무나 컸다. 우리나라는 매년 컴퓨터 산업 관련 수익의 80퍼센트 정도를 IBM, 마이크로소프트, 애플 등에 저작권료로 지불하는[25] 세계 컴퓨터 산업계의 소작농으로 전락하고 말았다.

불행한 미래를 바꿀 세 가지 방법

만일 앞으로도 우리나라가 'Think' 뒤에 숨어 있는 거대한 인문학의 세계를 깨닫지 못한다면, 미래에도 계속 방황하게 될 것이다. 지난 수십 년 동안 컴퓨터 산업에 국가적 투자를 해놓고도 인류 컴퓨터 문명 역사에 단 한 줄의 기록도 남기지 못한 것처럼[26] 미래에도 공허하기 짝이 없는 행보를 이어가게 될 것이다. 또한 삼성, SK 같은 대기업도 지금은 상상도 못 할 인공지능 산업 하청 공장으로 전락하게 될 것이다. 아니, 어쩌면 이조차도 중국, 인도, 베트남 등에 빼앗기고, 국제 사회에서 후진국 아닌 후진국으로 대우받는 재앙을 맞이하게 될 수도 있다. 이는 무엇을 의미하는가. 먼 미래에 노인이 된 우리가 먹고살기 위해 중국, 인도, 베트남 등지로 노동을 하러 가야 할 수도 있다는 뜻이다. 우리 아이들은 말할 것도 없다. 이미 우리 곁에 와 있을, 아직 널리 퍼지지 않은[27] 이 불행한 미래를 바꾸려면 다음 세 가지를 해야 한다.

첫째, 'Think'의 진정한 의미를 깨달아야 한다.
둘째, 문명을 창조하고 발전하게 하는 의미의 'Think'를 시작해야 한다.
셋째, 지금 새롭게 시작되고 있는 미래 문명에 적극적으로 동참해야 한다.

첫째와 둘째에 대해서는 앞에서 충분히 설명했으니 셋째에 대해 이야기해보자. 지금 새롭게 시작되고 있는 미래 문명은 인공지능이다. 'Think' 이야기를 하다가 느닷없이 SF영화에나 나오는 인공지능이라니, 하면서 뜨악한 표정을 짓는 사람이 많을 것이다. 실제로 인공지능 이야기를 할 때마다 늘 그런 반응을 접한다. 그때마다 다음 정보를 들려준다. 그러면 일순간에 사람들의 표정이 바뀐다.

첫째, 인공지능의 역사는 1842년까지 올라간다. 이해에 스물일곱 살의 영국 여성 에이다 러브레이스[Ada Lovelace]가 《찰스 배비지의 해석기관에 대한 분석》[28]이라는 책에서 인공지능의 가능성을 최초로 언급했다.[29] 에이다 러브레이스는 C, C++, C#, Java, PHP 등 지금 우리가 사용하고 있는 거의 모든 컴퓨터 프로그래밍 언어[30]의 기초 개념을 만든 최초의 컴퓨터 프로그래머이고,[31] 찰스 배비지Charles Babbage는 기계식 컴퓨터의 원조인 '해석기관'의 고안자다.

둘째, 인공지능에 관한 논의와 연구는 1943년부터 시작됐다. 이해에 MIT 교수 워런 매컬러Warren McCulloch와 논리학자 월터 피츠Walter Pitts가 인공지능 연구의 기초를 다졌고, 1950년에는 훗날 인공지능의 아버지라고 불리게 되는 앨런 튜링Alan Turing이 〈계산 기계와 지성〉이라는 논문에서 인공지능의 판별 기준인 '튜링 테스트'를 제시했다. 그리고 1956년에는 미국 다트머스 대학에서 한 달 동안 열린 '다트머스 회의'에 참석한 연구자들이 인공지능을 과학의 한 분야로 확립했다. 이후 MIT·카네기멜런·스탠퍼드·프린스턴 대학교 등에 인공지능 연구소가 세워지면서 연구가 본격화됐다.

셋째, 컴퓨터 산업을 창조하고 이끌어온 IBM·마이크로소프트·애플·구글·페이스북의 공통점은 인공지능에 미래를 걸고 있다는 것이다. IBM은 2015년 인공지능 컴퓨터 '왓슨'의 개선에 2000명의 연구원과 1조 원의 연구비를 투입한다는 결정을 내렸다. '왓슨'은 2011년 미국의 유명 퀴즈쇼 〈제퍼디!〉에 출연, 이 퀴즈쇼 최다 우승자와 최고 상금왕을 압도적인 점수 차이로 누르고 우승했다. 현재 '왓슨'은 텍사스 의대 MD앤더슨암센터에서 의료업무를, 시티은행에서 금융분석과 상담업무를 수행하고 있다. 마이크로소프트는 "과거의 영광을 되찾을 수 있는 유일한 비밀 병기는 인공지능뿐이다"라고 외치면서 인공지능 연구에 막대한 투자를 하고 있다. 마이크로소프트 공동창업자이자 마이크로소프트의 두뇌라 불렸던 폴 앨런Paul Allen은 '앨런 인공지능 연구소'를 세웠고, 빌 게이츠는 틈만 나면 하버드·스탠퍼드·MIT 등에 가서 "만일 내가 학생으로 돌아간다면 무엇보다 인공지능을 치열하게 공부할 것이다" "과거의 마이크로소프트 같은 성공을 거두는 기업은 인공지능 분야에서 나올 것이다"라고 외치고 있다.

애플의 스티브 잡스는 세상을 떠나기 전에 인공지능 회사 시리Siri를 인수했다. 이후 애플은 본격적으로 인공지능 분야에 진출했다. 애플의 공동창업자 스티브 워즈니악Steve Wozniak은 미래에 관한 질문을 받을 때마다 늘 이렇게 단언한다.

"미래는 인공지능의 시대가 될 것이다."

이 두 사람은 애플 초창기에 MIT와 스탠퍼드에 인공지능 연구소를 세우고 인공지능의 기본 언어인 LISP를 개발한 존 매카시John McCarthy 박사에게 큰 영향을 받았다. 구글은 2013년에 '인공지능 맨해튼 프로젝트'를 시작했다. 이 프로젝트는 빌 게이츠가 "인공지능의 미래를 가장 잘 아는 사람"이라고 극찬한 레이 커즈와일Ray

Kurzweil 박사가 지휘하고 있는데, 인공지능 문명을 창조하는 데 목표를 두고 있다. 구글은 '미래형 인공지능 로봇 제조 프로젝트'도 시작했다. 이를 위해 어마어마한 돈을 들여 인공지능 회사 한 곳과 로봇 제조 회사 여덟 곳을 인수했다.

페이스북은 2013년에 뉴욕대의 얀 리쿤Yann LeCun 박사를 비롯해 인공지능 분야의 세계적인 석학들을 영입해 인공지능 연구소를 세웠다. 이 연구소는 뉴스피드에 인공지능을 탑재하는 것을 시작으로, 페이스북을 인공지능화하는 것을 목표로 하고 있다. 참고로 마크 저커버그Mark Zuckerberg는 이미 고등학교 때 인공지능 뮤직플레이어인 '시냅스 미디어 플레이어'를 만들어서 마이크로소프트 등에 판매한 이력이 있다.

넷째, 인공지능은 이미 오래전부터 우주·항공·로봇·선박·자동차·전기·전자·건설·의료·통신·교육·에너지·환경·교통·가전 등 거의 모든 산업 분야에서 활용되고 있다.[32]

다섯째, 인공지능은 미래 인류 산업의 주축으로 성장하고 있다. IBM 최고경영자 버지니아 로메티Virginia Rometty는 앞으로 인공지능 컴퓨터 왓슨이 IBM의 주 수입원이 될 것이며, 10년 안에 10조 원 넘는 수익을 창출할 것이라고 발표했다.[33]

세계 최고 컨설팅업체 매킨지는 인공지능 기술의 핵심 분야 중 하나인 '사물인터넷'[34]이 앞으로 세계 경제에 최대 6조 2000억 달러에 이르는 잠재적 영향력을 미치게 될 것이라고 예측한 보고서를 발표했다.[35] 세계 최고 인터넷 기업 중 하나인 시스코시스템즈는 앞으로 수백 억 개의 사물이 인터넷에 연결되고, 2013년부터 2022년까지 사물인터넷 시장은 1경 400조 원 규모로 성장하게 된다고 발표했다.

애플, 구글, 페이스북…
인문학 석학들을 블랙홀처럼 빨아들이다

인공지능은 SF가 아니다. 개념적으로는 우리나라에서 추사 김정희가 활동하던 시기에 시작됐고, 본격적인 연구는 1950년대부터 시작된 과학의 한 분야다. 그리고 세계 최고의 기업들이 천문학적인 자본과 최고의 연구자들을 투입해서 만들어나가고 있는 인류의 현재이자 미래다. 즉 인공지능은 이미 오래전에 시작된 미래이자 지금 새롭게 시작되고 있는 미래다.

물론 오늘날의 인공지능은 지극히 초보적인 수준이다. 진정한 의미의 인공지능이 에베레스트산이라면 오늘날의 인공지능은 잘해야 동네 뒷산 정도나 될 것이다. 그러나 인공지능은 지금 이 순간에도 빛의 속도로 성장하고 있다. 대표적으로 현존하는 최고의 인공지능 컴퓨터인 IBM의 왓슨은 이미 오래전에 100만 권 넘는 분량의 책을 읽었다. 왓슨이 100만 권 넘는 분량의 지식^{3분의 1이 인문학 분야다}을 축적하기까지 고작 3년밖에 걸리지 않았다. 또 다른 인공지능 컴퓨터인 '유진 구스트만'은 인공지능의 판별 기준인 '튜링 테스트'를 통과했다.[36] 그리고 지난 30년 동안 행한 미래 예측이 무려 86퍼센트나 적중한 세계 최고의 미래학자 레이 커즈와일은 2029년에 '인간'의 지능을 뛰어넘는 인공지능이, 2045년에 '인류'의 지능을 뛰어넘는 인공지능이 출현할 것이라고 예측했다. 앞에서 언급했듯이 커즈와일은 구글이 진행하고 있는 '인공지능 맨해튼 프로젝트'의 총책임자다. 그리고 래리 페이지^{Larry Page}와 세르게이 브린^{Sergey Brin}은 스탠퍼드 대학원에서 인공지능 연구의 최고 권위자라 불리는 테리 위노그래드^{Terry Winograd} 박사 밑에서 공부하다가 '인공지능 문명을 창조'하겠다는 꿈을 갖게 됐는데, 이 꿈의 첫 실현 수단으로 만든 것이 구글이다.

지금 새롭게 시작되고 있는 미래 문명인 인공지능과 인문학은 무슨 관련이 있을까. 내가 조사한 바에 따르면 인문학은 인공지능의 뿌리이자 줄기이자 꽃이다. 지금으로부터 약 170년 전에 인공지능의 가능성을 최초로 언급한 에이다 러브레이스는 18, 19세기 유럽 인문학과 예술의 사조였던 낭만주의에 큰 발자취를 남긴 시인 바이런의 딸이다. 어릴 적부터 유럽 최고의 귀족 교육을 받았고, 이미 10대 시절에 당대의 인문학과 수학에 통달한, 당시 유럽 최고의 지식인이었다.

러브레이스로 하여금 인공지능의 가능성을 생각하게 한 '해석기관'의 창시자 찰스 배비지는 수학자이자 철학자였다. 그는 케임브리지 대학생 시절 '철학 조찬모임'을 만들어서 활동했고, 철학 석사학위를 받았다. 그는 학자로서 명성을 얻은 뒤에는 토요일마다 자택에 찰스 디킨스, 토크빌, 멘델스존 같은 천재들을 초청,[37] 인문학과 예술이 어우러진 파티를 여는 것을 최고의 즐거움으로 삼은 뼛속까지 인문학자였다. 73세에는 《한 철학자에게 듣는 은밀한 이야기》라는 자서전을 출간하기도 했다.

인공지능 연구를 최초로 시작한 워런 매컬러는 예일 대학에서 철학과 심리학을 전공했고, 컬럼비아 대학에서 심리학을 전공했다. 그는 의사이자 시인이었다. 매컬러와 함께 연구한 월터 피츠는 당대 최고의 인문학자인 버트런드 러셀에게 수학적·철학적 조언을 할 정도로 탁월한 인문학적 내공을 가진 수학자이자 논리학자였다.

인공지능의 아버지 앨런 튜링은 수학자이자 논리학자였다. 그리고 비트겐슈타인에게 직접 토론식 철학 교육을 받은 철학도이자 철학자였다. 훗날 모든 인공지능 연구의 진정한 토대가 된 그의 논문 〈계산 기계와 지성〉은 논리학과 생물학의 관계를 확립했는데, 지극히 철학적인 성격을 띠고 있으며[38] 철학 학술지에 발표됐다.

1959년 MIT에 최초의 인공지능 연구소를 세운 마빈 민스키^{Marvin}

Minsky[39]는 미국 최고의 인문학 사립학교인 필립스 아카데미 출신으로, 하버드 대학생 시절 전공보다는 인문학, 특히 심리학과 철학에 몰두했다. 그는 인공지능 세계에 입문한 뒤로는 인문학적 능력을 총동원해 인공지능 철학을 개척하면서 인공지능 사상가로 거듭났다. 민스키에 이어 카네기멜런 대학에 인공지능 연구소를 세운 허버트 사이먼Herbert Simon과 앨런 뉴웰Allen Newell은 인문학, 경제학, 컴퓨터 과학에 정통한 사람들로 인지심리학이 현대 심리학의 주류로 자리 잡는 데 지대한 공헌을 했다. 이 세 사람은 존 매카시와 함께 인공지능이 과학의 한 분야로 확립되는 데 결정적인 역할을 했다.

인공지능 선구자들의 뒤를 이어 인공지능을 발전하게 하고, 인공지능을 미래 인류 문명의 핵심으로 만들고자 하는 IBM·마이크로소프트·애플·구글·페이스북은 지금 이 순간에도 인류학자·심리학자·민속학자·시인·철학자 등 인문학 분야의 석학들을 블랙홀처럼 빨아들이고 있다. 대표적으로 구글은 인공지능 프로젝트를 본격적으로 진행하면서 교도소 인문학 교육 프로젝트를 진행한 철학자 데이먼 호로비츠Damon Horowitz[40]를 부사장으로 영입했고, 신입사원 6000명 중 4000~5000명을 인문학 전공자로 뽑았다. 호로비츠는 인공지능 철학자 마빈 민스키의 제자이기도 하다.

컴퓨터의 모체는 인문학이다

인공지능은 왜 이토록 인문학과 깊은 관계에 있는 걸까. 이유는 간단하다. 컴퓨터의 모체가 인문학이기 때문이다.

라이프니츠는 여섯 살 때 법학자이자 도덕철학 교수였던 아버지에게 당대 최고 수준의 인문학 서재를 유산으로 물려받았다. 그는 여덟 살 때부터 서재에서 살다시피 했는데, 서재의 책을 거의 다 읽었을 무렵 전혀 다른 존재가 되어 있었다. 그는 열네 살에 유럽 명문 대학 중 하나인 라이프치히 대학교에 입학하고, 열여덟 살에 석사학위를 취득하고, 스물한 살에 법학박사 학위를 취득함과 동시에 법대 교수직을 제안받고, 스물다섯 살에 런던왕립학회 회원으로 선출될 정도로[41] 지적 능력의 정점에 선 사람이었다. 이후 그는 레오나르도 다빈치를 뛰어넘는 천재의 길을 걸었다. 그는 형이상학·철학·수학·물리학·논리학·정치학·문학·언어학·역사학·법학·공학·신학 등 당시의 거의 모든 학문 분야에서 탁월한 연구를 진행했고, 특히 수학과 철학 분야에서 천재적인 업적을 남겼다.

라이프니츠에게는 특별한 인문학 독서법이 있었다. 훗날 그는 다름 아닌 이 독서법 덕분에 거의 모든 학문 분야를 정복할 수 있었다고 밝혔다. 그것은 각 분야의 대표적인 고전들을 엄선해서 읽되, 책의 내용과 저자의 생각 시스템이 완벽하게 자기 것이 될 때까지 원전을 반복해서 읽고, 필사하는 방법이었다.

만일 당신이 서양 고대사 분야의 대표적인 책인 헤로도토스의 《역사Historia》를 읽는다고 하자. 당신은 저자와 책에 대해서 아는 바가 전혀 없다. 즉 헤로도토스가 누구인지, 《역사》가 왜 쓰였는지, 《역사》의 시대적 배경은 무엇인지 등에 대해서 무지하다. 그리고 그리스어를 전혀 모른다. 그런데도 당신은 《역사》를 원전으로 읽는다. 그것도 당신의 두 눈에서 나오는 에너지로 인해 책이 녹아 없어질 정도로 치열하게 읽는다. 책의 내용이 이해가 되고 안 되고는 크게 신경 쓰지 않는다. 전혀 이해되지 않는 부분은 그냥 건너뛴다. 그렇게 당신은 《역사》의 마지막 페이지를 덮고, 필사를 한다. 그리고 당분간 《역사》를 손에 잡지 않는다. 일종의 숙성 기간을 갖는 것이다. 이 과정을 반복하다 보면 거짓말처럼 어떤 순간이 찾아온다. 책의 내용과 저자의 생각 시스템이 내 것이 되는 마법 같은 순간, 두뇌에서 지혜의 문이 열리고 가슴에 깨달음의 빛이 비치는 황홀한 순간, 그렇게 인류 지식과 지혜의 정점에 성큼 다가가는 순간 말이다. 실제로 라이프니츠는 리비우스의 《로마사History of Rome》를 비롯해 각 분야의 대표적인 고전들을 이렇게 읽었다.

라이프니츠는 스물한 살이던 어느 날 키르허Kircher의 《중국도설China Illustrata》을 읽고 마테오 리치 같은 선교사들의 중국 선교 활동에 대해 알게 됐다. 약 11년 뒤인 1678년에는 필리프 쿠플레Philippe Couplet의 《중국인 철학자 공자Confucius Sinarum Philosophus》를 통해

《논어》《중용》《대학》《주역》 등 사서삼경에 대해서 알게 됐고,[42] 1701년에는 예수회 선교사인 요하임 부베를 통해 북송의 소옹이 그린 주역 64괘도를 만나게 됐다.[43] 그리고 1703년에 장차 인류의 역사를 영원히 바꾸게 될, 컴퓨터의 기본 언어인 이진법의 탄생을 알리는 〈0과 1만을 사용하는 이진법 산술에 대한 해설: 이진법의 효용 및 그것이 고대 중국의 복희《주역》의 근간인 팔괘의 창시자의 괘상에 대해 밝혀주는 의미에 대한 소견〉이라는 논문을 발표했다.[44]

한편으로 라이프니츠는 앞에서 말한 독서법으로 그리스·라틴 고전들을 독파하면서 자연스럽게 그리스어와 라틴어의 달인이 됐는데, 10대 초반에 아리스토텔레스의 저작들을 원전으로 읽으면서 '논리학'을 만났고, 여기에 깊이 빠져들었다. 그리고 스무 살 때 아리스토텔레스 이후 약 2000년간 계속되어온 기존의 논리학과는 전혀 다른 새로운 논리학인 '기호논리학'을 구상하게 됐다. 인간의 모든 사고思考를 기호로 표현한다는 라이프니츠의 기호논리학은 당시에는 천재 철학자의 공상 정도로 여겨졌으나 약 200년 뒤 조지 불George Boole이 '불 대수'를 창안함으로써 실용화됐다. 이후 두 사람의 연구를 계승·발전시킨 고틀로프 프레게Gottlob Frege가 체계화했으며, 프레게의 뒤를 이은 화이트헤드와 러셀이 현대 논리학으로 확립했다. 그리고 현대 수학의 아버지라 불리는 다비트 힐베르트David Hillbert는 화이트헤드와 러셀이 집대성한 기호논리학 위에서 수학적 형식주의를 추구했는데,[45] 이는 2000년 수학의 역사를 하루아침에 뒤집은 쿠르트 괴델Kurt Gödel의 '불완전성 정리'에 의해 파기되었다.[46] 한편으로 이 두 사람의 연구는 '인공지능의 아버지' 앨런 튜링에게 거대한 영향을 미쳤고, 그로 하여금 '보편 튜링 기계'를 구상하게 했다. 이는 존 폰 노이만John von Neumann의 에드박EDVAC 개발로 이어졌고, 이후 에드박은 IBM, 마이크로소프트, 애플로 이어지는 현대 컴퓨터 산업의 기초가 됐다.[47]

인문학이 컴퓨터와 인공지능에 미친 영향을 간략하게 정리하면 이렇다.

컴퓨터의 언어인 이진법은 사서삼경 중 하나인《역경》, 즉《주역》에서 탄생했고, 라이프니츠가 재발견했다.

C, C++, JAVA 같은 컴퓨터 프로그래밍 언어의 기본 원리인 기호논리학은 라이프니츠가 아리스토텔레스의 논리학을 연구하다가 구상했다.[48]

컴퓨터의 조상이라고 할 수 있는 기계식 계산기는《팡세》를 쓴 철학자 파스칼이 개발했고, 이를 라이프니츠가 개량했다. 이 두 사람은 수학자이자 과학자이기도 했다.

현대 컴퓨터의 개념을 최초로 선보인 '해석기관'의 고안자 찰스 배비지는 철학자이자 수학자이자 공학자였다.

컴퓨터 논리회로의 언어 불 대수의 창안자 조지 불은 철학자이자 수학자다. 그는 스코틀랜드의 철학자 윌리엄 해밀턴^{Willian Hamilton}과 수학자이자 논리학자인 오거스터스 드모르간^{Augustus De Morgan} 사이에 벌어진 격렬한 논리학 논쟁에 영향을 받아, 라이프니츠의 기호논리학을 실용화하는 작업에 돌입했는데, 이 과정에서 불 대수가 탄생했다.

라이프니츠가 구상하고 조지 불이 현실화한 기호논리학을 현대적 의미의 논리학으로 재탄생시킨 고틀로프 프레게는 분석철학의 시조로, 러셀과 비트겐슈타인은 이를 발전시켰다. 또 프레게의 기호논리학을 현대 논리학으로 확립한 화이트헤드와 러셀은 철학자이자 논리학자이자 수학자다. 화이트헤드는 하버드 대학교의 철학 교수였고, 러셀은 《서양철학사》 등의 저작으로 노벨문학상을 수상했다.

폰 노이만의 에드박 개발 프로젝트에 결정적인 영향을 미친 보편 튜링 기계의 창안자 앨런 튜링, 또 튜링으로 하여금 보편 튜링 기계를 구상하게 한 괴델과 힐베르트, 이 세 사람은 모두 수학자이자 논리학자이자 철학자다.

에드박을 개발해서 IBM, 마이크로소프트, 애플로 이어지는 현대 컴퓨터 산업의 기초를 다진 폰 노이만은 수학자이자 논리학자다.[49] 그는 어렸을 때부터 수학과 인문학에 천재적 능력을 보였고,[50] 수학·논리학·경제학·물리학·생물학·컴퓨터공학 등 다방면에서 천재적인 업적을 남겼다. 그가 창시한 '게임이론'은 하버드 시절의 빌 게이츠와 스티브 발머Steve Ballmer에게 큰 영향을 미쳤다. 훗날 두 사람은 게임이론을 마이크로소프트의 핵심 경영 전략으로 채택해 세계 컴퓨터 시장을 정복했다.[51]

이게 인공지능의 모체인 컴퓨터의 진실이다. 컴퓨터는 과학, 공학, 기술이기 이전에 인문학이다. 그것도《주역》의 이진법을 재발견한 라이프니츠 이후로 수백 년 동안 수학, 과학, 공학, 기술과 치열하게 결합하면서 새로운 인류 문명으로 거듭난 실용 인문학이다.

즉 컴퓨터의 인문학은 문명적 의미의 'Think' 그 자체다. 우리는 이 사실을 잘 알아야 한다. 그래야 미국의 컴퓨터 영웅들이 이야기하는 인문학의 의미를 제대로 이해할 수 있고, 지금 새롭게 시작되고 있는 미래 문명에서 소외되지 않을 수 있다. 만일 우리가 IBM, 마이크로소프트, 애플의 'Think'를 얕고 조급하게 이해했던 것처럼 이 또한 그렇게 이해한다면, 이를테면 빌 게이츠의 "만일 인문학이 없었다면 컴퓨터도 없었을 것이고, 마이크로소프트도 존재할 수 없었을 것이다"라는 말을 '역시 인문학을 해야 창의성이 생기고, 빌 게이츠처럼 될 수 있는 거구나. 앞으로《논어》, 플라톤을 열심히 읽어야겠네'라는 식으로만 받아들인다면, 미래는 없을 것이다. 이해의 폭을 '라이프니츠 이후로 수백 년에 걸친 실용 인문학의 토양이 있었기에 컴퓨터라는 거대한 나무가 탄생할 수 있었고, 마이크로소프트라는 화려한 꽃이 필 수 있었구나. 우리도 앞으로 문명적 의미의 'Think'를 통해 실용 인문학의 토양을 만들어야겠구나'로 넓히지 못한다면 미래는 없을 것이다.

2장

인공지능 창조자들의
숨겨진 정체

인공지능 창조와 발전의 핵심은 '수학'이다

수학은 어렵다. 모두에게 어렵다. 여기 한 청년이 있다. 참으로 수학을 못하는, 아니 수학과 무관한 삶을 살아온. 도대체 이 청년의 내면에 무슨 일이 벌어졌던 걸까? 청년은 느닷없이 수학 교사 시험에 도전한다. 그리고 낙방한다. 하지만 청년은 굴하지 않고 수학을 스스로 공부한다. 그리고 마침내 선형대수학線型代數學의 시조가 된다.수학 교사의 꿈도 이룬다.[1] 선형대수학은 대수학代數學의 한 분야로 행렬, 벡터 등을 연구한다.

인간은 머리와 가슴으로 생각한다. 이를 잘 표현하는 게 두뇌를 의미하는 '囟'과 마음을 의미하는 '心'이 합쳐진 恖사에서 유래한 한자어 思사다.

인공지능은 행렬과 벡터, 즉 선형대수학으로 학습딥러닝한다. 이는 무슨 의미인가? 인공지능의 창조자는 수학자라는 것이다. 수학적 상상력이 인공지능의 창조와 발전의 핵심이라는 것이다. 미국, 영국, 일본, 싱가포르, 중국 등은 이 사실을 잘 알고 있기에 수학 교육, 특히 행렬과 벡터를 강화하고 있다. 그런데 우리나라는 수학 교육 과정에서 행렬을 없앴다. 벡터도 없애다시피 했다. 이 사실만 놓고 본다면 우리나라는 인공지능 창조자를 배출하지 않는다는 결단을 내렸다고 해도 과언이 아니다.

　이제 우리는 수학자의 두뇌로 생각하는 법을 스스로 터득해야
한다. 수학적 지식은 물론이고 수학적 상상력까지 스스로 가져야
한다. 이를 위해서는 수학을 창조한 사람들의 머리와 가슴으로
들어가볼 수 있는 지혜가 필요하다.

스스로 인공지능의
노예가 되는 길을 걷고 있진 않은가

    우리는 서당이니 훈장이니 하는 말을 들으면 '조선을 망국의 길로 이끈…' 같은 부정적인 생각부터 한다. 그러나 그렇지 않다. 만일 서당과 훈장이 없었다면 우리나라는 이미 임진왜란 때 일본의 식민지가 됐을지도 모른다. 당시에 목숨 걸고 나라를 지킨 지사들은 대부분 서당에서 철저한 인문학 교육을 받았던 사람들이다. 훈장은 오늘날의 학교 교사와는 달랐다. 훈장은 지역사회의 '법'이자 '양심'이었고, 지역 최고의 인문학자였으며, 불의와 타협하지 않는 대쪽 같은 성품을 가진 선비였다.[2] 쉽게 말해서 훈장은 유대 민족의 랍비 같은 존재였다. 그런데 조선의 훈장은 일제의 악랄한 탄압정책으로 인해 역사에서 자취를 감추고 말았다. 생각할수록 안타까운 일이다. 유대 민족은 2000년 가까이 나라를 잃고 유랑했지만, 랍비로 대표되는 구약성경 교육과 인문학 교육 전통을 목숨 걸고 지켰다.

그리고 마침내 세계에서 가장 강한 힘을 가진 민족이 됐다. 만일 우리가 서당의 인문교육 전통을 유대 민족 이상으로 지켜왔다면 어떻게 됐을까?

조선의 훈장에게는 특별한 교육방식이 있었다. 그들은 학동들을 나이 구분 없이 가르쳤다. 오늘날로 치면 초등학생과 중고등학생을 함께 가르친 것이다. 이렇게 교육하면 어떤 일이 벌어질까? 학동들이 자연스럽게 사회성을 갖게 된다. 서당에 학교폭력이나 왕따가 있었다는 말을 들은 적이 있는가? 서당에서 그런 일은 결코 일어나지 않았다. 지역사회의 존경과 신뢰를 한몸에 받는 교사가 인문학을 특별한 교육방식으로 가르쳤기 때문이다. 서당의 이런 교육과정과 교육방식이 오늘날 어떤 형태로든 되살아나야 한다. 그래야 우리나라에 희망이 있다.

어떤 사람들은 이렇게 반문할 수도 있겠다. "조선이 인문학만 중시하고 과학기술을 무시했기 때문에 망했는데, 지금 그 역사를 되풀이하자는 말인가?" 이렇게 답하고 싶다. 우리나라는 세계 10위권의 경제력을 자랑할 정도로 세계의 흐름에 잘 적응하고 있다. 세계가 어떻게 돌아가고 있는지조차 모른 채 세도정치에 몰두하고 주자학을 맹종한 그때 그 나라가 아니다. 그런데 '한강의 기적'을 일구어낸 이 위대한 나라가 인문학적 전통을 회복하지 못해 표류에 표류를 거듭하고 있다. 심지어는 세계 20위권으로 밀려날 조짐까지 보이고 있다. 지금 우리나라에 필요한 것은 세계 최고 수준의 인문학적 기반 위에서 세계 최고 수준의 과학기술을 꽃피운 세종대왕 시대의 지혜다.

당신의 아이가 수학, 과학을 못하는 진짜 이유

불현듯 무수히 많은 엄마들의 얼굴이 떠오른다. 강연회나 사인회 등에 찾아와서 "나라도 좋고 세계도 좋지만 지금 당장 필요한 것은 아이가 수능에서 좋은 점수를 받아 원하는 대학에 들어가는 것인데, 인문학을 하다가 학교 공부를 못하게 되면 어떻게 하느냐"고 불안한 목소리로 묻던. 비슷한 고민을 하는 독자가 많을 것이다.

이쯤에서 비밀 하나를 공개하려 한다. 나는 교사 시절 기독교 학습법에 대한 책을 쓴 적이 있다. 당시 기독교 분야 베스트셀러였고, 대만에서 번역 출간되기도 했다. 솔직히 고백하자면 처음에는 그 책을 쓰고 싶지 않았다. 그래서 출판사 관계자가 학교로 찾아와서 원고를 의뢰했을 때 정중히 거절했다. 하지만 마치 하늘의 비밀이라도 알고 있다는 듯한 표정으로 "작가님, 또 압니까? 이게 주님의 뜻일지…"라고 말하는 그에게 넘어가서 결국 계약서에 서명하고 말았다. 나중에 알고 보니 그는 팔릴 것 같은 원고를 청탁할 때만 그런 표정을 짓고 그런 말을 하기로 유명한 사람이었다. 그는 십자가에 못 박히는 삶을 추구하는 기독교의 본질을 이야기하는 내 다른 원고들은 팔릴 것 같지 않다는 이유로 전부 거절했다.

어쨌든 계약을 했으니 책을 써야 했다. 그런데 나는 고등학교 내신등급이 10등급 중 5등급일 정도로 공부를 잘하는 학생이 아니었다. 큰일이었다. 일단 아이비리그·서울대·KAIST·포항공대·연세대·고려대 등을 들어간 학생들의 인터뷰 기사, 수기, 책을 모으기 시작했다. 불과 몇 달 사이에 1100여 건의 자료가 쌓였다. 이 자료들을 철저하게 분석했고, 여기에 더해 대학입시에 정통한 교사들, 아이를 명문대에 보낸 부모들, 학원가에서 이름을 날리는 강사들을 집중 인터뷰했다. 마침내 명문대에 이르는 길을 발견할 수 있었다. 그것은 수학, 과학과 맞붙은 전쟁에서 승리하는 것이었다. 좀더 구체적으로 말하면 수학은 도형·함수·지수·로그·수열·확률·통계·미분·적분·벡터 등을 정복해야 하고, 과학은 탈레스·데모크리토스·아르키메데스·갈릴레이·케플러·보일·뉴턴·라부아지에·볼타·돌턴·아보가드로·앙페르·패러데이·멘델·맥스웰·멘델레예프·헬름홀츠·헤르츠·아인슈타인·보어·슈뢰딩거 등을 정복해야 한다. 물론 대학입시 수준에서 말이다.

그렇다면 수능 만점의 열쇠인 이 교과과정은 도대체 어디서 나온 걸까? 학교 교사나 학원 강사? 교육청 장학사나 교육부 관계자? 서울대학교 교수? 모두 아니다. 놀랍게도 이 교과과정은 대부분 인문학, 특히 철학에서 나왔다. 여기에 대해서는 〈부록 3: 수학적·과학적 사고를 배울 수 있는, 인류 최고의 인문학자들〉에 자세하게 정리해놓았으니 참고하기 바란다.

철학이 계산과 증명 등의 옷을 입고 나타난 것이 수학이고, 관찰과 실험 등의 옷을 입고 나타난 것이 과학이다. 즉 수학과 과학의 다른 이름이 철학이다. 우리가 왜 수학, 과학을 못하는지 그 근본적인 이유를 아는가? 초등학교부터 고등학교까지 무려 12년간 수학, 과학을 배우고도 말이다. 이유는 단 하나다.

철학을 하지 않기 때문이다.

당신의 아이가 학교와 학원에서 그토록 열심히 수학, 과학을 배우고도 성적은 언제나 제자리인 근본적인 이유를 아는가? 역시 이유는 단 하나다.

철학을 하지 않기 때문이다.

이는 곧 당신의 아이가 이제부터라도 철학을 한다면 수학, 과학의 달인이 될 수 있다는 사실을 뜻한다. 아니, 달인까지는 아니더라도 수학, 과학 실력을 비약적으로 향상시킬 수 있다는 뜻이다. 그렇다. 수학, 과학의 문은 학원이나 과외로 열 수 있는 것이 아니다. 그 문은 오직 철학으로 열 수 있다. 물론 사교육을 많이 받으면 성적이 오르기도 한다. 그러나 이는 소수의 양심적인 사교육 전문가들이 증언하듯, 단순 암기와 문제풀이의 반복을 통한 일시적인 성적 향상일 뿐이다. 수능시험에서 그동안 접해보지 못한 새로운 유형의 문제를 만나면 순식간에 침몰해버리고 마는 헛된 실력일 뿐이다.

어떤 사람들은 이런 의문을 가질 수도 있겠다.

"학교나 학원에서 철학을 전혀 배우지 않고도 수능에서 수학, 과학 만점을 맞고 국제 수학·과학올림피아드에서 세계 1위의 성적을 올리는 아이들은 뭐지?"

이렇게 대답하고 싶다. 수학, 과학을 전혀 못하는 아이들은 공식조차도 잘 외우지 않는다. 한마디로 공부를 아예 하지 않는다. 제법 괜찮은 성적을 올리는 아이들은 공식을 잘 외워두면 어렵지 않게 풀 수 있는 문제들을 뇌에 인이 박이도록 반복해서 푼다. 한마디로 암기 위주의 공부를 한다. 반면 이 두 과목에 통달한 아이들은 철학을 배운 적이 없더라도 스스로 '왜?'라는 철학적 질문을 통해 개념과 원리를 이해하고, 논리적인 증명 또는 실험이라는 과학적 방법을 통해 공식을 이끌어내 자기 것으로 만든 뒤 다양한 유형의 문제를 푼다. 즉 그 아이들은 철학적 사고로 수학, 과학에 접근했기에 국제올림피아드에서 놀라운 성적을 올릴 수 있었다.

하지만 우리나라 대부분의 아이는 치열한 철학고전 독서를 통해 천재 철학자들의 두뇌와 만나는 인문학적 경험을 가져본 적이 없기에, 고등학교 졸업과 동시에 바로 한계에 부딪힌다. 대표적으로 우리나라에는 수학의 노벨상이라 불리는 필즈상 수상자가 단 한 명도 없다. 그렇다면 필즈상 수상자가 가장 많은 나라는 어디일까? 1위가 미국이고 2위가 프랑스다. 수학의 역사를 새로 쓴 천재 수학자들을 가장 많이 배출한 나라는? 1위가 프랑스이고 2위가 독일이다. 그럼 이 세 나라 중 진정한 수학의 강자는 어디일까? 프랑스다. 미국이 배출한 천재 수학자의 수와 독일이 배출한 필즈상 수상자의 수가 프랑스의 발끝에도 미치지 못하기 때문이다. 또 수학 교과서에 이름을 올린 천재 수학자들의 수는 독일과 프랑스 모두 열다섯 명 가까이 되지만 미국은 한 명도 없다. 그리고 1936년부터 2010년까지 필즈상 수상자를 미국은 열세 명, 프랑스는 열두 명 배출했지만 독일은 한 명 배출했다. 참고로 미국의 인구는 프랑스의 다섯 배 정도다.

이쯤에서 질문을 던져보자.

"프랑스 수학의 저력은 어디서 나오는 걸까?"

답은 철학이다. 프랑스는 전 국민이 철학을 하는 나라이고, 학교 교육과정과 대학입시에서 철학 과목이 우리나라의 국영수와 같은 위치를 차지하고 있다. 그렇다. 프랑스는 패션과 와인의 나라만이 아니다. 프랑스는 철학의 나라다. 프랑스 사람들의 철학이 옷의 형태로 나타난 게 패션이고, 음식의 형태로 나타난 게 와인이라는 사실을 깨달아야 한다. 만일 그렇게 하지 못한다면 우리는 앞으로도 세계 문화의 변방에 머물게 될 것이다. 과학의 역사를 새롭게 쓴 천재 과학자들과 과학 부문 노벨상 수상자들은 주로 미국, 프랑스, 영국, 독일 같은 서구 국가들에서 나왔다. 이 국가들의 공통점은, 우리나라는 비교도 못 할 철학 강국이라는 것이다.

아이의 미래를 위해 어떤 선택을 할 것인가

일제는 우리 민족에게 철학을 금지했다. 생각하는 민족은 총칼을 든 민족보다 더 무섭기 때문이다. 민족이 눈을 뜨면 식민통치 자체를 할 수 없기 때문이다. 이 흐름은 해방 이후에도 그대로 이어졌다. 군사정권 같은 경우는 아예 철학을 말살하다시피 했다. 철학하는 국민은 힘으로 다스릴 수 없기 때문이다. 지금은 어떤가? 일제도 군사정권도 사라졌는데 교육만은 그대로다. 물론 겉모습은 많이 바뀌었다. 하지만 본질은 일제강점기 때와 크게 다를 바 없다. 그래서 국제 수학·과학올림피아드에서 세계 최고의 성적을 올리는 우리나라 아이들이 필즈상 수상자도, 노벨상 수상자도 되지 못하는 것이다. 세계 최고의 철학을 하는 프랑스 아이들은 국제 수학·과학올림피아드에서는 세계 30위권 수준이지만, 훗날 천재 수학자와 천재 과학자로 성장해 필즈상과 노벨상을 수상한다.

우리나라 수학, 과학 교육은 프랑스처럼 바뀌어야 한다. 필즈상과 과학 부문 노벨상 근처에도 가보지 못한 사람들이 만든 참고서와 문제집에 아이들의 두뇌를 생매장하다시피 하는 일은 멈춰야 한다. 대신 필즈상과 과학 부문 노벨상 수상자들이 떨리는 마음으로 흠모

하고 연구하던, 그 천재성의 1만분의 1이라도 닮고 싶어 하던 아르키메데스·데카르트·파스칼·페르마·뉴턴·맥스웰·아인슈타인·괴델·하이젠베르크 같은 수학, 과학 교과서의 진정한 저자들이 평생 뜨겁게 몰두한 철학을 하게 해야 한다. 그래야 다산 정약용이 말한 문심혜두文心慧竇가 열리고, 아이의 두뇌가 혁명적으로 바뀐다. 수학, 과학은 물론이고 모든 학문의 달인이 된다. 그리고 인공지능의 창조자가 된다.

정리를 하자. 철학이 빠진 수학, 과학 공부는 비유하자면 포탄과 총탄이 난무하는 전쟁터에 나무로 만든 칼을 들고 나가는 것이다. 스스로 인공지능의 노예가 되는 길을 간다는 뜻이다. 반면 철학의 기초 위에서 하는 수학, 과학 공부는 전쟁터에 스텔스기나 항공모함을 몰고 나가는 것이다. 인공지능의 주인이 되는 길을 간다는 뜻이다.

이제 당신은 아이의 미래를 위해 어떤 선택을 할 것인가?

철학 없는 수학, 과학인가?

철학 있는 수학, 과학인가?

당신의 선택이 아이의 미래를 좌우한다.

그리고 우리 교육과 미래 또한 좌우하게 될 것이다.

세계에서 돈을 가장 쉽게,
가장 빨리, 가장 많이 버는 사람들의 비밀

아버지는 신발을 만드는 중소기업의 대표였다. 하지만 아들은 '경제'니 '경영'이니 하는 것에는 관심이 없었다. 그의 관심은 오직 순수 학문, 수학에 있었다. 그는 고등학교를 졸업하고 수학과에 진학했다. 그리고 '미분기하학'으로 박사 학위를 받았고, 수학 교수가 됐다. 최초의 철학자이자 수학자인 탈레스가 돈도 안 되는 학문에 매진하는 바보라는 놀림을 참다못해 잠깐 사업에 뛰어들었듯이 그도 주변 사람들에게 어떤 놀림이나 비난을 받았던 걸까, 아니면 그냥 돈을 많이 벌어보고 싶었던 걸까. 어느 날 그는 수학 교수직을 그만두고 월스트리트로 향했다.[3] 그리고 헤지펀드 매니저가 됐다.

2006년 어느 날, 기자들은 세계 1위의 연봉을 받는 한 헤지펀드 매니저에 관한 기사를 전 세계로 내보냈다. 기사의 주인공은 제임스 사이먼스James Simons, 전직 수학 교수였다. 그의 연봉은 15억 달러, 우리 돈으로 약 1조 8000억 원⁴이었다. 2009년에는 연봉이 25억 달러로 약 1조 2000억 원 더 올랐다. 그는 2010년과 2011년에도 약 25억 달러를 연봉으로 받았다. 이후 그는 은퇴하고 자선 사업가가 됐다. 참고로 그가 만든 투자 회사 르네상스 테크놀로지가 지난 30년 동안 올린 연평균 수익률은 39퍼센트로 워런 버핏Warren Buffett 의 버크셔 해서웨이보다 200배 이상 높다. 사이먼스는 어떻게 하면 천문학적인 돈을 버는 투자자가 될 수 있느냐는 질문에 늘 이렇게 대답한다.

"수학과 과학을 잘 적용하면 됩니다. 그리고 인공지능을 잘 활용하면 되지요."

1990년대에 실제로 있었던 일이다. MIT의 수학, 과학 수재들이 팀을 꾸려서 라스베이거스로 향했다. 그리고 5년 동안 수백만 달러를 땄다. 《MIT 수학 천재들의 카지노 무너뜨리기》에서 MIT 도박팀 회원 마르티네즈는 이렇게 말한다.

"이건 마술이 아니라 단지 수학일 뿐이야. 셔플 트래킹이라 부르지. 기본적 확률분포를 이용할 뿐이야."

그리고 이 실화소설의 주인공 케빈 루이스는 직접 기고한 글에서 카드카운팅은 도박이 아니라고 주장한다. MIT 천재들은 기술을 정교하게 만들기 위해 많은 시간을 투자했으며, 운이 작용하는 경우는 거의 없었다는 것이다. 루이스는 "블랙잭을 했던 5년 동안 우리는 단 한 해도 돈을 잃은 적이 없다"며 "얼굴 없는 투자자들에게 30퍼센트 이하의 이익을 배당한 해도 없었다"고 고백한다.[5]

2000년대 후반에는 MIT의 수학, 과학 수재들이 매사추세츠주의 복권을 공략했다. 그리고 몇 년에 걸쳐서 800만 달러가 넘는 당첨금을 받았다. 매사추세츠주의 복권을 공략한 학생들은 학교 과제로 복권 당첨 확률을 연구하다가 당첨 원리를 파악하게 됐고, 이를 활용해서 800만 달러를 벌었다고 밝혔다. MIT 학생들이 라스베이거스 카지노와 매사추세츠주 복권을 공략할 때 사용한 주 무기는 수학 교과서에도 나오는 '확률'이다. 이 '확률'은 프랑스 최고 도박사 슈발리에 드 메레가 천재 수학자 파스칼에게 도박에 관한 조언을 구하면서 시작됐다.

러시아의 수학자이자 과학자인 빅토르 마슬로프Viktor Maslov는 2007년 어느 날 갑자기 아파트와 별장을 팔아 돈을 장만했다. 그리고 그 돈을 미국에 있는 자녀들에게 보냈다. 덕분에 그는 2008년 미국 금융위기에서 가족을 지킬 수 있었다. 미국과 멀리 떨어진 러시아에서 어떻게 1년 뒤의 미국 경제 상황을 정확하게 예측할 수 있었느냐는 질문에 그는 이렇게 대답했다.

"나는 단지 물리학 공식을 미국 경제에 적용해봤을 뿐이다."[6]

퀀트, 인문학과 수학으로 무장한 인공지능 시대의 엘리트

월스트리트에는 퀀트^{Quant}[7]라고 불리는 사람들이 있다. 1970년대에 아폴로 계획이 종료되자 NASA의 많은 로켓 과학자들이 실직을 당했고, 이들 중 상당수가 월스트리트로 갔다. 그러고는 물리학 공식을 주식, 채권, 선물, 옵션 등에 적용해 거액을 벌어들였다. 여기에 아이비리그, 스탠퍼드, MIT의 수학자들과 과학자들이 합세했다. 우리 돈으로 최대 조 단위의 연봉을 받는 퀀트가 탄생한 순간이었다. 이후 퀀트들은 자신들의 수학적 지식과 능력을 금융 인공지능 개발에 쏟아부었다. 앞에서 소개한 제임스 사이먼스도 퀀트다. 그의 경이적인 수익률, 즉 워런 버핏의 200배에 이르는 수익률도 그가 만든 금융 인공지능 알고리즘이 활약한 결과다.

우리나라 사람들은 '돈'과 '도박'을 참 좋아한다. 집값이 이토록 비정상적인 나라, 직장인들이 이토록 주식 투자에 열중하는 나라, 인구 비례로 따져서 재테크 서적이 이토록 많이 팔리는 나라, 그리고 거의 전 국민이 '고스톱'이라는 도박을 하는 나라가 세계에서 과연 얼마나 될까? 그런데 우리나라엔 세계적인 투자자도, 재테크 전문가도, 도박사도 없다. 알 수 없는 노릇이다. 돈과 도박에 관한 관심과 열의는 세계 최고 수준인데 말이다. 이유는 간단하다. 세계적인 투자자, 재테크 전문가, 도박사 들과 반대로 투자하고 재테크하고 도박하기 때문이다.[8] 그러니까 철학, 수학, 과학 없이 뛰어들기 때문이다.

세계에서 돈을 가장 쉽게, 가장 빨리, 가장 많이 버는 사람들은 월스트리트에 있었다. 물론 지금도 월스트리트에 있고, 앞으로도 월스트리트에 있을 것이다. 대표적으로 추세매매 기법의 아버지라고 불리는 제시 리버모어Jesse Livermore는 초기 자금 10만 원을 2조 원대로 불렸다.[9] 월스트리트의 영웅이라 불리는 피터 린치Peter Lynch는 무일푼으로 시작해서 13년 만에 14조 원 이상을 벌었다.이후 그는 은퇴했다. 헤지펀드의 천재라고 불리는 조지 소로스George Soros는 일주일 만에 1조 원 이상을 벌어들였다.

지금 월스트리트를 주름잡고 있는 전설적인 투자자들의 공통점은 네 가지다.

첫째, 금융 전문가다.

둘째, 수학자나 과학자가 아니다.

셋째, 인문학에 조예가 깊다.

넷째, 금융 인공지능들을 비서처럼 거느리면서 투자하고 있다.

이 전설적인 투자자들 바로 아래에 퀀트들이 있다.[10] 이들의 공통점 또한 네 가지다.

첫째, 금융 전문가가 아니다.

둘째, 수학자나 과학자다.

셋째, 인문학에 조예가 깊다.

넷째, 금융 인공지능 알고리즘의 창조자다.

퀀트들은 대부분 아이비리그, 스탠퍼드, MIT 출신이다. 이 대학들은 어떤 곳인가? 단지 수학, 과학만 잘한다고 들어갈 수 있는가? 아니다. 세계 최고 수준의 인문학부 교수와 토론하고 논쟁할 수 있을 정도의 인문학 지식을 갖춘 사람들이 입학하는 곳이다. 물론 수학, 과학에 탁월한 사람들도 많이 입학한다. 하지만 아이비리그를 비롯한 명문대학들이 요구하는 수준의 인문학적 지식과 능력을 갖추지 못한 사람들은 이내 도태되고 만다. 대표적으로 아이비리그에 입학한 우리나라 아이들의 약 50퍼센트는 인문학이 주축이 된 교육과정에 적응하지 못하고 자퇴를 선택한다. 즉 퀀트들은 우리가 생각하는 수준 이상의 인문학적 지식과 능력을 가지고 있다.

월스트리트의 전설이라 불리는 투자자들과 퀀트들의 공통점은 다음 세 가지라고 볼 수 있다.

첫째, 인문학에 조예가 깊다. 좀더 구체적으로 말하면, 치열한 철학고전 독서로 단련된 철학적 두뇌로 투자시장의 본질을 꿰뚫는 능력을 갖고 있다.

둘째, 금융공학이나 수학·물리학 공식을 통해 투자 시장의 흐름을 예측하는 능력이 있다.

셋째, 금융 인공지능을 활용해 단순한 거부^{巨富}를 넘어 《에이트》에서 이야기하는 인공지능 시대의 제1계급으로 성큼 올라서고 있다.

내가 수학, 과학 교과서와 월스트리트 천재 투자자들의 인문학적 비밀과 월스트리트를 아니, 인류의 지갑을 이미 점령한 금융 인공지능의 존재에 대해서 이야기하면 "나는 학교를 졸업해서 이제 공부할 필요가 없는데…" "나는 아이가 없어서 별로…" "월스트리트가 나랑 무슨 상관이 있다고…" "나는 투자에는 도무지 관심이 없어서…" "인공지능? 나와 상관없는 먼 미래의 일 같아서…", 대부분 이런 식의 반응을 보인다. 감히 말하고 싶다. 다름 아닌 이런 태도 탓에 인생을 망치게 될 것이라고.

거의 모든 경제 영역을 지배하는 두 가지 방정식

내가 아는 한 사람은 30년 가까이 소처럼 우직하게 일한 결과, 맨손으로 세운 회사를 연매출 수천억 원대의 우량기업으로 키워냈다. 하지만 주거래 은행이 권유한, 월스트리트의 퀀트들이 만든 파생금융상품 '키코'에 가입한 지 1년도 안 돼 법원에 회생절차 개시 신청을 내야 했다. 그리고 몇 년 뒤 자신의 기업이 공중분해되는 모습을 지켜봐야 했다. 회사에서 개미처럼 열심히 일했던 1000여 명의 임직원들도 하루아침에 실직자 신세가 되고 말았다. 만일 그가 인문학을 했다면, 수학과 과학에 관심을 가졌다면, 월스트리트와 퀀트의 본질을 알았다면, 이 불행은 피할 수 있었을 것이다.

어떤 사람은 욕심에 눈이 멀어서 파멸을 자초한 한 개인의 이야기를 일반화하지 말라고 할지도 모르겠다. 하지만 키코 사태로 피해를 입은 우량 중소기업은 1000여 개에 이르고, 총 피해액은 약 10조 원에 이른다.[11] 정리해고 같은 불행을 겪은 사람들의 숫자는 셀 수조차 없는 지경이다. 이들 기업의 소유주들이나 경영자들은 우리나라에서 가장 성실하고 우수하며 지혜로운 사람들일 것이다. 만일 그렇지 못하다면 이토록 기업환경이 척박한 나라에서 자수성가할 수 없었을 테니 말이다. 하지만 이런 뛰어난 사람들조차 월스트리트의 퀀트들이 설계한 파생금융상품의 저주를 피해 가지 못했다. 당신은 어떨 것 같은가?

만일 자수성가한 1000여 명의 CEO들이 인문학을 바탕으로 한 수학·물리학 공식이 월스트리트와 세계 경제를 지배하고 있다는 현실을 알았다면, 키코에 가입하기 전에 '이 파생금융상품은 누가 어떤 목적으로 만들었는가?' '이 파생금융상품의 본질은 무엇인가?' '이 파생금융상품은 궁극적으로 누구를 이롭게 하는 것인가?' '이 파생금융상품이 우리 회사에 미칠 영향은 무엇인가?'라는 식의 철학적 질문을 던질 수 있었다면, 아니 본인은 그렇지 못하더라도 주변에 그런 철학적 질문을 대신 던져줄 사람이 한 명이라도 있었다면, 과연 키코 사태가 터질 수 있었을까?

그런데 1000여 명의 성실하고 뛰어난 기업가들은 "기업만 잘 경영하면 되지 철학은 무슨…" "수학·물리학 공식이 사업이랑 무슨 상관있다고…" "월스트리트? 퀀트? 그건 미국 이야기잖아"라는 식으로 생각했다. 그러고는 예정된 재앙의 길로 들어섰다. 이들이 어리석다는 의미는 결코 아니다. 이들은 단지 피해자일 뿐이다. 이들을 예시로 든 것은 이들의 모습이 바로 우리의 현재이자 미래가 될 수 있기 때문이다.

어디 이뿐인가. 이제 퀀트들은 금융 인공지능을 무기로 우리를 공격하고 있다. 그런데 우리나라는 무방비 상태다. 아니, 금융에 대한 국민들의 지식이 부족하다. 당신은 이런 나라의 국민이 맞이하게 될 미래가 어떤 모습일 것 같은가?

지금 우리나라에는 월스트리트를 지배하고 있는 퀀트들과 금융 인공지능의 위험성에 대해 목이 터져라 경고하는 사람이 없다. 또한 퀀트들과 금융 인공지능의 공격에 대비하기 위한 인문학·수학·과학 프로젝트를 진행하는 사람도 전혀 없다. 정치가들은 양쪽으로 나뉘어 싸우기 바쁘고, 국민들은 TV, 스마트폰, 술 등의 유혹에 빠져서 허우적대고 있다. 생각 없이 사는 사람들로 가득한 나라가 어디로 가겠는가? 아니다. 우리는 이미 생각 없이 사는 삶의 종착지를 경험한 적이 있다. 1997년에 터진 IMF 사태가 바로 그것이다. 그때 우리는 세계에서 가장 많은 돈과 시간과 노력을 교육에 쏟아붓고 있었고, 세계에서 가장 열심히 일하고 있었다. 하지만 우리에게 돌아온 것은 대량실업 사태와 국가부도 위기였다. 가정의 파괴와 사회 질서의 혼돈이었다.

그 당시 우리에게는 IMF 사태를 촉발한 월스트리트의 퀀트들과 맞서 싸울 인문학적·수학적·과학적 두뇌가 없었다. 그런데 슬프게도 지금의 우리에게도 퀀트들 그리고 금융 인공지능과 싸워 이길 인문학적·수학적·과학적 두뇌가 없다. 그리고 우리는 IMF 사태 이전과 똑같이 살고 있다. 우리나라는 또다시 망할지도 모른다. 만일 우리가 앞으로도 지금처럼 산다면 말이다. 그렇다면 이제 우리는 어떻게 해야 할까?

첫째, 학교교육을 바꿔야 한다. 지금처럼 수학, 과학 공식을 외우고 문제풀이에 몰두하는 식의 교육은 국가의 미래를 위해 끝내야 한다. 대신 인문학을 바탕으로 한 수학, 과학 교육을 해야 한다. 예를 들면 아이들에게 좌표평면을 가르치기 전에 좌표평면을 창안한 데카르트의 인문학을 가르쳐야 한다. 그리고 데카르트의 관점에서 좌표평면의 개념을 생각하고 이해하게끔 교육해야 한다. 물론 이 모든 과정은 아이들의 수준에 맞게 이루어져야 한다. 그리고 아이들의 인문학적·수학적·과학적 사고능력을 길러주는 것을 목적으로 해야 한다. 쉽게 말해서 수업의 주인공이 아이들이어야 한다. 데카르트가 아니라.

둘째, 자기교육을 시작해야 한다. TV와 스마트폰을 보는 시간을 파격적으로 줄이는 대신 인문고전을 읽고 필사하고 사색하고 토론하는 시간을 가져야 한다. 그리고 수학, 과학 공부를 시작해야 한다. 대학입시 방식의 공부를 하라는 의미가 아니다. 수학, 과학의 기본 지식을 쌓으라는 의미다.

인문고전을 읽는 것만으로도 숨이 막힐 정도로 힘든데 언제 수학, 과학까지 공부하느냐고? 혹시라도 이런 생각을 했다면 당장 버리기 바란다. 월스트리트는 지금 이 순간에도 편미분 방정식^{수학}과 열전도 방정식^{물리학}을 이용해서 우리 재산을 합법적으로 털어가고 있다. 주식·채권·펀드·환율·선물·옵션 같은 전문 금융상품은 물론이고, 예금 및 대출 이자·카드 수수료와 연체 이자·보험 같은 우리 생활과 밀접한 금융상품도 이 두 방정식의 직접적인 영향 아래 있다. 쌀·라면·채소·과일·휘발유 같은 생필품의 가격은 두말할 것도 없다. 즉 거의 모든 경제 영역이 이 두 방정식의 지배 아래 있다고 해도 지나친 말이 아니다. 어디 이뿐인가. 이제는 수학과 과학의 토대 위에 창조된 금융 인공지능을 앞세워 우리를 공격하고 있다. 다음 전문가들의 말을 들어보자.

기본적인 수학, 과학 공부는 자본주의 사회를 살아가고 있는 우리에게 필수적이다. … 키코는 원·달러 환율에 대한 옵션상품으로 수학을 모르고서는 도저히 이해가 불가능하다. … 해당 중소기업들이 키코라는 옵션상품에 대해서 제대로 알기만 했어도 그런 엄청난 손실을 피할 수 있었을 텐데 잘 알지 못하는 상태에서 은행가들의 말만 믿고 가입했다가 낭패를 보았다.[12] … 주식이나 채권 또는 펀드에 투자한다거나 은행의 ELS주가연계증권상품이나 보험회사의 연금상품에 가입한다든지, 투자나 재테크에 조금이라도 관심이 있는 사람이라면 수학을 어느 정도는 공부해야 한다.[13] … 정도에 차이는 있지만 대부분의 투자 상품이 수학적인 모형에 근거하여 설계되고 수익률이 결정되기 때문이다.[14]

– 오세경·이미영《금융 및 경제·경영을 위한 수학》공동 저자

행렬과 벡터를 모르면 인공지능 시대의 주역이 될 수 없다. 문과, 이과 모두 수학이 중요하다.[15]

– 이조원 나노종합기술원장

4차 산업혁명 시대를 맞아 인공지능의 핵심 알고리즘인 '심층기계학습Deep Machine Learning'이 인간의 두뇌를 빠르게 대체하고 있다. 심층기계학습을 설계

할 때 인간은 컴퓨터가 아닌 '수학의 힘'을 빌리고 있다. 아직은 컴퓨터가 스스로 인공지능을 설계하지는 못하기 때문이다.[16]

– 김정호 KAIST 전기·전자공학과 교수

기술 진보 속도가 너무 빨라 공학을 뛰어넘어 수학, 화학 소재·부품 산업의 핵심인 등 자연과학자들과 기업이 바로 협력해야 하는 시대가 왔다. 수학과 전산학 지식이 4차 산업혁명 시대의 최고 경쟁력이다.[17]

– 천정희 서울대 수리과학부 교수

수학은 사물인터넷, 인공지능, 자율주행차, 첨단 의학, 스마트시티, 항공우주 같은 4차 산업혁명의 심장이다. 21세기는 수학의 시대다.

– 〈수학의 시대〉 보고서 영국 총리 직속 '공학 및 자연과학 연구 위원회'가 작성 중에서

선형대수학은 인공지능 기계학습의 밑바탕이다. 우리는 '수반행렬 방법론'이라는 선형대수학을 연구하면서 GPU 그래픽처리장치 1위 기업인 엔비디아 NVIDIA 와 협력하고 있다.[18]

– 미이크 가일스 영국 옥스퍼드대 수학과 학과장

수학과 인공지능 기계학습은 주요 구성요소 분석을 위한 행렬론 matrix methods, 베이지언 모델링 등 확률론 stochastic methods, 인공신경망 등 이전엔 볼 수 없었

던 조합론 novel combinatorial methods 등에서 만난다. 인공지능과 수학은 시너지 효과가 아주 크고, 모든 종류의 수학은 인공지능에 크게 기여할 것이다. 그리고 인공지능은 더 많은 수학적 연구를 유발하는 풍부한 '문제은행'이 될 것이다.[19]

– 군나 칼슨 스탠퍼드대 수학과 학과장, 세계경제포럼이 '차세대 구글'로 지목한 기업 아야스디 창업자

현실이 이와 같은데, 수학, 과학에 정통하진 못해도 편미분 방정식과 열전도 방정식이 무엇을 의미하는지, 인공지능의 두뇌 딥러닝 알고리즘가 수학적·과학적으로 어떻게 만들어지는지 정도는 알아야 하지 않겠는가? 그래야 자신과 사랑하는 사람들을 지킬 수 있는 아주 작은 능력이라도 생기지 않겠는가? 수학, 과학 공부를 시작하면 처음엔 좀 어렵지만 시간이 지날수록 공부가 재미있고 즐거워질 것이다. 원래 공부란 게 그렇다. 그래서 한번 공부의 맛을 알게 되면 평생 계속할 수 있다. 여태 TV, 스마트폰, 술, 수다 등으로 인생을 낭비했는데, 남은 인생마저 그렇게 살 수는 없지 않은가. 이제 우리 인생에 '진짜 공부'를 초대할 때다.

수학, 과학을 제대로 이해하기 위한 공부지도

금융공학의 기초가 되고, 인공지능의 두뇌까지 창조하는 수학, 과학을 어떻게 공부해야 할까? 나는 다음 방법을 추천하고 싶다.

1. 《청소년을 위한 서양수학사》《청소년을 위한 서양과학사》 같은 수학, 과학의 역사를 쉽게 알려주는 책을 읽어라.

2. 《수학자가 들려주는 수학 이야기》 시리즈, 《과학자가 들려주는 과학 이야기》 시리즈같이 수학자와 과학자의 삶과 사상과 업적을 구체적으로 알려주는 쉬운 책을 읽어라.

3. 수학, 과학 관련 교양서적을 되도록 많이 읽어라. 그리고 출판사나 서점, 대학 등이 주최하는 수학, 과학 교양 강의를 되도록 많이 들어라.

4. 인터넷 서점 검색창에서 '금융수학' '물리수학' 등의 검색어를 입력해 책들을 미리 살펴보고 직접 서점에 가서 살펴보라. 그리고 이 책들을 공부할 수 있겠다는 생각이 들면 한두 권 정도 구입해서 공부해보라.

5. 수학, 과학 평생 공부 계획표를 만들어라. 그리고 평생 공부를 시작하라.

이 모든 과정은 인문학 공부와 병행해야 한다. 〈부록 3〉에서 자세히 설명했듯이 수학자들과 과학자들은 인문학의 바탕 위에서 이론과 공식을 만들었기 때문이다.

어떤 사람은 이렇게 말할 수도 있겠다.

"이 정도는 수학이나 과학에 관심 있는 중고등학생이나 대학생이라면 누구나 어렵지 않게 해낼 수 있는 것 아닌가? 나는 좀더 근본적인 공부를 하고 싶다. 그 공부법을 알려달라."

이런 사람에게는 다음과 같은 공부법을 권하고 싶다.

첫째, 수학, 과학의 거의 모든 것을 공부하고 싶다면 수학자와 과학자의 연표를 만들어라. 하지만 그렇게까지 깊게 들어갈 마음이 없다면 공부하고 싶은 수학자들과 과학자들을 각각 10명 또는 20명 정도 선정하라.

둘째, 수학자나 과학자에 관한 전기, 평전 등을 읽어서 그들의 두뇌를 만든 인문학적 비밀을 발견하고 이를 토대로 수학자별, 과학자별 인문학 공부지도를 만들어라. '수학의 왕'이라 불리는 가우스의 예를 들어 설명해보겠다. 가우스는 '가우스 덧셈 법칙'을 발견했는데, 이는 '리스크 헤지risk hedge'라는 파생금융상품을 비롯해 금융학의 여러 분야에서 응용되고 있다.[20] 나는 우리나라에서 출판된 가우스 관련 책을 거의 모두 읽어봤는데, 후베르트 마니아가 쓴《뜨거운 몰입》이 가장 충실했다. 이 평전을 기초로 가우스의 인문학 공부지도를 작성해봤더니 이런 결과가 나왔다.

- 성경·키케로·피타고라스·유클리드·코페르니쿠스·데카르트·뉴턴
- 그리스어·라틴어·이탈리아어

구체적으로 풀어보면 가우스는 일곱 살 때 성경을 암송했고, 아홉 살 때 그리스어·라틴어·이탈리아어 공부를 시작했으며, 열세 살 때 키케로 전집을 선물 받아서 읽기 시작했고, 열일곱 살 때 유클리

드의 《기하학》, 코페르니쿠스의 《천체의 회전에 관하여》, 데카르트의 《기하학》, 뉴턴의 《프린키피아》를 읽었다. 여기서 성경을 언급한 것은 서양 인문학의 뿌리가 성경이기 때문이다. 물론 성경은 인문학의 대상이라기보다는 신학의 대상으로 봐야 옳지만 말이다. 그리스어·라틴어·이탈리아어 공부를 언급한 것은 가우스가 피타고라스와 유클리드 등을 원어로 읽기 위해 이 언어들을 공부했기 때문이다. 열여덟 살 이후의 인문학 공부지도는 평전에 구체적으로 나와 있지 않기에 생략했다.

그렇다면 성경, 피타고라스,[21] 유클리드의 《기하학》, 코페르니쿠스의 《천체의 회전에 관하여》, 데카르트의 《기하학》, 뉴턴의 《프린키피아》를 읽고 그리스어·라틴어·이탈리아어를 공부하면 끝나는 걸까? 아니다. 그건 시작일 뿐이다. 왜냐하면 히브리 민족의 역사와 문화 그리고 히브리 민족의 역사에 거대한 영향을 미친 고대 제국들의 역사를 알지 못하면 성경을 인문학적으로 공부할 수 없다. 또한 고대 그리스의 역사와 문화, 철학 그리고 철학자 탈레스를 모르고서 피타고라스를 알 수 없으며,[22] 플라톤을 모르고서 코페르니쿠스를 알 수 없고,[23] 피타고라스와 플라톤과 에우독소스를 알지 못하면 유클리드를 알 수 없다.[24] 마찬가지로 《방법서설》《정신지도를 위한 규칙들》《성찰》《철학의 원리》 같은 데카르트의 철학 저작을 읽지 않고서는 데카르트의 수학을 완벽하게 이해할 수 없으며,

플라톤과 아리스토텔레스와 유클리드와 데카르트와 갈릴레이를 모르고서는 뉴턴의 세계로 들어갈 수 없기 때문이다. 이렇게 놓고 보면 가우스의 인문학 공부지도는 다음과 같이 확장된다.

- 히브리 민족의 역사와 문화
- 히브리 민족에게 큰 영향을 미친 아시리아, 바빌로니아, 페르시아, 마케도니아, 로마제국의 역사와 문화
- 고대 그리스의 역사와 문화와 철학
- 철학자 탈레스를 포함한 소크라테스 이전 철학자들의 철학
- 플라톤과 아리스토텔레스의 철학
- 고대 그리스 수학의 정수라 불리는 피타고라스와 아르키메데스와 유클리드의 수학, 그리고 에우독소스의 수학
- 코페르니쿠스, 케플러, 갈릴레이, 프랜시스 베이컨, 데카르트, 뉴턴의 철학과 과학

물론 이게 전부는 아니다. 가우스는 김나지움을 졸업한 학생들이 다니던 대학예비학교 카롤링 학교^{현 브라운슈바이크 공과대학}의 문학·철학부 교수 요한 요아힘 에셴부르크가 문학의 길을 가라고 권했을 정도로 문학에 탁월한 소질을 보였다. 그리고 헬름슈테트 대학에서 철학으로 박사 학위를 받았다.[25] 에셴부르크는 시와 웅변술을 강의했고, 셰

익스피어 전집을 최초로 독일어로 번역했는데, 가우스는 이 교수에게 지대한 영향을 받았다. 이 사실을 놓고 보면 가우스의 인문학 공부지도에는 다음 것들이 추가돼야 한다.

• 18세기까지의 서양문학과 서양철학, 특히 셰익스피어

한편으로 가우스는 그리스어와 라틴어를 모국어처럼 읽고 쓸 줄 알았으니, 그리스·라틴 원전을 술술 읽을 수 있을 정도로 원어 공부를 열심히 해야 할 것이다.

셋째, 공부하기로 선정한 수학자나 과학자의 인문학 공부지도를 따라 충실히 공부했다면, 그 수학자나 과학자의 대표 저작을 독파하라. 예를 들면 뉴턴의 경우는 《프린키피아》를, 가우스의 경우는 《정수론 연구》를, 아인슈타인의 경우는 《상대성의 특수이론과 일반이론》을 읽는 것이다.

지금 이 순간에도, 월스트리트는 당신의 돈을 노리고 있다

참 힘든 세상이다. 하루하루 살아가기도 벅찬데 인문학에 이어 수학, 과학 공부까지 해야 하다니. 하지만 어쩔 수 없다. 21세기는 지식경영과 창조경영의 시대다. 그리고 인공지능으로 대표되는 4차

산업혁명 시대다. 이는 곧 인문학·수학·과학의 시대라는 의미다. 과거에 이 세 가지는 학자들의 영역이었다. 하지만 지금은 다르다. 평범한 직장인, 평범한 주부가 인문학·수학·과학을 공부해야 하는 시대다. 그리고 스스로 인생을 창조적으로 꾸려나가야 하는 시대다. 그렇지 않으면 살아남을 수 없다. 미래는 더욱 그럴 것이다.

살아남을 수 없다, 는 말을 쓰고 나니 가슴이 날카로운 종이에 베이기라도 한 것 같다. 평범한 직장인, 평범한 주부는 생존이니 성공이니 하는 단어가 난무하는 무서운 세계에서 보호받아야 하는 존재이고, 평범한 삶의 행복을 마음껏 누리는 그 자체로 사회적 책임을 다한다. 평범한 사람들이 행복해야 그 사회가 아름답게 유지되기 때문이다. 하지만 시대가 악하다. 월스트리트는 인문학·수학·과학으로 무장한 채 전 세계 서민들의 재산을 합법적으로 약탈해가고 있다. IMF 사태, 신용카드 대란, 키코 사태, 론스타 사건, 저축은행 사태, ELS 주가조작 사건 등 우리나라를 뒤흔든 금융 사고들과 미국 서브프라임 모기지 사태, 리먼브러더스 금융 위기, 두바이 금융 위기, 그리스의 국가부도 위기 등 세계 경제를 충격에 몰아넣은 금융 사고들의 공통점은 무엇인가? 월스트리트의 작품이라는 것이다.

살인적인 물가, 미친 듯이 치솟는 대학 등록금, 금융사기에 가까운 카드사와 은행의 이자놀음 등 평범한 사람들의 삶을 병들게 만드는 자본의 폭주는 어떤가? 그 배후를 파고들어 가다 보면 월스트리트와 만나게 된다. 그렇다. 월스트리트가 노리는 것은 지금 이 글을 읽고 있는 당신의 돈이다. 상식적으로 생각해보자. 한 사람이 직장에서 수십 년 동안 뼈 빠지게 일했다면 부자가 되어야 정상이다. 하지만 현실은 어떤가? 대부분 빚쟁이로 전락한다. 무슨 사치를 한 것도 아니고, 도박을 한 것도 아니다. 그저 성실하게 살아왔을 뿐인데 정신을 차려보면 갚아야 할 원금과 이자가 산더미다.

이때쯤이면 누구나 깨닫게 된다. 그동안 자신이 금융 노예로 살아왔음을. 이 잘못된 구조를 바꿔야 한다. 당신이 언젠가 경제활동 능력을 상실하게 될 때 자본의 쓴맛을 보는 대신 자본에서 보호받는 세상을 만들어야 한다. 그래서 세상을 바꾸는 자기계발과 인문학을 부르짖고 있는 것이다. 여기까지 쓰고 나니 또 걱정스럽다. 우리나라에는 시야가 한정적인 독서가들이 적지 않다. 이들은 자기계발과 인문학을 바라보는 시각이 균형적이지 않다. 이를테면 이런 식이다. "자기계발 같은 건 하지 마라. 중요한 것은 사회계발, 즉 사회구조를 바꾸는 일이다." "인문학은 인간답게 살기 위한 학문이다. 때문에 경제를 논해서는 안 된다." 그런데 이런 주장은 다음과 같은 이유 때문에 옳지 않다.

첫째, 자기, 즉 개인이 모여서 사회를 이룬다. 때문에 자기계발 없는 사회계발은 있을 수 없다. 과거에 마르크스-레닌주의자들이 자기계발 없는 사회계발을 외쳤다. 그리고 소련을 건국했다. 하지만 결과는 어떻게 됐는가? 지금도 북한은 자기계발 없는 사회계발, 국가계발을 외치고 있다. 하지만 현실은 어떠한가? 지옥과도 같은 사회와 국가를 만들었다.

둘째, '경제經濟'는 세상을 잘 다스려서 고통받는 백성을 구한다는 '경세제민經世濟民'의 준말이다. 《리딩으로 리드하라》에서 자세히 밝혔듯이 경제학은 철학에서 시작됐다. 쉽게 말해서 경제학은 인문학이다. 인간이 돈을 위해서 일하는 사회구조를 혁파하고, 인간이 돈보다 존중받는 세상을 만드는 것이 진짜 경제학의 목적이다.

어떤 사람들은 이 책을 두고서 인문학은 사회구조를 바꾸는 것이 목적인데 자기계발서처럼 썼다느니, 인문학은 고매한 학문인데 세속적인 경제 이야기를 한다느니, 하면서 비판할 수도 있다. 그들에게 묻고 싶다. 월스트리트의 황제인 워런 버핏조차도 '대량살상무기'라고 악평한 '파생금융상품'이 우리나라에서 한 해에 얼마나 거래되고 있는지 아느냐고. 자그마치 30,000,000,000,000,000원, 즉 3경 넘게 거래되고 있다. 이 거래 규모는 세계 1위다. 월스트리트가 있는 미국보다 많다.[26] 그런데 우리나라의 은행·증권·신탁·보험회사 등에서 판매하는 파생금융상품은 하나같이 투기성 상품이다. 쉽게 말해서 '사기'에 가깝다는 것이다. 이는 곧 무슨 의미인가? 극단적으로 말해서 우리 국민이 한 해에 3경 넘는 돈을 금융 자본가들에게 갈취당하고 있다는 뜻이다. 이래서 우리나라가 불행한 것이다. 이래서 우리나라 국민이 전 세계에서 가장 오랜 시간 일하지만 좀처럼 형편은 나아지지 않는 것이다. 이래서 우리나라 10대들이 입시지옥으로 내몰리고, 20대들이 비정규직을 전전하고, 30대들이 출산을 기피하고, 40대들이 돌연사하고, 50대들이 퇴직금을 날리고, 60대 이상의 노인 자살률이 OECD 최고를 기록하는 것이다. 이 모든 게 다 돈, 돈 때문이다.

앞에서도 말했지만 파생금융상품은 자기계발에 철저하고 인문학적 두뇌로 무장한 월스트리트의 퀀트들이 수학의 편미분 방정식과 물리학의 열전도 방정식을 활용해서 설계하고 있다. 그리고 세계 각국의 은행·증권·신탁·보험회사들을 통해 판매하고 있다. 쉽게 말해서 우리나라의 금융기관들은 월스트리트의 현금인출기 노릇을 하고 있다. 이는 조금이라도 금융에 관심을 갖고 있는 사람이라면 알고 있는 상식이다. 현실이 이와 같다. 그러니 자기계발 같은 건 하지 마라느니 인문학은 경제를 이야기해서는 안 된다느니 하는 말은 제발 삼가면 좋겠다. 월스트리트 스타일의 자기계발과 인문학을 하자고 주장하는 게 아니다. 진정으로 인간을 위하고 세성을 구하는 자기계발과 인문학을 하자는 말이다.

정리를 하자. 수학mathematics과 과학science이라는 말은 각각 그리스어 마테마μάθημα와 라틴어 스키엔티아scièntia에서 유래했다. 이 두 단어는 모두 인문학을 뜻한다.[27] 이제 우리는 근본으로 돌아가야 한다. 인문학의 기반 위에서 수학과 과학을 공부해야 한다. 그리고 철학적 사고방식과 수학적·과학적 능력을 무기 삼아 금융 노예의 삶에서 벗어나야 한다. 여기에 더해 인공지능의 노예로 전락할 미래를, 인공지능의 주인이 되는 미래로 변화시켜야 한다.

당신은 지금껏
세계 최악의 교육을 받았다

다시 '교육' 이야기로 돌아가자. 많은 사람이 교육은 학부모와 교사에게나 해당하는 주제라고 생각한다. 그러나 그렇지 않다. 교육은 전 국민에게 해당하는 주제다. 교육은 우리의 현재를 만든 뿌리이자, 미래를 결정지을 자양분이기 때문이다.

사람은 배운 대로 생각하고 행동한다. 북한 사람들이 왜 김일성, 김정일, 김정은 삼대를 신처럼 모시는가? 이유는 간단하다. 어렸을 때부터 그렇게 교육받았기 때문이다. 우리는 왜 창의적이지 못한가? 역시 이유는 간단하다. 엄마 배 속에 있을 때부터 주입식 교육을 받았기 때문이다. 당신은 왜 불안하고 답답하고 공허하고 힘든 걸까? 나름 열심히 살고 있는데 말이다. 이 또한 이유는 간단하다. 당신이 받은 교육 때문이다. 인간은 '생각'하고 '대화'해야 행복한 존재다. 그리고 생각과 대화를 통해 삶의 문제를 해결하고, 앞으로 나아가는 존재다. 그러나 당신은 생각할 줄도, 대화할 줄도 모른다. 그런 교육을 받은 적이 없기 때문이다. 대신 당신은 생각과 대화로 풀어야 할 삶의 문제를 TV, 게임, 술, 공허한 수다 등으로 푼다. 왜 그럴까? 당신도 모르게 사회에서 그렇게 교육받았기 때문이다. 그럼 이쯤에서 이런 질문을 던져보자.

"우리나라와 당신의 미래는 어떤 모습일까? 지금보다 나을까?"

아마 지금과 비슷하거나 더 나쁠 것이다. 새로운 교육을 통해 '생각'과 '행동'을 혁명적으로 바꾸지 않는다면 말이다. 당신의 두뇌는 당신이 받은 교육대로 프로그래밍되어 있다. 그런데 당신이 받은 교육은 세계 최악의 교육이라고 할 수 있다. 따라서 지금 당신의 삶은 최악을 향해 달려가고 있다. 하지만 당신은 이 사실을 전혀 모르고 있다. 도리어 '언젠가는 나아지겠지'라는 근거 없는 자기최면에 빠져 있다. 놀랍게도 이 모든 게 당신이 받은 교육의 결과다.

스스로 깨우치는 자기교육법

당신은 초중고 시절 입시교육을 받았고, 대학에 들어가서는 취업교육을 받았다. 그렇다면 당신이 그토록 열심히 공부해서 들어간 대학과 회사는 어떤가? 당신의 10대와 20대를 통째로 희생할 정도로 가치 있는 삶을 누릴 수 있는 곳인가, 아니면 그 반대인가. 아마도 후자일 것이다. 당신은 그 공허하기 짝이 없는 미래를 향해 질주했다. 대학에 들어가면, 회사에 취직하면 모든 문제가 해결되겠지 하는 마음으로 말이다. 왜 그랬을까? 부모님과 선생님이 그렇게 말했기 때문이다. 즉 당신은 아무 '생각' 없이, 배운 대로 살았다. 문제는 앞으로도 당신이 생각 없이, 배운 대로 살게 될 것이라는 사실이다.

이제 당신은 이 바보 열차에서 뛰어내려야 한다. 그리고 새로운 열차로 갈아타야 한다. 그런데 안타깝게도 우리나라에는 당신의 두뇌를 새롭게 프로그래밍해줄 교육 시스템이 없다. 하지만 걱정하지 마라. 세상에 존재하는 모든 교육 시스템 중에서도 가장 강력한 교육 시스템이 이미 당신 안에 있기 때문이다. 그것은 독서와 사색을 통해 스스로 깨우치는 자기교육 시스템이다. 그렇다면 어떻게 자기교육을 해야 할까? 다음과 같은 방법을 권하고 싶다.

첫째, 당신의 두뇌로 하여금 이제껏 받은 교육이 세계 최악의 수준이었다는 사실을 깨닫게 해야 한다. 당신의 뇌 속에는 무수히 많은 뉴런, 즉 신경세포가 있다. 뉴런들은 서로 뭉쳐서 신경회로, 즉 생각 시스템을 지배한다. 그리고 이 신경회로는 당신의 몸에 명령을 내려서 당신의 삶을 지배한다. 즉 당신이 삶을 변화시키고자 한다면 무엇보다 먼저 신경회로를 새롭게 갖추어야 한다. 이를 위해서는 기존의 신경회로를 해체해야 한다. 방법은 의외로 간단하다. 지금 당신의 뇌 속에서 잘못된 신경회로를 구성하고 있는 뉴런들에게 계속해서 진실을 알려주면 된다. 그러면 뉴런들은 잘못된 결합을 풀고, 진실을 근거로 한 새로운 신경회로를 만든다. 삶의 터닝 포인트가 만들어지는 순간이다. 새로운 미래가 시작되는 순간이다. 당신이 이제껏 받은 교육의 진실은 다음 책들에 잘 소개되어 있다. 일독을 권한다.

- 《고조선, 사라진 역사》(성삼제, 동아일보사, 2014)
- 《교사로 산다는 것》(조너선 코졸, 김명신 옮김, 양철북, 2011)
- 《교실의 고백》(존 테일러 개토, 이수영 옮김, 민들레, 2006)
- 《교육인가 사육인가》(김종철, 21세기북스, 2011)
- 《미국 교육 개혁, 옳은 길로 가고 있나》(마이클 W. 애플, 성열관 옮김, 우리교육, 2003)
- 《바보 만들기》(존 테일러 개토, 김기협 옮김, 민들레, 2005)
- 《새로운 한국사》(윤내현·박성수·이현희, 집문당, 2005)
- 《역사의 오솔길을 가면서》(김용섭, 지식산업사, 2011)
- 《왜 학교는 불행한가》(전성은, 메디치미디어, 2011)
- 《위기의 교육과 교육시장》(앤드루 코울슨, 서은경 옮김, 나남출판, 2005)
- 《하워드 진, 교육을 말하다》(하워드 진·도날도 마세도, 김종승 옮김, 궁리, 2008)

• 《학교는 죽었다》(에버레트 라이머, 김석원 옮김, 한마당, 1987)

둘째, 당신의 두뇌 안에 새로운 생각 시스템이 자리 잡게 해야 한다. 당신의 두뇌를 구성하는 무수히 많은 신경세포들이 자신이 이제껏 받은 교육의 진실을 알았다면 스스로 잘못된 결합을 풀었을 것이다. 이들을 다시 결합하게 해야 한다. 이 또한 새로운 정보의 전달로 가능하다. 다음 책들은 귀족과 왕과 황제 들이 어떤 교육을 받았는지, 천재와 위인을 배출한 명문가에서는 어떤 교육을 했는지, 미국의 사립학교와 아이비리그의 엘리트와 유대인 들이 어떤 교육을 받고 있는지에 대해 잘 알려주고 있다. 일독을 권한다.

• 《거리의 인문학》(성프란시스대학 인문학 과정, 삼인, 2012)

• 《경연, 왕의 공부》(김태완, 역사비평사, 2011)

• 《고대 그리스와 로마의 교육》(빌헬름 딜타이, 손승남 옮김, 지만지, 2009)

• 《고전적 교육 입문》(크리스토퍼 A. 페린, 황병규 옮김, 꿈을이루는사람들, 2007)

• 《공부하는 유대인》(힐 마골린, 권춘오 옮김, 일상이상, 2013)

• 《기독교 고전교육을 말하다》(더글라스 윌슨 외, 임종원 옮김, 꿈을이루는사람들, 2013)

• 《기독교적 고전교육》(하비 블루던 · 로리 블루던, 김선화 옮김, 꿈을이루는사람들, 2008)

- 《로마의 문법학자들》(수에토니우스, 안재원 옮김, 한길사, 2013)

- 《왕가의 전인적 공부법》(도현신, 미다스북스, 2011)

- 《왕의 서재》(소준섭, 어젠다, 2012)

- 《5백년 명문가의 자녀교육》(최효찬, 예담, 2005)

- 《존 스튜어트 밀 자서전》(존 스튜어트 밀, 최명관 옮김, 창, 2010)

- 《중국의 황태자 교육》(왕징루, 이영옥 옮김, 김영사, 2007)

- 《칼 비테의공부의 즐거움》(칼 비테 주니어, 남은숙 옮김, 베이직북스, 2008)

- 《칼 비테의 자녀교육법》(칼 비테, 김락준 옮김, 베이직북스, 2008)

- 《흔들리지 않는 고전교육의 뿌리를 찾아서》(랜달 D. 하트, 황병규 옮김, 꿈을이루는사람들, 2007)

- 《희망의 인문학》(얼 쇼리스, 고병헌·이병곤·임정아 옮김, 이매진, 2006)

셋째, 생각회로를 천재들의 생각 시스템에 접속시켜야 한다. 두 번째 미션까지 완수했다면 당신의 두뇌에 생각회로 한 가닥이 만들어졌을 것이다. 이 세상엔 그동안 받은 교육과 전혀 다른 교육이 존재하는데, 그것이야말로 새롭게 받아야 할 진짜 교육임을 당신의 두뇌가 깨달았다는 의미다. 이제 그 한 가닥의 생각회로를 천재들의 생각 시스템에 접속시켜야 한다. 그래야 당신의 두뇌에 새로운 생각 시스템이 자리 잡는다. 그리고 삶이 근본적으로 바뀌기 시작한다. 다음 방법을 권한다.

1. 《격몽요결》과 《유배지에서 보낸 편지》[28]를 반복적으로 읽어라. 되도록 두 눈을 감고 줄줄 외울 수 있을 정도로 반복해서 읽기 바란다. 이 두 책을 자신의 것으로 만든다는 것은 두뇌 안에 새로운 생각 시스템이 자리 잡을 수 있게 기초공사를 한다는 의미다. 《괴테와의 대화》[29] 《헤르만 헤세의 독서의 기술》을 함께 읽으면 더욱 좋다.

2. 《근사록》《퇴계선집》[30]《남명집》《성호사설》《일득록》을 읽어라. 좋은 구절들을 따로 뽑아서 여러 번 필사하고 암송하라. 이 책들을 소화한다는 것은 새로운 생각 시스템의 뼈대를 만든다는 의미다. 《학문의 진보》《방법서설》《정신지도를 위한 규칙》을 함께 읽으면 더욱 좋다.

3. 《논어》《대학》《중용》《맹자》, 즉 사서四書와 《플라톤의 대화편》을 읽어라. 이 책들 또한 자신의 것이 될 때까지, 즉 공자나 소크라테스처럼 생각한다는 것이 무엇인지 어렴풋하게나마 깨달을 때까지, 반복적으로 읽고 필사하고 암송하고 사색하라. 이 작업을 한다는 것은 두뇌 안에 새로운 생각 시스템이 안정적으로 자리 잡게 만든다는 의미다.

넷째, 진정한 의미의 자기교육을 시작하라. 자기교육은 평생에 걸쳐 해야 한다. 어떤 사람들은 이렇게 생각할지도 모르겠다. '이렇게 어려워 보이는 일을 평생 하라고? 그건 내겐 너무 무리일 것 같아.' 아니다, 그렇지 않다. 사실 인문학 공부는 굉장히 쉽고 재미있기 때문이다. 한때 인문학이라는 것이 있는지조차 몰랐던 사람들의 다음 고백을 들어보라. 내가 강연장 등에서 만난 사람들이 실제로 털어놓은 이야기다.

"지난 10년 동안 매일 술을 마시면서 친구들에게 하소연했던 고민의 해답이 인문학에 다 있었다. 이건 진정 신세계다. 나는 이제 매일 인문학을 공부한다."

"나는 심한 외모 콤플렉스로 가벼운 우울증을 앓았다. 내 외모를 다른 사람과 끝없이 비교하는 버릇이 있었다. 연예인처럼 예뻐지고자 하는 강렬한 욕망도 있었다. 하지만 현실의 내 외모는 평범할 뿐이었다. 인문학을 하면서 알게 됐다. 콤플렉스가 내면의 공허함에서 비롯됐음을. 이제 더 이상 나 자신을 괴롭히지 않는다. 인문학을 하면서 마음의 평화를 얻었기 때문이다."

"내 삶의 목적은 돈이었다. 그런데 어디 돈이 쉽게 벌리는 것인가. 나는 세상과 부모를 탓하며 술과 유흥에 빠져들었다. 그러던 중 우연히 세계 최고의 부자들이 하나같이 인문학을 공부한다는 이야기를 들었다. 인문학을 시작했고 새로운 세상을 만났다. 술과 유흥은 처음엔 짜릿하지만 갈수록 허무해지고 마지막엔 환멸만 남는다. 반면 인문학은 처음엔 어렵고 힘들지만 갈수록 쉬워지고 즐거워진다. 그리고 마지막엔 가슴이 터질 것 같은 환희를 안겨준다. 지금 내 관심은 오로지 사람다운 사람이 되는 것이다. 물론 내 꿈은 여전히 부자가 되는 것이지만 먼저 사람이 되지 못한다면 거대한 부를 쌓은들 무슨 소용이 있겠는가. 같은 부자가 되어도 인문학적 소양을 갖춘 부자가 되고 싶다. 그리고 제대로 된 부의 문화가 없는 우리나라에 인문학적인 부의 문화를 일구고 싶다."

"나는 인간관계가 지극히 폐쇄적이다. 새로운 사람을 잘 사귀지 못한다. 이런 성향은 학교 다닐 때만 해도 별문제가 되지 않았다. 하지만 취직하고 나니 커다란 문제가 됐다. 일의 특성상 어디를 가든 새로운 사람을 만나야 했기 때문이다. 한때는 울렁증 때문에 회사를 그만둘까도 생각했다. 그러다가 《논어》를 만났다. 인문학 공부를 하려고 했던 것은 아니다. 그냥 인문학이 유행이라기에 시대에 뒤떨어지고 싶지 않아서 손에 잡았을 뿐이다. 그런데 놀랍게도 《논어》 안에 사람 사귀는 법이 다 나와 있었다. 이제 새로운 사람을 만나는 게 즐겁다. 《논어》는 나의 사회생활 길잡이다."

"나는 지난 세월 동안 '생각'이라는 걸 해본 적이 없다. 그래도 별문제가 없었다. 하지만 회사에서 직급이 올라가고 아이들이 커가니까 생각을 해야겠다 싶었다. 잘못하면 우리 가정과 회사가 방향을 잃을 수도 있을 것 같았다. 하지만 생각하는 법을 배운 적이 없으니 어떻게 해야 할지 모르겠어서 늘 답답하기만 했다. 《플라톤의 대화편》을 읽다 보니 어느 순간 생각하고 있는 나를 만나게 됐다. 솔직히 말해서 생각을 하면 머리가 무척 아플 것 같았다. 하지만 전혀 아니었다. 머리가 상쾌해지면서 휘파람이 절로 나왔다. 그리고 생각을 실천하려고 하니 가슴이 두근거리기 시작했다."

"나는 예능 프로그램 중독자였다. 그런데 지금은 예능 프로는 물론이고 TV를 거의 보지 않는다. 나로 하여금 세상에서 가장 감각적이고 즐거운 것을 할 수 없게 만드는 것이 생겼기 때문이다. 그것은 바로 '생각'이다. 이제 나는 생각 중독자다."

"내 남편은 일밖에 모르는 사람이었다. 결혼하고 지금끼지 남편에게 집은 잠자는 곳 이상의 의미가 없었다. 남편이 일 중독자가 된 것은 돈 때문이다. 워낙 없이 결혼했고, 그러다 보니 소처럼 일하면서 돈을 벌어야 했다. 그래야 다른 집들이 평범하게 누리는 것들을 겨우 누릴 수 있었다. 다행스럽게도 지금은 남들만큼 살게 됐다. 그런데 남편은 일 중독에서 벗어날 줄을 몰랐다. 이러다간 사람 잡겠다 싶었다. 그래서 남편에게《논어》와《사기열전》을 선물했다. 우연히 본 TV 특강에서 그 두 책이 좋다는 이야기를 들어서였다. 남편은 내가 강권해서 두 달 만에 겨우《사기열전》의 첫 페이지를 넘기게 됐는데, 놀랍게도 그날 밤을 꼬박 새웠다. 게다가 며칠 만에《사기열전》을 끝까지 읽었다. 남편 말에 따르면 지금 다니고 있는 회사의 모습이《사기열전》의 축소판인 것 같아서 도무지 손을 뗄 수가 없었다는 것이다. 이후로 남편은 인문학 마니아가 됐다. 지금 남편은 일벌레에서 인간으로 변화하는 중이다."

"나는 가족과 지옥처럼 살았다. 가족을 사랑하지 않아서가 아니다. 접근법이 문제였다. 가족에게 어떤 표정과 말로 다가가야 하는지를 몰랐다. 그런 교육을 한 번도 받은 적이 없었으니, 어쩌면 당연한 결과였을 수 있다. 슬프게도 그 대가는 너무 컸다. 나는 집에서 왕따 신세가 되고 말았다. '아버지 학교' 같은 곳도 가보고 심리 상담도 받아보고 가족 프로그램에도 참가했다. 하지만 그때뿐이었다. 그러다가 인문학을 알게 됐고, 동양고전을 읽으면서 자연스럽게 자기성찰을 하게 됐다. 아마도 이때부터였던 것 같다. 내가 바뀌기 시작했던 것은. 이제 나는 가족과 인간적인 대화가 가능하다. 아내나 아이들에게 어떤 말을 꺼내기 전에 나 자신을 돌아볼 줄 알게 됐기 때문인 것 같다. 덕분에 나는 조금 행복해졌다."

이쯤에서 이실직고해야겠다. 나는 머리가 좋지 않은 사람이다. 돌덩이처럼 둔한 편이다. 그래서 매우 힘들게 인문학을 공부했다. 인문학 공부는 무조건 어렵다는 고정관념이 있었다. 하지만 평범한 사람들이 보이는 인문학에 대한 반응을 만나면서 내가 틀렸음을 깨달았다. 그렇다면 나는 왜 인문학 공부가 그토록 어려웠던 걸까? 내머리가 둔한 탓도 있지만 그보다는 내가 책을 많이 읽었기 때문일 것이다. 지식인들은 뭐든 심각하게 생각하는 경향이 있다. 인문학에 대해서도 마찬가지다. 사실 인문학이라는 것은 도구일 뿐이다. 우리로 하여금 '생각'하게 만들어주고, '행복'에 이르게 하는 도구. 만일 우리가 생각할 수 있고 행복할 수 있다면 인문학이라는 도구는 잊어버려도 된다.

그런데 많은 지식인이 도구 자체에 집착한 나머지 생각과 행복은 잊어버리고 인문학에만 몰두하곤 한다. 그래서 그들은 《논어》보다 몇 배 어려운 《논어》 해설서를 쓰게 되는 것이다. 공자처럼 위대한 군자의 길을 걷지 못하고, 대신 권위의식에 찌든 지식 소매상 역할에 그치고 마는 것이다. 우리나라에서 스스로 지식인이라고 부르는 사람들 중에서 세상에 신선한 충격과 도전을 안겨주는 생각을 제시하거나, 사회를 행복하게 만드는 사람이 나오기 힘든 이유다. 하지만 책을 전혀 읽지 않았거나 인문학이 무엇인지도 모르는 평범한 사람들에게는 지식인 특유의 고정관념이나 지적 교만이 없다. 덕분에 수십 년 넘게 인문학을 공부한 지식인들도 이르지 못한 인문학의 본질에 좀더 쉽게 다다른다. 그리고 깨닫고, 실천한다. 폴레폴레 인문학 자원봉사 교사들이 대표적이다. 그들은 보통 인문학을 접한 지 몇 달이 지나지 않아 새로운 생각을 하고, 삶의 의미와 행복을 깨닫는다. 그리고 자신의 생각과 행복을 빈민가 아이들에게 아낌없이 나누어준다. 폴레폴레 인문학 교육 자원봉사는 2018년에 공식적으로 종료됐다. 과연 우리나라 지식인들 중에 이런 사람이 몇 명이나 있을까?

나는 평범한 사람들을 대상으로 인문학을 전파하면서 모든 면에서 평범한 사람들이 지식인들보다 훨씬 낫다는 사실을 발견했다. 특히 평생 책과 담을 쌓고 살아온 사람일수록 인문학에 제대로 빠지면 놀라운 성장을 한다는 사실을 알게 됐다. 만일 지금 이 글을 읽고 있는 당신이 평범한 사람이라면 참으로 좋은 일이다. 그것은 이미 당신이 인문학을 할 수 있는 자질을 충분히 갖추었다는 의미이기 때문이다. 그러니 편안한 마음으로 인문학의 우주를 항해하라. 물론 늘 쉽고 재미있지만은 않을 것이다. 때론 막막하기 짝이 없는 감정에 휩싸이기도 할 것이다. 하지만 그때마다 기억하라. 인문학의 본질인 '생각'은 인문학의 목적인 '행복'을 위한 것이라는 사실을. 그러면 다시 마음이 편안해질 것이다. 그리고 깨닫게 될 것이다. 인문학의 우주는 책이 아닌 당신 내면에 있음을.

'파이데이아'와 '후마니타스'

이제 자기교육의 마지막 단계에 대해서 이야기하자. 아니, 지금부터 이야기할 것은 자기교육의 기초이자 완성이라고 생각하면 된다. 그것은 위대함과 만나는 것이다. 인간의 교육은 보통 세 가지 형태로 이루어진다. 가정교육, 학교교육, 사회교육. 이 세 가지의 공통점은 무엇일까? 위대함의 결여와 순응의 주입이다. 가정에서 부모는 아이에게 끝없이 엄마 아빠 말을 잘 들으라고 한다. 학교에서 교사는 학생에게 끝없이 선생님 말을 잘 들으라고 한다. 사회에서 기득권층은 비기득권층에게 끝없이 자신들이 만든 질서에 순응하라고 한다.

물론 이 세 가지 교육은 한 사람이 올바르게 성장하기 위해서 필요한 것일 수도 있다. 하지만 이 세 가지가 전부가 되어서는 안 된다. 아이에게는 엄마 아빠의 평범한 생각을 뛰어넘을 권리가 있고, 학생에게는 교사의 평범한 지식을 뛰어넘을 권리가 있으며, 비기득권층에게는 기득권층이 만든 불공정한 질서를 뛰어넘을 권리가 있기 때문이다. 부모의 생각과 교사의 지식과 기득권층의 한계에 갇혀 사는 사람은 영원히 일개미로 살아가기 십상이다. 물론 일개미에게는 일개미만의 행복하고 충만한 삶이 있다. 그러나 더 크게 성장할 가능성이 있는 사람이 잘못된 교육 때문에 평생 일개미처럼 살아가야 한다면 그것은 옳지 못하다.

점프개미라는 게 있다. 이 개미 종족은 여왕개미가 죽으면 일개미 중 한 마리를 여왕개미로 추대한다. 그러면 어떻게 될까? 평범했던 일개미의 몸이 여왕개미처럼 커지고 수명도 열 배 이상 늘어난다. 자신이 여왕개미라는 확신이 유전자조차도 바꿔버리는 것이다. 당신은 어떨까? 한국 사회에서 철저하게 일개미로 키워진 당신이 '나도 위대한 존재가 될 수 있다'는 확신을 갖게 된다면 말이다. 물론 위인전에 나오는 그런 위인은 되지 못할 수도 있다. 하지만 사회에 좋은 영향을 미치는 존재는 얼마든지 될 수 있다. 아니, 당신은 그런 존재가 되어야 한다. 언제까지 지금처럼 살 수는 없다.

그렇다면 위대함과는 어떻게 만날 수 있을까? 독서, 음악, 미술, 건축을 통해서다. 독서에 관해서는 앞에서 자세히 이야기했으니 생략하겠다. 지금 당신 스마트폰의 음악 폴더를 열어보라. 위대한 음악, 즉 클래식이 몇 곡이나 들어 있는가? 아마 한 곡도 없을 것이다. 위대한 화가가 그린 작품진품일 필요는 없다은 어떤가? 집과 사무실 등 당신이 주로 머무르는 공간에 몇 점이 걸려 있는가? 이 또한 거의 없을 것이다. 위대한 건축물은 몇 곳이나 직접 만나봤는가? 이 또한 손에 꼽을 정도일 것이다. 이쯤 되면 알아차렸을 것이다. 왜 당신이 특별한 삶을 살지 못하고 있는지. 제아무리 위대한 운명을 타고난 사람이라도 몸과 마음이 온통 평범한 것에 둘러싸여 있다면 평범한 존재밖에 될 수 없다. 하지만 평범하기 짝이 없는 운명을 타고난 사람이라도 몸과 마음이 늘 위대한 것과 만난다면 특별한 존재가 될 수 있다. 이는 자연계가 증명하는 바다.

인간 사회와 가장 유사한 사회를 이루고 사는 개미와 벌을 보라. 태어날 때는 모두 똑같지만 특별한 환경에서 자라난 개미와 벌은 여왕이 된다. 만일 당신이 특별한 존재가 되고 싶다면, 자신에게 특별해질 기회를 주어야 한다. 만일 당신의 두뇌가 종일 위대한 사상가들과 위대한 작가들의 생각을 곱씹는다면, 당신의 두 귀가 종일 위대한 음악을 듣는다면, 당신의 두 눈이 종일 위대한 미술작품을 접한다면, 당신이 수시로 위대한 건축물과 온몸으로 만난다면, 당신은 어떻게 될까? 지금 두 눈을 감고 상상해보라. 가슴이 두근거리지 않는가? 그 신비한 떨림을 영혼 깊이 새겨라. 그리고 더욱 힘써 매일 매순간 위대한 것들과 만나라. 당신의 시선, 손, 발이 자주 가는 곳에 위대한 것들이 넘치게 하라. 평범한 것들과 열등한 것들로 찌든 당신 자신을 그렇게 위대함이라는 용광로에 푹 담가라.

자연과 자주 만나라. 위대한 작가들과 위대한 사상가들과 위대한 예술가들과 위대한 건축가들의 공통점은 자연에서 영감을 받았다는 것이다. 그러니 수시로 도시를 벗어나 자연 속으로 들어가라. 그리고 당신의 내면과 만나라. 물론 처음에는 내면이 잘 느껴지지 않을 것이다. 그러나 자연 속에 오래 머물다 보면 자연스럽게 내면의 목소리를 듣게 된다. 그때 비로소 당신은 내면에 하늘과 대지, 산과 숲, 바다와 강을 담을 수 있다. 위대함의 시작, 당신이 위대해지기 시작하는 순간이다. 여기서 말하는 위대함은 자신의 내면에 충실하게 되는 것을 의미한다. 사회의 목소리가 아닌 자기 영혼의 목소리를 따르는 삶, 돈이 아니라 진리를 따르는 삶을 말한다. 단 한 번뿐인 인생인데, 당신도 언젠가는 이런 삶을 살아야 하지 않겠는가? 그러니 당신의 온 존재로 가장 위대한 인문학, 자연을 만나라. 그리고 새롭게 변화하라.

정리를 하자. 고대 그리스에는 이상적인 인간을 기르는 교육이 있었다. 그리스인들은 자신들의 특별한 교육을 '파이데이아^{παιδεία}'라고 칭했다. 고대 그리스의 교육은 성공적이었다. 고대 그리스 문명, 즉 헬레니즘은 헤브라이즘과 더불어 서양 문명의 뿌리가 됐다. 파이데이아는 고대 로마로 넘어가서 '후마니타스humanitas'가 됐다.[31] 후마니타스는 찬란한 로마 문명을 꽃피웠다. 파이데이아를 우리말로 바꾸면 '교육'이고, 후마니타스를 우리말로 바꾸면 '인문학'이다. 즉 인문학은 교육이다.

3장

Think 인공지능이 복제할 수 없는 생각 하는 뇌를 만들어라

거대한 생각, 위대한 부에 다다르는 훈련

EIGHT *Think*

Think 하는 나, 다시 말해 인공지능이 복제할 수 없는 생각을 하는 나는 하루아침에 만들어질 수 없다. 지금부터 조금씩 만들어나가야 한다. 그런데 새로운 나를 만들기 위해서는 무엇보다 인공지능의 본질을 꿰뚫고 이를 넘어서는 일이 필요하다. 인공지능의 본질은 모방이다. 인공지능의 핵심인 딥러닝은 인간의 뇌를 모방한 것에 불과하다. 이는 무슨 의미인가. 만일 당신이 뇌를 변화시킬 수 있다면, 즉 인공지능에게 대체되는 생각밖에 할 줄 모르는 뇌를 인공지능이 절대로 대체할 수 없는 생각을 하는 뇌로 바꿀 수 있다면, 당신은 인공지능의 주인이 될 수 있다는 의미다. 이는 또 무슨 의미인가. Think 인공지능이 복제할 수 없는 생각 하는 나는 다른 무엇이 아닌, 나 자신을 변화시키고 성장시키는 삶을 통해 만들어진다는 것이다.

91만 2500시간 vs 1시간

내가 대학입시를 앞두고 있었을 때의 일이다. 갑자기 아버지께서 심각한 얼굴로 말씀하셨다.

"내가 그동안 깊이 생각해봤는데, 넌 고대를 가는 게 좋겠다."

깜짝 놀라서 되물었다.

"제가 고대를 어떻게 가요? 제 실력으론 잘해야 지방 국립대나 갈 수 있을걸요."

그러자 아버지께서 멋쩍게 웃으면서 "아! 미안. 고대가 아니라 교대!"라고 하셨다. 그러고는 내가 왜 교대에 입학해야 하는지 장황하게 설명하기 시작했다. 그 당시만 해도 남학생은 반에서 20등 안에만 들어도 교대에 들어갈 수 있었다. 하지만 나는 아버지의 말씀이 도무지 귀에 들어오지 않았다. 초등학교 교사의 삶을 단 한 번도 상상해본 적이 없었기 때문이다. 또 아버지의 설명이 싫었다.

"세상에서 우리 아들을 가장 잘 아는 사람은 바로 부모 아니겠느냐. 이 아빠가 그동안 우리 아들 때문에 고민이 많았어요. 우리 아들은 다 좋은데 생활력이 꽝이잖아. 만일 우리 아들이 회사에 들어간다면 금세 잘리고 말 거야. 다음 회사도 그다음 회사도 마찬가지겠지. 결국 우리 아들은 막노동이나 하게 될 거야. 그래서 이 아빠가 알아봤어요. 범죄를 저지르지 않는 한 잘리지 않는 직업이 뭘까, 하고 말이야."

이런 식의 말도 안 되는 내용이었기 때문이다.

내가 황당한 얼굴을 하고 있자 아버지는 '최후의 카드(?)'를 꺼내 들었다.

"내가 알아봤는데 말이야. 교대는 여자를 무조건 75퍼센트 뽑는다더라."

그러고는 '어때, 이 정도 미끼면 안 물고 배길 수 없겠지?'라는 표정으로 나를 바라보셨다. 그것도 싱글벙글 웃으면서. 기가 막혔다. 머리가 아파오기 시작했다. 나도 모르게 두 손으로 이마를 감싼 채 아버지를 노려봤다. 내 두 눈은 실망과 분노로 가득 차 있었다. 하지만 아버지는 여전히 웃고 계실 뿐이었다.

'내가 우리 아들을 세상에서 제일 잘 알지. 결국엔 아빠 말대로 하게 될걸. 암, 그렇고말고.'

아버지의 하회탈 같은 두 눈은 이렇게 말하고 있는 듯했다. 나는 머리를 절레절레 흔들면서 아버지 방을 나섰다. 그러다 둥지에서 떨어진 새끼 새나 지을 법한 가여운 표정을 하고서 아버지를 흘낏 돌아봤다. 하지만 아버지는 여전히 하회탈처럼 웃고 계실 뿐이었다. 순간 가슴이 무너지는 소리를 들었다. 그날 맹세에 가까운 다짐을 했다.

'절대로, 절대로 아버지가 원하는 삶을 살지 않을 거야. 난 내 가슴이 원하는 길을 갈 거야.'

하지만 며칠 뒤 나는 아버지가 사 오신 교육대학교 입학원서를 열심히 쓰고 있었다. 그리고 친구들에게 "나 어쩌면 초등학교 선생님이 될지도 몰라. 그럼 애들이랑 정말 잘 지내야지. 난 진짜 좋은 선생님이 되고 싶어"라고 말하고 다녔다. 쉽게 말해서 나는 바보였다. 내가 원하는 삶이 무엇인지도, 내가 원하는 삶을 살려면 어떻게 해야 하는지도 모르는 멍청이였다.

초등학교 교사라는 직업은 위대하고 숭고한 직업 중 하나다. 아이들의 미래를 책임지는 일이기 때문이다. 그러나 제아무리 멋진 직업일지라도 자신의 영혼과 맞지 않는다면 그것은 단지 고역일 뿐이다. 나는 벚꽃이 화사하게 핀 어느 봄날, 초등학교 2학년 아이들로 가득 찬 교실 뒷자리에서 그 사실을 깨달았다. 그때 나는 열아홉 살, 교육대학교 1학년이었다.

교생실습 첫날, 집까지 걸어서 갔다. 버스로 20분 넘게 걸리는 거리였다. 아버지께서 사주신 새 구두가 불편했던지 양쪽 발 모두 금세 물집이 잡혔다. 새 넥타이와 새 양복도 마찬가지였다. 그저 불편하기만 했다. 하늘에는 내가 좋아하는 색깔의 노을이 예쁘게 깔리고 있었다. 길 아래 샛강에서는 야생 오리들이 귀엽게 헤엄을 치고 있었다. 하지만 난 우울하고 막막하기만 했다. 심지어는 죽고 싶은 마음도 들었다. 그런데 그걸로 끝이었다. 집에 도착할 무렵 곧 어제의 나로 돌아가 있었다. 현관문을 열자마자 큰 소리로 "다녀왔습니다!"라고 외치고는 식탁으로 달려가서 어머니가 차려주신 저녁밥을 맛나게 해치웠다. 그러고는 대충 양치질을 하고 TV 앞에 누웠다. 첫 교생실습 소감을 묻는 질문에는 "몰라요. 뭐 그냥 할 만해요!"라고 둘러댔다. 어차피 일주일이면 끝날 실습인데 더 이상 골치 아프고 싶지 않았다. '이럴 땐 그저 TV가 최고지!' 속으로 혼잣말을 하면서 눈꺼풀이 무거워질 때까지 TV를 봤다. 그러다가 기절하듯 잠들었다. 한마디로 나는 내 인생에 아무런 책임감도 없었다. 내 인생을 망칠 수도 있는 문제를 앞에 두고 치열하게 고민하고 사색하는 대신 그저 TV 속으로 도피하기에 바빴다. 그런데 그 대가는 상상을 초월할 성도로 컸다. 무려 15년 가까이 내가 원하지 않는 일을 하면서 고통받아야 했다.

플라톤이 일으킨 생각 혁명

아테네의 평범한 귀족 청년 플라톤은 스무 살에 소크라테스를 만났다.[1] 그리고 인문학적으로 생각하는 법에 대해서 배웠다. 만일 플라톤이 소크라테스를 만나지 않았다면, 다시 말해 그 당시 아테네 젊은이들처럼 '생각' 없이 살았다면 과연 그는 서양 역사상 위대한 인물 가운데 한 명이 될 수 있었을까? 절대 아니다.

나도 스무 살에《플라톤의 대화편》을 통해 소크라테스를 만났다. 그리고 생애 최초로 생각이라는 것을 하기 시작했다. 생각한다는 것은 단순히 머리를 굴리는 것을 말하는 게 아니다. 이성을 통해 사고하는 것, 칸트의 말을 빌리자면 '철학함'을 시작했다는 뜻이다. 그때 경험했다. 내 두뇌가 새롭게 열리는 것을. 또한 어떤 황홀한 느낌이 빈약한 내면을 가득 채우는 것을. 그러나 생각하기는 오래가지 못했다. 내가 무슨 한국의 플라톤이 될 것도 아니고, 인문학적으로 생각한다고 답답한 현실이 바뀔 것 같지도 않았기 때문이다. 지금 돌아보면 참 부끄럽다. 나를 바보로 만드는 학교교육은 12년이나 잘 받았으면서, 나를 천재의 길로 이끄는 인문학적으로 생각하기는 겨우 1년 몇 개월 만에 때려치웠으니 말이다.

여기서 한 가지 짚고 넘어가고 싶다. 나는 인문학 독서를 열아홉 살에 시작했다. 그때 나는 아버지의 권유로《장자》와 칸트의《순수이성비판》을 읽었다. 당시에는 책의 내용을 따라가기에 급급했다.

인문학 초보자에게 당연한 일이었다. 장자는 눈부시게 초월적이었고, 칸트는 외계인처럼 난해하기만 했으니 말이다. 내가 스스로 생각하기 시작한 것은, 아니 생각하기를 흉내라도 내기 시작한 것은 플라톤을 만나고부터다. 그동안 적지 않은 철학고전을 읽었다. 그런데 그 어떤 책도《플라톤의 대화편》처럼 나를 생각의 세계로 이끌지 못했다. 하긴 플라톤이 누구이던가. 지난 2500년 동안 서양 최고 천재들의 두뇌를 매섭게 단련시켜준 사람 아니던가. 그런데 나는 어리석게도 그 위대한 플라톤과 지적으로 만나는 것을 금방 끊어버리고 말았다. 핑계를 대자면 당시 우리나라에는 플라톤을 왜 읽어야 하는지, 플라톤을 읽으면 어떤 효과가 있는지, 인류 역사상 어떤 사람들이 플라톤을 읽어왔는지, 지금 어떤 사람들이 플라톤을 읽고 있는지에 대해서 말해주는 사람이 아무도 없었다. 오히려 그런 고리타분한 책을 읽느니 차라리 실생활에 도움이 되는 책을 읽으라고 말하는 사람들뿐이었다.

하지만 플라톤은 역시 플라톤이었다. 그토록 짧은 만남이었음에도 내 두뇌에 잠시나마 생각의 혁명을 일으켰다.《플라톤의 대화편》을 읽으면서 자연스럽게 소크라테스의 문답법을 익히게 됐고, 이를 통해 나 자신과 나를 둘러싼 세계의 본질에 대해 플라톤적인 입장에서 생각하고, 작은 깨달음을 얻을 수 있었다. 그것은 다음과 같은 것이었다.

"모든 인간에게는 타인을 지배하고자 하는 무의식적인 욕망이 있다. 하지만 모든 인간은 타인을 지배할 수 없다. 그래서 인간들은 자신들의 무의식적 욕망을 채우기 위해 사회라는 시스템을 만들었다. 사회는 사람들의 시간을 빼앗아 착취하고 지배하면서 그 대가로 돈을 준다. 쉽게 말해서 노예로 만드는 것이다. 그러다가 더 이상 짜낼 게 없다고 판단하면 '해고' 또는 '퇴직'이라는 이름으로 폐기 처분한다. 때론 병든 닭이나 돼지에게 하듯 살처분하기도 한다. 우리는 그걸 '돌연사' 또는 '과로사'라고 부른다. 어쩌면 자살도 살처분의 일종이다. 이런 사회에서 살지 않았던 우리 조상들은 자살을 거의 하지 않았기 때문이다.

아니다. 사회는 '적절한 돈을 가져야 안정적으로 살 수 있다. 부자가 되면 행복해질 수 있다'는 거짓말로 인간을 통제하고 지배한다. 지금 내가 스스로 원하지 않는 학교를 다니는 이유는 무엇인가. 우리 아버지가 사회의 거짓말에 속고 있기 때문이다. 아들이 경제적으로 안정된 초등학교 교사가 되고 같은 교사와 결혼해 부부교사가 되면 우리 집의 많은 문제가 해결되고 행복해질 수 있다는. 하지만 현실은 어떤가? 나는 이미 불행한 사람이 됐고 아버지와 원수가 되다시피 했다. 그리고 어머니와 동생들은 나와 아버지의 대립 때문에 힘들어하고 있다. 교대에 들어온 지 겨우 1년밖에 안 됐는데도 이렇다. 앞으로 약 45년은 어떨까? 내가 교대를 졸업하고 교사가 되고 정년퇴직하기까지 말이다. 불행과 갈등과 대립과 싸움은 지금보다 최소한 마흔다섯 배는 많아질 것이다. 하지만 나를 제외한 우리 집의 그 누구도 이미 결정된, 그러나 아직 오지 않은 이 빤한 미래를 보지 못하고 있다. 사회의 거짓말에 속아서 스스로 지옥으로 걸어 들어가고 있다. 이 현실을 바꾸고 싶다. 나도 행복하고 가족도 행복한 그런 미래를 만들고 싶다. 그러려면 이 사회의 거짓말과 싸워 이겨야 한다. 아니다. 이 사회의 거짓말이 미칠 수 없는 차원으로 이동해야 한다. 그러려면 다음 세 가지를 해내야 한다.

첫째, 내 영혼이 사랑하는 일을 직업으로 삼아야 한다.
둘째, 내가 사랑하는 일을 통해 경제적 자유를 얻어야 한다.
셋째, 내가 사랑하는 일을 통해 시간의 자유를 얻어야 한다.

만일 내가 이 세 가지를 서른 살 안에 해내지 못한다면 나는 이 사회의 무자비한 시스템 아래 돈과 시간을 속절없이 통제당하면서 노예로 살다가 스트레스와 과로로 일찍 죽게 될 것이다."

지금 생각하면 '너'도 없고 '우리'도 없고, 오식 '나'만 있는 잠 부끄러운 깨달음이다. 그러나 이때 나는 겨우 스무 살이었다.

인문학 천재들의 두뇌 속 생각 시간

심리학자들의 연구 결과에 따르면 인간은 하루에 약 6만 번의 생각을 한다고 한다. 그런데 그중 약 95퍼센트는 어제 했던 생각의 반복이라고 한다. 나머지 5퍼센트도 별반 다르지 않다. 창조적인 생각과는 거의 관련이 없다. 인문학을 한다는 것은 인류의 문명을 건설한 천재들의 생각과 만난다는 의미다. 소크라테스·플라톤·아리스토텔레스·공자·맹자·노자·장자·칸트·레오나르도 다빈치·데카르트·뉴턴·아인슈타인·하이젠베르크 같은 천재들이 생각하고 깨달은 방식으로 나와 너와 우리와 세계를 본다는 것이다. 그리고 지금 내가 속한 사회와 세계, 문명을 초월하는 생각과 깨달음을 얻어 새로운 생각과 문화, 문명을 인류에게 제시한다는 것이다. 쉽게 말해서 어둠에 잠긴 인류 의식의 지평선 위로 떠오르는 별이 된다는 의미다.

만일 내 인생의 가장 빛났던 20대에 인문학을 치열하게 파고들었다면 어땠을까. 그랬다면 지금쯤 인류에게 새로운 길을 제시하는 위대한 사상가가 되어 있을지도 모르겠다. 세계 각국에서 나의 사상을 연구하는 책이 홍수처럼 쏟아져 나올 수도 있다. 만일 내가 매일 6만 번씩 10년 동안 인류의 문명을 건설한 천재들처럼 생각했다면 말이다. 하지만 그 당시만 해도 나는 인문학의 위대한 힘에 대해서 전혀 알지 못했다. 또 내 작은 깨달음을 계속 이어나가고 실천할 의지도 능력도 없었다. 나는 나를 둘러싼 잘못된 세계를 파괴하고 내가 원하는 세계를 창조하는 대신, 그 잘못된 세계 안에 존재하는 무수히 많은 알 가운데 하나 속으로 들어가버리고 말았다. 외부와 내부가 온통 하얀색으로 칠해진, 나른함과 몽롱함 자체인 그 알은 현실도피 증세를 보이는 젊은이들의 집단무의식이 만들어낸 가공의 도피처였다. 나는 그 불안하고 위태로운 타원형의 알 속에서 시와 소설, 명상서적에 파묻혀 살았다. 하지만 알은 깨지라고 있는 법. 군대를 제대하고 사회에 나온 순간, 그 하얗고 나른하고 몽롱한 알은 산산조각이 나버리고 말았다. 그때 나는 스물일곱 살이었고, 대략 20억 원 넘는 빚보증을 지고 있었다. 집은 경매 처분된 지 오래였고, 가족들은 뿔뿔이 흩어져 있었다.

여기서 잠깐 내가 진 빚에 대해 설명하자면, 스물한 살 때 내 앞으로 작은 아파트 한 채가 있었다. 어느 날인가부터 사업이 어려워진 아버지는 감당할 수 없는 빚을 지기 시작했다. 나는 아버지의 연대보증인 중 한 명이었다. 내 명의로 집이 있었으니 당연한 일이었다. 내가 진 빚보증 원금은 총 4억 원 정도였다. 이 빚이 신용정보회사 등으로 넘어가면서 이자가 미친 듯이 붙어나가기 시작했다. 4억 원이 20억 원을 훌쩍 뛰어넘기까지는 그리 오랜 시간이 걸리지 않았다.

다시 스물일곱 살 때의 이야기로 돌아가자. 난 광복절에 제대를 했고, 보름 만에 교사 발령을 받았다. 지금도 첫 수업을 하던, 첫 교사회의에 참석하던, 첫 퇴근을 하던 그날 그 시간들을 생생하게 기억한다. 퇴근 종이 울리자 나는 첫 교생실습 때 그랬듯이 걸어서 집에 갔다. 두 시간 반 정도 걸렸던 것으로 기억한다. 그날도 새 구두를 신었고, 걷기 시작한 지 한 시간도 되지 않아 발뒤꿈치가 까졌다. 하지만 아픈 줄도 모르고 무작정 걸었다. 대학교 1학년 때와는 비교도 할 수 없는 불안과 우울, 슬픔과 분노가 나를 지배하고 있었다. 그렇다고 흡혈귀 같은 빚보증에 질 수는 없었다. 비록 사회에 나오자마자 밑바닥으로 떨어졌지만, 비상하고 싶었다. 눈부시게, 아름답게, 위대하게 이 사회의 정상으로 날아오르고 싶었다. 나도 모르게 입술을 깨물었다. 그리고 이렇게 다짐했다.

'그래, 이제 진짜로 베스트셀러 작가가 되자. 어마어마한 인세를 받아서 빚도 정리하고 내 영혼이 원하는 길을 가자!'

마음속으로 이 다짐을 수십 번 하고, 이미 꿈이 이루어진 미래를 생생하게 머릿속에 그리고 나니 발걸음이 절로 가벼워졌다. 비로소 발뒤꿈치에서 통증이 느껴졌다. 그런데 그 순간 바로 악마가 찾아왔다. 악마가 내게 속삭였다.

'어렸을 때부터 백일장 신동으로 이름을 날리고, 문예창작과에 들어가서 체계적인 창작 교육을 받고, 유명 작가 아래 들어가서 글쓰기 비법을 전수받은 사람들도 베스트셀러 작가가 되기는커녕 책

한 권 내지 못하는 게 현실이야. 그런데 스무 살이 되어서야 글을 쓰기 시작하고, 전공도 글쓰기와 무관하고, 글쓰기 스승 한 명 두지 못한 네가 아침부터 저녁까지 글쓰기와 아무 관련이 없는 학교 일을 하면서 베스트셀러 작가가 될 수 있을까? 아니, 책이라도 한 권 낼 수 있을까?'

악마의 속삭임을 듣는 순간 나는 무너져 내렸고, 마치 엄마 잃은 아이처럼 되고 말았다. 그 뒤는 잘 기억이 나지 않는다. 옥상 창고를 개조해서 만든, 당시 내가 살았던 도시에서 가장 월세가 쌌던, 허름한 옥탑방에 도착하자마자 기절하듯 잠들었던 것 말고는. 그 뒤로 나는 몇 달을 병든 닭처럼 살았다. 하지만 내면 깊숙한 곳에서는 거대한 변화가 일어나고 있었다. 나는 그 몇 달 동안 마치 미친 사람처럼 자기계발 서적을 읽으면서 새로운 미래를 설계하고 있었기 때문이다. 마침내 내면의 빛이 어둠을 이기고, 영혼의 눈이 새로운 미래를 마치 눈앞의 현실처럼 생생하게 보고 느끼고 만지게 됐을 때, 나는 나 자신과 세상을 향해 다음과 같은 선언을 할 수 있었다.

1. 나는 베스트셀러 작가가 된다.

2. 나는 모든 빚을 정리하고 우리 가족을 한집에 모은다.

3. 나는 경제적으로 자유로워진다.

4. 나는 시간적으로 자유로워진다.

5. 나는 만나고 싶은 사람만 만난다.

6. 나는 하고 싶은 일만 한다.

7. 나는 천문학적인 기부를 한다.

이 일곱 가지 선언을 현실로 만들려면 세상과 싸워 이겨야 했다. 아니다. 내 두뇌 깊숙한 곳에 이식된, 나를 억압하고 제한하는, 나를 일벌 또는 일개미로 만들고 있는, 노예화 프로그램에서 자유로워져야 했다. 대신 나를 사자 또는 독수리로 만들어줄 새로운 생각 프로그램을 심어야 했다. 그것은 인문학이었다. 이때 내가 주목한 게 상대성이론이다. 이 이론에 따르면 한 공간에서의 1초는 다른 공간에서 10초 또는 1분이 될 수 있다. 한마디로 시간은 상대적으로 흐른다. 또 시간과 공간은 질량에 영향을 받는다. 대표적으로 시간과 공간은 질량이 큰 별을 만나면 휘어진다. 나는 이 이론을 '두뇌 속 시간'에 적용해봤다. 그리고 다음과 같은 결론에 이를 수 있었다.

"보통 사람들의 생각은 인류 역사에 단 하루도 영향을 미치지 못한다. 하지만 공자나 플라톤 같은 사람들의 생각은 인류 역사에 2500년 넘게 거대한 영향을 미치고 있다. 즉 인문학 천재들의 두뇌 속 생각 시간은 보통 사람들과 비교하면 91만 2500배^{2500년×365일} 느리게 흐른다고 할 수 있다. 그렇다면 이들의 두뇌 속 시간은 왜 그렇게 느리게 흐르는가? 생각의 질량, 즉 생각의 무게가 상상을 초월할 정도로 크기 때문은 아닐까? 그리고 그 생각을 인문학적 바탕 위에서 하기 때문은 아닐까? 아니다. 이들은 인문학 자체, 즉 생각의 질량 자체인 사람들이다. 따라서 이들의 두뇌는 시간을 영원에 가깝게 붙잡아둘 수 있고, 자신의 생각을 시대를 초월해 후세에게 전할 수 있는 것이다."

이 결론을 나 자신에게 적용해봤다. 당시 나는 하루 중 대부분의 시간을 글쓰기와는 거의 무관한 교사업무에 사용하고 있었다. 물론 드라마 속 주인공처럼 마음에 안 드는 직장을 때려치우고 꿈을 찾아서 떠날 수 있었다. 하지만 오랜 고민 끝에 내 앞에 놓인 십자가를 기꺼이 짊어지고 가기로 했다. 평범한 대한민국 사람이라면 누구나 지고 가는 그 십자가를 지고 가야 진정한 작가가 될 수 있을 것 같았다. 현실적인 이유도 있었다. 내가 직장을 때려치우면 당장 우리 부모님은 길거리로 나앉을 판이었다. 일단 학교에 남기로 했고, 좋은 교사가 되기로 했다. 또 베스트셀러 작가도 되기로 했다. 지금 생각하면 참 욕심이 많았던 것 같다. 좋은 교사가 되는 것도 심히 힘든 일인데, 그냥 작가도 아닌 베스트셀러 작가가 될 생각까지 했으니 말이다. 그런데 또 한편으로는 말도 안 되는 꿈을 이룰 수 있다고 믿고 노력했기에 지금의 내가 될 수 있었다는 생각도 해본다. 아니다. 사람이 진심으로 마음을 먹으면 세상에 이루지 못할 일이 어디 있겠는가. 나는 간절히 꿈꾸면 이루어진다는 말을 실제로 경험한 무수히 많은 사람 중 한 명일 뿐이다. 나 정도의 성취는 누구나 마음만 먹으면 이룰 수 있다는 의미로 하는 말이다.

시간 이야기로 돌아가자. 내가 인문학 독서를 치열하게 하기 시작하자, 다시 말해 생각의 질량을 늘리기 시작하자 놀랍게도 내 두뇌 속 시간이 아주 느리게 흐르기 시작했다. 나는 2003년부터 2007년까지 4년 동안 무려 14권의 책을 쓸 수 있었고, 마침내 2008년 2월에 전업 작가의 길로 들어섰다.

앞에서 이렇게 이야기했다. 사회는 시간을 빼앗아 인간을 지배한다고. 대한민국의 평범한 직장인을 생각해보자. 그에게 시간은 늘 부족하다. 왜? 돈을 벌어야 하기 때문이다. 하지만 과연 그가 돈을 번 적이 한 번이라도 있을까? 냉정하게 말하면, 없다. 그는 단지 생존을 위해서 몸부림치고 있을 뿐이다. 그런데 왜 그는 자신이 돈을 벌고 있다고 착각하는 걸까? 사회에서 그렇게 세뇌당했기 때문이다. 쉽게 말해서 그는 사회의 거짓말에 속아서 인생을 낭비하고 있다. 그가 이 부조리한 현실을 파괴하고 새로운 미래를 창조하려면, 무엇보다 먼저 시간을 착취당하는 구조를 깨뜨리고 자기 시간의 지배자가 되어야 한다. 그래야 자신의 몸과 교육, 미래와 영혼을 위해 시간을 쓸 수 있고, 이를 통해 경제적 자유와 영혼의 자유를 얻을 수 있다. 하지만 현실은 그렇게 간단하지 않다. 사회가 시간을 착취하는 구조는 갈수록 정교해지고 있기 때문이다. 그런데 이 구조

를 깨뜨리는 일은 의외로 간단하다. 앞에서 말했듯이 인문학을 하면
된다. 생각의 질량을 늘려서 두뇌 속 시간을 느리게 흐르도록 만들
면 된다.

아인슈타인의 7년은 우리의 7000년이었다

아인슈타인은 열일곱 살 때 평생 술 대신 인문학에 취하겠다고
사람들 앞에서 선언했다. 그리고 실제로 인문학에 모든 것을 걸
었다. 그리고 스물다섯 살 때 그는 특수상대성이론, 광전자효과,
브라운 운동에 관한 논문을 발표했다. 이를 통해 노벨물리학상을 받
았고, 물리학의 역사를 새롭게 썼다. 당시에 아인슈타인의 직업이
무엇이었을까? 물리학 연구소 연구원? 물리학과 교수? 아니다. 특
허청 말단 공무원이었다. 그렇다면 그는 왜 물리학 연구와 아무런
관련이 없는 특허청에서 특허 관련 서류들을 검토하고, 특허청 도장
을 찍는 일을 직업으로 삼아야 했을까? 먹고살기 위해서, 즉 돈 때
문이었다. 이는 무엇을 의미하는가? 인류 최고의 물리학자인 아인
슈타인도 한때는 당신처럼 돈과 시간을 무자비하게 착취당하는 사
람이었다는 의미다.

아인슈타인이 인문학에 미쳐 있었던 7년은 아인슈타인에게는
7년이었겠지만 다른 사람들에게는 7000년이었을 것이다. 인류 문

명의 역사는 약 6000년 정도로 추정된다. 아인슈타인은 이 6000년 문명의 역사를 뒤집어엎었다. 그리고 앞으로 1000년 정도는 거뜬할 것으로 예상되는 새로운 이론을 내놓았다. 만일 아인슈타인의 두뇌 속 시간이 보통 사람들보다 1000배 이상 느리게 흐르지 않았다면 이런 일이 가능할 수 있었을까? "절대 아니다!"라고 말하고 싶다. 이렇게 말할 수 있는 이유는 나 또한 두뇌 속 시간이 믿기지 않을 정도로 느리게 흐르는 것을 경험했기 때문이다. 작가로서 인생에서 가장 절박했던 때, 그리고 자기계발 서적과 인문학 서적에 가장 치열하게 몰두했던 2007년, 나는 그해 한 해 동안 무려 7권의 책을 썼다. 이 중 두 권이 초대형 베스트셀러가 됐다. 그 인세로 빚을 모두 정리했고, 가족을 한집에 모을 수 있었다. 그리고 내가 생각하는 수준의 경제적 자유와 시간적 자유를 얻었다. 또 내가 만나고 싶은 사람만 만나고 내가 하고 싶은 일만 할 수 있게 됐다. 내가 교만해졌다는 의미가 아니다. 내 꿈을 무시하고 비웃고 짓밟는 사람들과 매일 얼굴을 맞대고 함께 일하지 않아도 됐다는 의미다. 나는 또 이 두 책의 인세 일부를 기부해 해외 빈민촌에 학교, 유치원, 병원, 교회를 세울 수 있었다. 천문학적인 기부를 하겠다는 목표를 아직 이루지는 못했지만, 그 첫걸음은 뗐다고 생각한다. 나는 인문학을 통해 생각의 질량을 늘림으로써 두뇌 속 시간을 느리게 흐르도록 만드는 데 성공했고, 스물여덟 살에 선언한 일곱 가지 목표를 대부분 이룰 수 있었다.

여기까지 쓰고 나니, 살짝 두렵다. 결국 자랑을 하려고 네 이야기를 그토록 많이 한 거냐는 소리를 듣게 될까 봐. 내 본심은 그게 아니다. 다른 누가 아닌 내 삶을 통해 증명하고 싶다. 사람의 운명을 바꾸는 '생각'의 힘, 즉 인문학의 힘에 대해서 말이다. 앞에서도 말했지만 한때 나는 생각이라고는 할 줄 모르는 바보였다. 나는 아무 생각 없이 대학에 들어갔고, 아무 생각 없이 20대 초중반을 보냈고, 아무 생각 없이 빚보증을 섰고, 아무 생각 없이 직장에 들어갔다. 그리고 파멸했다. 하지만 다행스럽게도 20대 후반에 인문학을 제대로 만났고, 생각이라는 걸 하기 시작했다. 이때부터 마치 우주로 향하는 로켓처럼 비상하기 시작했고, 지옥 같은 현실의 궤도를 벗어나 꿈의 궤도에 진입할 수 있었다. 나 같은 바보 멍청이도 이렇게 변했다. 당신은 어떨까?

나는 감히 확언하고 싶다. 당신은 나와는 비교도 안 될 정도로 눈부시게 변화할 수 있다고. 그것을 믿기에 이토록 길게 내 이야기를 한 것이다. 그러니 혹시라도 자랑처럼 들리는 소리가 있었더라도 너그러이 봐주기 바란다.

앞에서 이렇게 말했다. 인간은 하루에 약 6만 번의 생각을 한다고. 그리고 이 중 95퍼센트는 어제와 똑같은 무의미한 공상이라고. 만일 당신 삶이 문제투성이라면 원인은 간단하다. 당신이 어제와 똑같은 생각을 매일 6만 번씩 되풀이하기 때문이다. 마치 고장 난 시계처럼 과거에 정지해 있기 때문이다.

하지만 세상은 어떤가? 지금 이 순간에도 미래를 향해 미친 속도로 내달리고 있다. 이러니 당신과 세상 사이에 부조화가 생길 수밖에 없다. 당신이 세상에서 '답답함' '힘듦' '괴로움' '막막함' 등을 느낄 수밖에 없는 이유다. 이제 이 부조화를 깨뜨려야 한다. 당신이 세상에서 느끼는 감정이 '즐거움' '신남' '기쁨' '짜릿함' 등이 되어야 한다. 다른 누가 아닌 바로 당신이 세상의 주인공이 되어야 한다.

생각을 뜻하는 한자어 '思사'는 '囟정수리 신'과 '心마음 심'이 합해진 것이다. 즉 생각은 머리와 마음으로 하는 것이다. 만일 당신이 지금부터 매일 6만 번씩 레오나르도 다빈치나 아인슈타인처럼 생각한다면, 온 머리와 온 마음을 다해 매일 6만 번씩 소크라테스처럼, 공자처럼, 플라톤처럼, 세종처럼, 율곡처럼, 퇴계처럼, 다산처럼 생각한다면 당신 삶은 어떻게 바뀔까?

세상에는
세 부류의 사람이 있다

이야기를 시작하기 전에 다음의 두 역사적 사실을 말하고 싶다.

1. 기원전 420년경 그리스에서 데모크리토스가 원자론을 완성했다.[2]

2. 1803년, 영국에서 돌턴이 데모크리토스의 고대 원자론에 깊은 영향을 받아 근대적 의미의 원자설을 발표했다.[3]

이 두 사람에게는 공통점이 있다. 두 사람은 철학자다. 어떤 사람은 고개를 갸웃거리며 이렇게 말할지도 모르겠다. "데모크리토스라면 몰라도 화학 교과서에 나오는 돌턴이 철학자라고? 그런 소리는 처음 들어보는걸." 물론 돌턴은 화학자다. 하지만 한편으로 그는 맨체스터 대학과 뉴칼리지 대학에서 철학을 강의했고,[4] 자신이 회장직을 맡은[5] 맨체스터 문학철학협회에서 116편에 이르는 과학철학 논문과 문학작품을 발표한 철학자이자 문인이다. 그는 또 당대 최고의 문법 교과서를 집필한 문법학자이기도 하다.

데모크리토스의 원자론은 조물주 대신 원자, 즉 물질을 만물의 원리로 믿는다. 그의 원자론은 인류 최초의 유물론으로 발전했고, 에피쿠로스에게 전수됐다. 그리고 두 철학자의 유물론은 마르크스의 박사 학위 논문의 주제가 됐다.[6] 마르크스는 스물세 살이던 1841년에 박사가 됐고, 서른 살이던 1848년에 엥겔스와 함께《공산당 선언》을 발표했다. 얼마 뒤 레닌이 나타났고, 스탈린과 마오쩌둥과 김일성이 나타났다. 한편으로 돌턴의 원자설은 서구의 근대 과학기술과 군사기술이 눈부시게 성장하는 밑거름이 됐고, 이는 그대로 일본에 전해졌다.

여전히 통용되는 《사기》 속 사물의 이치

만일 고조선에 데모크리토스를 뛰어넘는 철학자가 있었다면, 조선에 돌턴을 뛰어넘는 철학자와 화학자가 있었다면, 역사는 어떻게 바뀌었을까?

약 2100년 전 사마천은《사기史記》〈화식열전貨殖列傳〉에서 이렇게 말했다.

사람은 자기보다 재산이 열 배 많은 자를 만나면 욕을 하고, 백 배 많은 자를 만나면 두려워하고, 천 배 많은 자를 만나면 고용당하고, 만 배 많은 자를 만나면 노예가 된다. 그게 사물의 이치다.

사마천이 《사기》를 완성했을 무렵 우리나라는 고조선시대였고,[7] 로마는 제2차 노예전쟁 중이었다. 어처구니없지 않은가? 그때나 지금이나 사마천이 《사기》에서 말한 '사물의 이치'가 그대로 통용되고 있으니 말이다. 이래서 '생각하는 인문학'이 필요한 것이다. 우리가 본질적으로 고대 시대와 크게 다를 바 없는 삶을 살고 있다는 사실을 깨닫고, 이를 바꾸려면 어떻게 해야 하는가를 사색하고 토론하고 실천하는 인문학 말이다.

하지만 현실은 안타깝기만 하다. 그럼 어떻게 해야 할까? 지금 이 글을 읽고 있는 당신이 변화하면 된다. 군자君子가 되라는 의미가 아니다. 물론 유학에서 말하는 가장 이상적인 인간인 군자가 되면 좋을 것이다. 그러나 유학이 동아시아를 지배한 지난 2500년 동안 군자가 몇이나 나왔는가. 좀더 현실적인 이야기를 하고 싶다. 앞에서도 말했지만 나는 한때 우리 사회의 밑바닥에 있었다. 당시 나는 취직시험에서 연거푸 쓴잔을 마시고 실의에 빠진 나머지, 술과 게임으로 나날을 보내던 사람들에게조차 위안거리였다. 그들은 내 뒤에서 이렇게 수군거리곤 했다.

"그래도 우리는 저 인간처럼 무지막지한 빚을 지고 있지는 않으니까."

하지만 지금 그들은 이렇게 말한다.

"당신이 무명이던 시절, 얼마든지 당신 곁에 있을 수 있었는데도 그렇게 하지 못한 걸 뼈아프게 후회한다. 만일 그때 내가 당신과 함께 인문학을 했다면 지금 나는 어떻게 변해 있을까? 어쨌든 이제라도 인문학을 만나게 된 걸 행운으로 생각한다."

좀 작가답지 않은 말을 하겠다. 그들은 나의 세속적인 성공에 영향을 받아 새로운 삶을 시작했다. 세상에는 세 부류의 사람이 있다. 스스로 깨달아 새로운 삶을 사는 사람, 읽고 듣고 배워서 새로운 삶을 사는 사람, 누군가의 성공에 자극받아 새로운 삶을 사는 사람. 안타깝게도 세 번째 부류가 무척 많다. 그런데 나는 여기서 희망을 본다. 이는 곧 내가 성장하고 성공하는 만큼 사람들을 변화의 길로 이끌 수 있다는 의미이기 때문이다. 여기까지 쓰고 나니 문득 비트겐슈타인이 떠오른다. 언젠가는 세상을 변화시키고 싶다고 말하는 사람들에게 그는 이렇게 조언했다고 한다.

"당신이 세상을 변화시키기 위해서 할 수 있는 유일한 일은 당신 자신을 변화시키는 것이다."

노벨상 수상자들과
인문학 거인들의 공통점

많은 사람이 인문학을 두려워한다. '지금도 참 많이 가난한데 인문학에 빠져서 소크라테스처럼 공자처럼 살다 보면 더 가난해지지 않을까' 하는 생각에. 최근 이런 일이 있었다. 지인 중 한 명이《리딩으로 리드하라》를 읽은 뒤 생애 최초로 서점에 가《논어》와《소크라테스의 변명》을 사 읽었다. 그러고는 변화를 경험했다. 그 뒤로 몇 달간 그는 인문고전에 파묻혔다. 그리고 인문학 강의를 들으러 다니기 시작했다. 하지만 오래지 않아 그는 인문학과 결별하는 것을 심각하게 고민하게 됐다. 이유인즉슨 여러 인문학 강사가 "인문학은 인간답게 살기 위한 학문이다. 인간을 가장 인간답게 만들지 못하는 것은 돈이다. 때문에 우리는 돈을 멀리해야 한다"는 말을 했기 때문이다. 그는 다짜고짜 나를 찾아와서 이렇게 하소연했다.

"작가님, 저 인문학 못 할 것 같아요. 제가 결혼을 일찍 해서 벌써

애가 둘이잖아요. 혼자 벌어서 생활비에 교육비 쓰고 대출 이자 등
등을 지출하면 한 달에 10만 원도 안 남아요. 그래서 늘 막막하고 불
안해요. 하지만 전 이런 상황 속에서도 인간답게 살고 싶어요. 현실
에 지고 싶지 않아요. 새로운 미래를 만들고 싶어요. 전 작가님 책
을 읽고 인문학이 답이라고 생각했어요. 그래서 인문학을 시작했죠.
그런데 인문학 강의를 듣고는 인문학은 답이 아니라는 생각을 하게
됐어요. 솔직히 전 이해를 못 하겠어요.

재벌이라면 몰라도 평범한 사람들이 인간답게 산다며 경제활동
을 등한시한다면 어떻게 될까요? 제 경우 당장 은행에서 아파트 전
세금과 중고 자동차에 압류가 들어오겠지요. 그리고 저와 제 가족
은 길거리로 나앉겠지요. 이게 과연 그들이 부르짖는 인문학적이고
인간적인 삶인가요? 전 전혀 아닌 것 같은데. 그들은 도서관이나 서
점에서 초청받을 정도로 이 사회에서 자리를 잡은 사람들이니 돈
을 멀리해도 삶에 별 타격이 없겠지요. 전 또 속은 기분이에요. 이번
에는 인문학이라는 힘을 가진 자들에게 속은 거죠. 저 같은 서민이
늘 그렇죠. 여기서 털리고 저기서 뺏기고. 뭐, 괜찮아요. 저는 최근
에 돈과 술밖에 모르는 우리 회사 사장을 좋게 보게 됐어요. 그 사람
은 인문학의 '인' 자도 모르지만 그래도 제 생계는 책임져주니까요.
덕분에 저와 제 가족은 이 무서운 사회에서 그나마 인간적으로 살
수 있는 거고요. 물론 답답해서 하는 소리예요.

아무튼 저와 제 가족의 인간적인 삶을 위해서 인문학을 멀리해야 할 것 같아요. 앞으로 돈을 더 많이 벌어야 하거든요. 그래야 저와 제 가족이 지금보다 더 인간적으로 살 수 있으니까요. 인문학자나 지식인 들은 이런 선택을 비난하겠지요. 우리 사회의 구성원들이 저처럼 인문학 대신 돈벌이에 열중하는 삶을 선택하니까 비인간적인 세상이 된 것 아니냐며 말이지요. 그럼 자기들부터 그렇게 살아보던가요. 인문학 저자니 강사니 하는 타이틀 다 내려놓고 소크라테스처럼 돈 한 푼 벌지 않고 오직 진리만 추구하던가요. 왜 자신들은 그렇게 살지 못하면서 저같이 힘없는 서민들에게 그렇게 살라고 하는 걸까요? 그거야말로 비인문학적이고 비인간적인 것 아닐까요? 인문학을 하는 사람들이 돈을 멀리해서 가난해지면 인문학을 하지 않는 사람들은 그만큼 더 부자가 될 테고, 본래 사회는 돈 많은 자들이 이끌고 가는 거니까, 우리 사회는 그만큼 더 물질적이고 불행한 사회가 되지 않을까요? 인문학을 업으로 삼은 사람들은 과연 생계에 대해 얼마만큼 진지하게 고민하고 있을까요? 그리고 얼마나 실질적인 대책을 준비하고 있을까요?

그런데 말이죠. 제가 보기엔 그들은 소크라테스처럼 사는 것에는 전혀 관심이 없고, 소크라테스에 관해서 책을 쓰고 그의 철학을 강의하는 데만 관심이 있는 것 같아요. 물론 제가 그들 마음속에 들어가 본 적은 없기 때문에 확언할 수는 없지만 제 느낌이 그랬다는 거예요. 아무튼 지금 제 상황이 이렇다 보니 앞으로 인문학을 하고 싶은 마음이 싹 사라졌어요. 하지만 아직 제 마음 한편에는 인문학을 붙들고 싶은 마음이 남아 있어요. '인문학이 답이구나!'라는 깨달음을 얻었을 때 머릿속에서 불이 환하게 켜지는 것 같았거든요. 그리고 《논어》와 《소크라테스의 변명》을 비롯해서 인문고전을 읽을 때면 물론 내용이 어려워서 머리가 꽤 아프긴 했지만 마음은 참 기뻤거든요. 새로운 인생을 시작하게 된 것 같아서 말이죠. 아무튼 전 삶의 중대한 갈림길에 서 있는 것 같아요. 그런데 어떤 선택을 해야 할지 잘 모르겠어요. 그래서 이렇게 염치 불고하고 찾아온 거예요. 저는 어떻게 해야 할까요?"

나는 이렇게 대답해줬다.

"저는 기본적으로 인문학 저자들이나 강사들의 말이 옳다고 생각합니다. 돈을 멀리하고 사람을 가까이할수록 우리 사회는 더욱더 행복한 곳이 될 테니까요. 한편으로 저는 당신의 말도 옳다고 생각합니다. 어느 시대, 어느 사회나 돈이 없으면 인간답게 살기 어려우니까요. 저는 당신은 나무의 관점에서, 인문학 저자들이나 강사들은 숲의 관점에서 돈과 사회를 바라봤다고 생각합니다. 때문에 양쪽의 의견은 본질적으로 하나라고 생각합니다. 나무와 숲이 본질적으로 하나이듯이 말입니다.

저는 앞으로 당신이 공자나 소크라테스처럼 살았으면 좋겠습니다. 평천하平天下를 위해 열국을 주유하거나 진리를 위해 독배를 들라는 의미가 아닙니다. 동서양 인문학의 시작이자 끝인 두 사람의 돈을 바라보는 관점을 배우라는 의미입니다. 많은 사람이 공자나 소크라테스가 산속에 은거하며 극빈층에 가까운 생활을 했을 거라고 생각합니다. 아니, 그렇지 않습니다. 공자는 취푸曲阜에서 살았고,[8] 소크라테스는 아테네에서 살았는데 고대에 이 두 도시는 오늘날의 뉴욕이나 파리 같은 매우 번화한 곳이었습니다. 그리고 공자의 집은 평민과 비교할 때 최소 여섯 배 이상 컸고, 위나라에서 학생들을 가르칠 때는 연봉으로 한 사람이 약 280년 동안 먹을 수 있는 곡식을 받았습니다.[9] 또한 공자의 뒤를 잇는 유학의 대가 맹자는 제나라에서 관직에 있을 때 한 사람이 대략 4만 6480년 동안 먹을 수 있는 곡식을 연봉으로 받았고, 7500명의 병사와 100필의 말을 70일 동안 먹일 수 있는 양의 황금을 소유했습니다.[10]

소크라테스는 공자나 맹자처럼 많은 부를 소유했다는 기록은 없습니다. 대신 매우 가난했다는 기록이 있지요. 그런데 소크라테스의 가난은 오늘날 우리가 이해하고 있는 가난과는 성격이 좀 다릅니다. 당시 아테네 인구의 절반 가까이가 노예였는데, 소크라테스는 자유민이었습니다. 즉 소크라테스는 기본적으로 중류 계급에 속했습니다. 또 소크라테스의 제자들은 대부분 아테네 귀족 가문 출신이었기에 소크라테스가 접했던 문화는 주로 귀족문화였습니다.

물론 그렇다고 공자, 맹자, 소크라테스가 물질적인 삶을 산 것은 아닙니다. 이 세 사람은 온 마음을 다해 정신적인 가치를 추구했습니다. 하지만 또 그렇다고 무턱대고 물질을 배격한 것도 아닙니다. 만일 그랬다면 공자와 맹자는 관리로 일할 때나 학교를 운영할 때 돈을 일절 받지 않았을 것이고, 소크라테스는 상류층 자제들과 절대 어울리지 않았을 것이기 때문입니다. 그렇다면 세 사람은 물질을 어떻게 바라봤을까요? 초월적인 태도였다고 생각합니다. 쉽게 말해서 공자나 맹자가 서민보다 더 적은 재산을 소유했든 고대 중국 최고의 재벌이었든, 소크라테스가 아테네에서 노예로 살았든 최고 부자로 살았든, 이에 상관없이 세 사람은 오늘날 우리가 알고 있는 공자, 맹자, 소크라테스가 됐을 거라는 의미입니다.

우리나라 인문학의 양대 산맥인 율곡과 퇴계의 삶은 이를 좀더 직접적으로 이해하게 해줍니다. 율곡은 평생 가난하게 살았습니다. 세상을 떠날 때는 장례를 치를 돈조차 남기지 않았습니다. 그래서 율곡의 가족은 수의조차 빌려서 입혀야 했습니다. 반면 퇴계는 오늘날로 치면 100대 재벌 정도 되는 부자였습니다. 이는 장남에게 남긴 유산만 봐도 알 수 있습니다. 퇴계는 장남에게 367명의 노비와 3100여 마지기의 전답, 다시 말해 약 34만 평의 논과 밭을 물려줬습니다.[11] 한마디로 조선 양반 사회에서 율곡은 경제적으로 최하층이었고, 퇴계는 최상층이었습니다. 하지만 그 재산의 양은 두 사람의 내면세계에 어떤 영향도 미치지 못했고, 그들은 조선 인문학의 가장 빛나는 두 별이 될 수 있었습니다.

결론적으로 이렇게 이야기하고 싶습니다. 돈의 소중함은 세상이 가르쳐줍니다. 인문학의 소중함은 인문학을 하는 사람들이 가르쳐 줍니다. 하지만 돈을 초월해서 사는 삶의 태도는 그 누구도 가르쳐 줄 수 없습니다. 이는 지식의 영역이 아닌 지혜의 영역에 속한 것 이기 때문입니다. 돈과 인문학의 간격 때문에 고민하고 방황할 시간에 소크라테스, 공자, 맹자, 율곡, 퇴계 같은 인문학 그 자체인 학자 들의 정신과 삶에 대해서 깊이 연구해보면 어떨까요? 그리고 그 들의 정신과 삶을 내 것으로 만들기 위해 치열하게 노력해보면 어 떨까요? 그들의 말과 글이 아니라 정신과 삶을 말입니다. 여기까지 말하고 나니 갑자기 부끄러워집니다. 저 자신도 그렇게 살고 있지 못하면서 그렇게 살라고 말하고 있으니 말입니다. 아무튼 달을 가리 키는 손가락에 불과한 저의 조언은 이쯤에서 잊어주시고 인문고전 을 통해 직접 달을 만나시기 바랍니다."

여기까지 말하고 자리에서 일어나려고 했다. 산책 시간이 다 됐기 때문이다. 하지만 그의 간절한 눈빛이 나를 붙잡았다. 그래서 우리는 대화를 계속하게 됐다. 다음은 그 내용을 정리한 것이다.[12]《리딩으로 리드하라》를 읽고 인문학에 입문한 사람들이 한 번쯤은 진지하게 마 주하게 되는 주제들을 다루고 있어서 함께 나누고자 한다.

인문학 거인들에게 배우는 업무 천재 되는 법

"추천해주신 《논어》와 《국가》를 읽었는데 온통 영혼, 국가, 정치, 법률, 정의, 지혜 같은 거창한 주제들을 다루고 있더군요. 물론 고전들이 위대한 주제를 다뤄야 한다는 것에는 동의해요. 그런데 저는 평범한 샐러리맨에 불과하잖아요. 지금 제게 직접적으로 필요한 것은 일을 잘하는 능력이라고 생각해요. 제가 앞으로 계속 고전만 읽다 보면 현실 감각이 떨어져서 업무를 제대로 못 하게 되지나 않을까 하는 불안감이 있어요. 어떻게 이 불안감을 해소하고 마음 편하게 인문학을 할 수 있을까요?"

"먼저 이것을 묻고 싶습니다. 당신은 일을 잘하는 사람입니까, 아니면 그 반대의 사람입니까? 솔직하게 대답해주시기 바랍니다."

"솔직히 말씀드리면 저는 일을 잘하지 못하는 편이에요."

"아인슈타인이 이런 말을 했습니다. '문제를 만들어낸 시스템으로는 문제를 해결할 수 없다.' 지금 당신에게는 하나의 문제가 있습니다. 그것은 업무를 잘 해내지 못한다는 것입니다. 이 문제를 해결하려면 어떻게 해야 할까요? 과거처럼 인문학과 상관없는 삶을 살아야 할까요? 아니면 그 반대일까요?"

"음, 방금 하신 말씀은 제게 새로운 시스템인 인문학을 받아들이라는 의미인 거죠? 그래야 제 업무 능력이 새롭게 향상된다는 거죠?"

"네, 맞습니다. 당신이 말한 대로 인문학은 거대한 주제를 다룹니다. 특히 국가경영을 즐겨 다루죠. 또 묻고 싶습니다. 대학교 수학에 정통한 사람에게 중학교 수학 문제는 어려울까요, 쉬울까요?"

"당연히 쉬울 거라고 생각해요."

"만일 대학 수학을 국가경영에 비유한다면 중학 수학은 회사경영 정도에 비유할 수 있을 것입니다. 그리고 직장인들이 회사에서 맡은 업무는 초등 수학에 비유할 수 있겠죠. 인간은 본래 천재로 태어난다고 합니다. 하지만 평생 자기 뇌의 5퍼센트도 쓰지 못한다고 합니다.[13] 인류의 역사를 새롭게 쓴 천재들이 남긴 자취를 따라가다 보면 공통된 고백과 만나게 됩니다. 바로 인문학이 뇌를 바꿨다는 고백입니다. 그들은 보통 그 순간을 '문리文理가 트였다'라든가 '사물의 이치를 깨달았다'고 표현하는데, 놀라운 사실은 그 순간을 기점으로 아마도 뇌가 각성하면서 그런 능력이 생겨나는 것 같은데 그들의 학습 능력과 업무 능력이 폭발적으로 향상된다는 점입니다."

"아, 제 가슴을 두근거리게 하는 말씀이네요. 그런데 구체적인 사례를 들어주시면 안 될까요?"

"《삼국지》 이야기를 하고 싶습니다. 조조, 손권, 유비는 우리나라 기업으로 치면 삼성, 현대, LG의 창업자라고 할 수 있습니다. 그리고 제갈공명은 유비가 삼고초려를 했을 때 전쟁 한번 치러본 적 없는 스물일곱 살의 인문학도일 뿐이었으니 이제 갓 입사한 신입사원이라고 할 수 있겠네요. 그런데 조조, 손권, 유비가 어떻게 됩니까? 스물일곱 살 제갈공명의 손아귀에서 놀게 되죠. 제갈공명은 세상에 나오기 전에 10년 가까이 산속에 은거하면서 목숨 걸고 인문고전을 읽었습니다. 그리고 뇌의 거대한 변화를 경험합니다. 이는 제갈공명이 인문고전을 필사하자 그 속에 담긴 모든 이치에 통달하게 됐다[14]는 유비의 말이나, 사물의 본질과 의미를 깨닫는 것이야말로 참된 음찰陰察[15]이라고 한 제갈공명의 말을 통해서 알 수 있습니다.

이후 제갈공명은 조조, 손권, 유비 세 사람을 합친 것보다 더 뛰어난 두뇌 능력의 소유자가 됩니다. 그리고 중국의 역사를 새롭게 쓰죠. 제갈공명이 아마도 뇌의 10퍼센트 정도는 쓰지 않았을까 생각합니다. 그리고 우리나라 3대 기업의 창업자들은 뇌의 7~8퍼센트 정도를 썼을 거라고 추측합니다. 이쯤에서 이런 질문을 던져보고 싶습니다. 만일 뇌의 5퍼센트도 쓰지 못하는 평범한 직장인이 지금부터라도 인문학의 바다에 자신을 내던진다면 아무리 못해도 뇌를 1퍼센트 정도는 더 쓰지 않을까요? 감히 말하고 싶습니다. 만일 누군가가 뇌를 지금보다 1퍼센트만 더 쓸 수 있게 된다면 그 사람은 분명코 우리나라에서 상위 0.01퍼센트에 속하는 업무 능력을 갖게 될 것입니다."

"사실은요. 저도 《논어》와 《국가》를 읽는 동안 뇌가 조금 열리는 것 같은 느낌을 받았습니다. 그동안 회사라는 회색빛 우리 안에 갇혀 있었던 뇌가 끝없이 펼쳐진 초원을 만난 것 같았다고나 할까요. 그런데 저는 소심한 사람인지라 한편으론 그 느낌이 불편했어요. 잘 못하면 그 거대한 초원에서 길을 잃을 수도 있겠다는 두려움 때문 에요. 하지만 지금 작가님 말씀을 들으니 희미하게나마 길이 보이는 것 같아요. 그런데 궁금한 게 하나 있어요. 작가님은 한때 저처럼 평 범한 직장인이었지만 지금은 크게 달라지셨잖아요. 뇌의 사용량을 늘려서 그렇게 되셨나요? 사실 저도 꿈이 있어요. 그런데 이제껏 그 꿈을 외면해왔답니다. 부끄러운 고백입니다만, 직장생활을 하는 동 안은 꿈을 이루는 게 불가능하다고 생각했기 때문이죠. 하지만 오늘 대화를 나누다 보니 그 꿈이 제 가슴속에서 꿈틀거리는 걸 느껴요. 저도 치열하게 인문학을 하면 직장생활을 하면서도 꿈을 이룰 수 있을까요?"

"만일 제가 인문학으로 뇌의 사용량을 늘리지 못했다면 저는 절 대로 운명의 도약을 할 수 없었을 것입니다. 그런데 제가 인문학만 했다면 저는 절대로 운명을 바꿀 수 없었을 것입니다. 저는 '인문학 과 일의 결합'을 통해 꿈을 이룰 수 있었습니다."

자신의 지능을 무한히 확신한 제갈공명

"'인문학만 했다면'이라는 말의 의미를 잘 이해하기 힘들어요. 그리고 '인문학과 일의 결합'이란 도대체 무엇이죠? 자세하게 설명해 주시겠어요."

"만일 어떤 사람이 《논어》나 《국가》를 백 번씩 읽고 이 두 책에 대한 해설서 백 권을 읽고 또 이 두 책에 관한 강의를 백 시간씩 수강했다면, 그 결과 《논어》와 《국가》에 대해 샅샅이 알게 됐다면, 하지만 단지 그것뿐이었다면, 다시 말해 '인문학만 했다면' 어떻게 됐을까요?"

"《논어》나 《국가》의 전문가가 될 수는 있을지언정 직장생활을 하면서 꿈을 이룬다거나 자신의 운명을 바꾸는 능력을 갖기는 어려웠을 것 같아요."

"네, 맞습니다. 이런 표현이 적당할지 모르겠습니다만, 저는 인문학의 부분집합이 되고 싶지 않았습니다. 대신 인문학이 저의 부분집합이 되기를 원했습니다. '인문학을 위한 인문학'보다는 '나를 위한 인문학'을 하고 싶었다고나 할까요. 쉽게 말해서 저는 공자나 플라톤의 생각 시스템에 종속되어 살고 싶지 않았습니다. 대신 공자나 플라톤의 생각 시스템이 저를 위해 움직여주기를 원했습니다."

"외람되지만 그건 좀 위험한 발언인 것 같은데요. 그래도 공자, 플라톤인데…(웃음)."

"그런 말씀이 더 위험해 보입니다(웃음). 한번 생각해보면 어떨까요? 공자 같은 철학자들은 생각을 자유롭게 펼치기 위해 모든 것을 버렸습니다. 그런 사람들은 과연 누가 옳다고 생각할까요? 자신들이 남긴 말이나 책에서 벗어나지 못하는 사람들일까요, 아니면 이를 통해서 새로운 생각 시스템을 만들고 자신의 인생을 살아가는 사람들일까요?"

"그럼 저도 공자나 플라톤 같은 위대한 사람과 다른 생각을 해도 되는 건가요?"

"당연히 그래야죠. 인문학은 자기 스스로 생각하는 힘을 얻기 위해 하는 것이니까요."

"사실《논어》와《소크라테스의 변명》을 사놓고 며칠을 망설였다니까요. 나 같은 놈이 이런 대단한 책을 읽어도 되나, 하는 생각에 말이죠."

"방금 하신 말씀은 제가 늘 독자님들께 듣는 이야기입니다. 우리가 인문학에 너무 큰 부담을 갖는 것 같아 안타깝습니다. 사실 인문학은 매우 재미있는 것이거든요. 뇌과학자들이 밝혔듯이 인간은 대뇌의 신피질이 자극될 때, 그러니까 새로운 것을 배우거나 새로운 생각을 할 때 말로 표현하기 힘든 재미와 쾌감을 느낍니다. 새로운 지식과 지혜를 전달해주고, 인간으로 하여금 새로운 생각을 하게 해주는 것, 그것이 바로 인문학입니다. 그래서 인문학은 재미있을 수밖에 없습니다. 프랑스의 패션, 요리, 와인은 왜 세계 최고일까요? 그것들의 주 소비계층인 프랑스 사람들이 그만큼 감각적이고 쾌락

적이기 때문입니다. 그럼 프랑스 사람들은 왜 그토록 철학에 흠뻑 빠져 있을까요? 패션, 요리, 와인 이상으로 감각적이고 쾌락적인 게 철학이라는 사실을 잘 알고 있기 때문입니다. 우리나라 사람들도 철학이 주는 정신적 재미와 즐거움을 알았으면 좋겠습니다."

"제가 비록 철학에 대해서 아는 것은 거의 없지만, 말씀하신 재미와 즐거움이 무엇인지는 조금 알 것 같아요. 과거의 저는 '생각하는 삶', 그러니까 인문학적인 삶이란 세상에서 가장 따분하고 지루한 삶이라는 편견을 가지고 있었죠. 책 읽고 생각할 시간에 술 마시고 TV 보고 돈 벌 궁리하는 게 훨씬 재미있고 즐겁고 이득이라는, 비인문학적인 사고에 푹 빠져 있었으니까요. 하지만 인문학을 접하고 '생각'이라는 걸 하게 되니 과거의 제가 얼마나 어리석었는지 깨닫게 됐어요. 술을 마셔도 생각하면서 마셔야 하고 TV를 봐도 생각하면서 봐야 하고, 돈 벌 궁리를 해도 생각하면서 해야 해요. 그래야 술이 더 맛있고 TV가 더 재밌고 돈도 잘 벌 수 있는 것 같아요. 그런데 공자나 플라톤의 생각 시스템을 어떻게 활용하셨어요? 죄송해요. 한참 진지한 이야기 나누는 중에 이런 생활적인 것을 물어봐서요. 제가 처한 현실이 좀 막막하다 보니 대화의 주제가 결국 이쪽으로 오게 되네요."

"아닙니다. 그런 질문이 좋습니다. 저는 사람들의 생활과 영혼을 짓누르는, '돈'으로 상징되는 현실 문제에 깊은 관심을 가지고 있습니다. 그리고 그 현실 문제의 해법을 찾기 위해 늘 치열하게 독서하고 사색하고 있습니다. 혹시 포토그래픽 메모리 능력이 뭔지 아십니까?"

"무슨 사진 찍는 기술을 말씀하시는 건가요?"

"비슷합니다. 대표적으로 어떤 책을 한번 읽었을 때 그 내용을 전부 사진으로 찍어서 뇌에 저장하고, 필요할 때 단 1초 만에 불러낼 수 있는 능력을 말하니까요. 저는 샐러리맨 시절 이 능력에 관심이 많았습니다. 만일 제가 포토그래픽 메모리 능력을 갖춘다면 천재적인 업무 능력을 갖는 것은 시간문제일 테니까요."

"아, 진정 환상적인 능력입니다. 하지만 저처럼 평범한 사람은 감히 엄두도 내지 못할 능력이네요. 아마도 태어날 때부터 천재인 사람들이나 갖고 있는 능력일 테니까요. 그런데 대체 누가 그런 능력을 갖고 있는 건가요? 갑자기 궁금해지네요."

"당신이 매우 잘 아는 한 사람이 갖고 있습니다."

"네? 제가 잘 아는 사람이라고요? 도대체 누구를 말씀하시는 거죠?"

"한번 맞혀보세요(웃음)."

"음, 스티브 잡스?"

"하하, 그런 유명한 사람 말고요."

"아, 정말 모르겠는데요. 제가 아는 사람 중에 천재는 한 명도 없어서…"

"그 사람은 천재도 유명인도 아닙니다. 그 사람은 바로 당신입니다."

"네? 제가 포토그래픽 메모리 능력을 갖고 있다고요? 저처럼 건망증이 심한 사람이요? 말도 안 돼요."

"음, 이쯤에서 벼룩의 비유를 들려드려야겠군요. 혹시 벼룩이 자기 몸의 몇 배나 높이 뛸 수 있는지 아세요?"

"글쎄요? 대략 열 배 정도 아닐까요?"

"다 자란 벼룩은 자기 몸의 200배 높이까지 점프할 수 있답니다."

"우아, 그렇게나 높이요?"

"네. 그런데 이 벼룩을 아주 작은 유리병 속에 가둔 뒤 마개를 닫으면 어떻게 될까요?"

"미친 듯이 점프할 것 같아요."

"맞아요. 미친 듯이 점프하지요. 그럼 어느 정도 시간이 흐른 뒤에 유리병의 마개를 열면 어떻게 될까요?"

"자기 몸의 200배까지 높이 뛰는 생물이니 당연히 유리병 밖으로 점프해서 나가겠죠. 그러곤 자유를 찾겠죠."

"놀랍게도 벼룩은 딱 유리병 높이만큼만 점프한답니다. 사실은 유리병의 열 배 높이까지 점프할 수 있는데도 말이죠. 처음에는 인간이 유리병 마개를 닫아놓아 능력을 제한당하지만 나중엔 스스로 능력을 제한하는 거죠. 포토그래픽 메모리 능력은 모든 인간이 다 가지고 있는 능력입니다. 하지만 대부분의 사람은 자신에게 그런 능력이 있는지조차 모르죠. 누군가가 당신에게 그런 능력이 있다고 말해줘도 극구 부정하지요. 마치 마개가 열려 있는데도 딱 유리병의 높이까지만 점프하는 벼룩처럼요.”

“아, 저는 벼룩처럼 살면 안 되겠군요. 작가님, 제가 포토그래픽 메모리 능력을 가지려면 어떻게 해야 할까요?”

“모든 인간은 포토그래픽 메모리 능력을 갖고 태어난다고 합니다. 하지만 99.9퍼센트는 자라면서 그 능력을 잃어버리죠. 어른이 되어서도 포토그래픽 메모리 능력을 가지고 있는 사람들, 그들은 자신이 무한한 지능을 가졌다고 확신하는 사람들입니다. 하지만 우리는 어떤가요? 아주 어렸을 때부터 집과 학교에서 ‘네가 뭘 알아? 시키는 대로 해!’ 같은 말을 듣고 자랐죠. 사회에 나와선 마치 생각이라곤 전혀 없는 존재, 그러니까 기계의 부품처럼 취급당하고요. 이렇다 보니 다들 무의식중에 자신을 ‘바보’로 인식하고 있죠. 사실은 천재와 지능은 비슷한데 말이죠.

이런 식의 부정적인 생각은 우리 뇌 안에 쌓이고 쌓여서 강력한 부정적 두뇌회로를 형성합니다. 그리고 이 부정적 두뇌회로가 포토그래픽 메모리 능력에 영향을 미칩니다. 우리 시대의 천재들, 대표적으로 노벨상 수상자들은 일반인은 비교도 안 될 포토그래픽 메모리 능력을 발휘합니다. 이들의 두뇌는 일반인과 달리 오작동을 거의 일으키지 않죠. 그 근본 원인은 이들의 믿음입니다. 천재들은 자신의 지능을 무한히 신뢰합니다. 스스로 두뇌가 천재적이라는 것을 전혀 의심하지 않죠. 하지만 일반인들은 그 반대로 믿고 있죠. 바로 이 잘못된 믿음이 두뇌에 오작동을 일으키고 포토그래픽 메모리 능력을 제한하는 겁니다. 포토그래픽 메모리 능력을 갖추려면 무엇보다 자신의 지능을 무한히 믿을 수 있어야 합니다. 그리고 치열하게 인문학을 해야 합니다. 인류 역사상 가장 위대한 두뇌 능력을 발휘한 천재들이 만든 세계가 바로 인문학의 세계이기 때문입니다. 포토그래픽 메모리 능력을 회복하고 인문학을 통해 두뇌를 단련하기 시작한다면 오래지 않아 최고의 업무 능력을 갖게 될 것입니다."

"제갈공명 이야기를 하실 때는 인문학만 하면 최고의 업무 능력을 갖게 된다고 말씀하셨던 것 같은데요."

"제갈공명은 자신의 지능을 무한히 확신했을까요? 아니면 자본주의 제도 아래서 가축처럼 살아가고 있는 우리같이 믿었을까요?"

"우리와 정반대로 믿었겠지요. 갑자기 우울해지는 것 같아요. 우리는 인문학은 물론이고 자신의 무한한 지능을 생각해볼 기회조차 가져보지 못하고 어른이 된 거잖아요. 정말 우리는 가축이나 노예처럼 길러진 것 같아요. 교육이라는 그럴싸한 이름 아래 말이죠."

"아직 희망이 있다고 생각합니다. 저도 한때는 마치 가축처럼 살았으니까요. 하지만 자신을 긍정적으로 바라보는 법을 가르쳐주는 자기계발서와 두뇌를 새롭게 만들어주는 인문고전 덕분에 제가 생각하는 자유를 얻을 수 있었습니다."

"제가 벌써 30대 후반인데, 늦은 건 아닐까요?"

"제가 포토그래픽 메모리 능력에 대해 알게 된 건 서른 살 무렵의 일입니다. 그리고 이 능력을 제 수준에서 회복하고 활용하기 시작한 건 30대 초반의 일입니다. 감히 말하고 싶습니다. 만일 제가 50대나 60대에 포토그래픽 메모리 능력에 대해 알게 됐다고 해도 30대 초반 때와 동일한 수준의 포토그래픽 메모리 능력을 갖게 됐을 것입니다. 뇌과학자들의 최신 연구 결과에 따르면 인간의 두뇌 능력은 죽을 때까지 발전한다고 합니다. 물론 두뇌 능력을 무한히 신뢰하고 두뇌를 발전시키기 위해 노력하는 사람에 한해서이겠지요. 때문에 인문학으로 두뇌를 단련하기 전에 지능을 무한히 믿는 연습이 필요한 것입니다. 그러면 포토그래픽 메모리 능력은 자연스럽게 회복이 되니까요. 물론 '나는 그런 거 필요 없다. 나는 인문학만 하겠다'고 생각하는 사람은 굳이 지능에 대해 자기계발적 믿음을 갖거나, 포토그래픽 메모리 능력을 회복하는 데 관심을 가질 필요가 없습니다. 이는 전적으로 인문학을 활용해서 미래를 바꾸고자 하는 사람들을 위한 것이니까요."

"두뇌의 능력을 무한히 신뢰하는 연습은 어떻게 할 수 있나요?"

"첫째, 두뇌 관련 서적을 많이 읽으세요. 이 책들의 저자는 대부분 저명한 뇌과학자입니다. 이들은 과학적이고 객관적인 자료들을 총동원해서 당신의 뇌가 얼마나 위대한 능력을 갖고 있는지를 알려줄 것입니다. 이들의 책을 많이 읽다 보면 당신 안의 잘못된 믿음은 자연스럽게 무너지고 그 자리에 새로운 믿음이 들어설 것입니다.

둘째, 자기계발 서적을 많이 읽으세요. 자기계발 서적은 당신의 두뇌 안에 긍정적인 사고회로를 만들어줍니다. 두뇌 관련 서적이 당신의 두뇌에 새로운 불을 붙여줄 불쏘시개라면, 자기계발 서적은 그 불 위로 부어지는 기름이라고 할 수 있습니다.

셋째, 두뇌 관련 다큐멘터리를 많이 시청하세요.

넷째, 두뇌 관련 강의나 자기계발 강의를 많이 들으세요.

다섯째, 스스로 칭찬의 말을 많이 해주세요. 대뇌의 80퍼센트는 말에 반응한다는 연구 결과가 있습니다. 당신의 두뇌는 칭찬받는 만큼 긍정회로를 만들게 됩니다.

여섯째, 타인에게 칭찬의 말을 많이 해주세요. 우리는 타인의 성장에도 깊은 관심을 가져야 합니다. 나만 아는 이기적인 뇌는 결국 불행해질 수밖에 없습니다. 반면 타인을 위하는 이타적인 뇌는 행복해집니다.

일곱째, 감사 일기를 쓰세요. 감사 주제가 거창할 필요는 없습니다. 오늘 아침에 잘 일어나게 해주셔서 감사하다는 식의 내용이면 충분합니다. 우리가 진정으로 감사해야 할 것은 결과물이 아니라 삶 자체여야 하니까요.

여덟째, 되도록 사랑의 마음으로 세상과 사람들을 바라보세요. 사랑과 행복과 감사로 가득 차 있는 두뇌가 결국 위대한 성장을 하기 마련입니다. 우리가 두뇌를 무한히 신뢰해야 하는 이유, 우리가 최고의 업무수행 능력을 가져야 하는 궁극적인 이유는 이 세상을 더욱더 아름답고 인간다운 곳으로 만들기 위해서, 즉 사랑을 실천하기 위해서입니다. 무한한 사랑이 우리 두뇌를 무한히 성장시킨다고 믿습니다."

정약용과 아인슈타인의 포토그래픽 메모리 능력

"직접 경험하신 포토그래픽 메모리 능력에 대해서 알려주세요."

"초등학교 교사 시절, 저는 주로 5, 6학년 담임을 맡았습니다. 요즘 아이들은 성장이 빠릅니다. 이 나이 때쯤이면 대부분 사춘기에 들어가지요. 우리 때 중학교 2, 3학년이 오늘날의 초등학교 5, 6학년이라고 생각하시면 됩니다. 아무튼 저는 사춘기 아이들 40여 명에게 매일 신문과 책을 읽혔고, 인문고전을 필사시켰습니다. 또 국어·영어·수학·과학·사회·음악·미술·체육 등을 가르쳤고, 우유와 밥을 먹였고, 청소 지도를 했고, 숙제 지도를 했고, 인성 지도를 했고,

상담 지도를 했습니다. 동시에 저는 교육 공무원의 업무를 수행해야 했습니다. 학교장의 지시를 이행하고, 교사회의에 참석하고, 교사회의에서 결정된 안건을 진행하고, 교육청에 보낼 공문을 작성하고, 수업지도안을 짜고, 운동장과 체육 창고를 관리하고, 보이스카우트 대원들과 야영을 하고, 미술이나 글짓기에 관심 있는 아이들을 인솔해서 대회에 참가하는 등의 일을 했지요. 보통 두세 가지 업무를 맡았지만 어떤 때는 문예부장, 음악부장, 미술부장, 체육부장에 도서관 관리까지 다섯 가지 업무를 맡았던 적도 있습니다. 게다가 처음에 근무한 학교는 대통령이 지대한 관심을 가졌던 인터넷 수업 시범학교여서 교사들이 거의 매일 야근을 해야 했습니다. 휴일에도 출근해야 했고요.

　사실 저는 교사가 되기 전까지만 해도 마치 동화 같은 낭만을 꿈꿨습니다. 아이들은 모두 보이지 않는 날개를 단 천사들이고, 저는 그 천사들에게 둘러싸여 행복한 얼굴로 풍금이나 연주하면 되는 줄로 알았던 것입니다. 하지만 참으로 순진한 착각이었습니다. 아이들은 교사의 말을 지독히도 안 들었고, 하루에도 수십 번씩 싸웠습니다. 늘 사건사고가 끊이지 않았죠. 학급업무와 행정업무는 왜 그리도 많던지. '제발 수업만 했으면 좋겠어!' 선배 교사들이 종일 입에 달고 다니는 이 하소연의 의미를 깨닫는 데는 그리 오랜 시간이 걸리지 않았습니다. 또 교장과 교감은 왜 그리도 교사들을 못

살게 괴롭히던지요. 물론 나중에는 선비 같은 교장, 교감 선생님을 만나기도 했지만 처음에 만났던 교장, 교감은 전혀 그렇지 않았습니다. 아무튼 당시에 저는 하루에 세 번 정도 파김치가 됐습니다. 하루 수업을 다 마치면 1차로 파김치 상태가 됐고, 아이들이 모두 집으로 돌아간 텅 빈 공간에서 그날 치 학급업무와 행정업무를 마치면 2차로 파김치 상태가 됐습니다. 그렇게 피곤에 절어 집에 돌아가 방에 누우면 갑자기 긴장이 풀리면서 거대한 피로가 덮쳐왔고, 그러면 완전히 파김치 상태가 됐지요.

당시 저는 학교에서 생존하기에 급급한 상태였습니다. 교사로서 미래라고는 전혀 보이지 않았죠. 평생 이렇게 피곤하게 살다가 정신병에 걸리든지, 암에 걸리든지, 돌연사할 것 같았습니다. 실제로 그때 우리 학교에는 사춘기 아이들이 주는 스트레스에 시달린 나머지 남모르게 정신과 치료를 받는 선생님도 있었고, 암에 걸려 휴직한 선생님도 있었습니다. 게다가 저는 20억 넘는 빚보증을 지고 있지 않았습니까. 당시 저는 하루에도 몇 번씩 하늘에서 버림받은 느낌을 받곤 했습니다. 그렇다고 꿈을 포기할 순 없었습니다. 그래서 목숨 걸고 자기계발 서적과 인문학 서적을 읽기 시작했지요. 저는 승리하고 싶었습니다. 아니, 승리해야 했습니다. 그런데 전쟁에서 이기려면 전략이 있어야 합니다. 무턱대고 돌격 앞으로! 하다가는 싸워보지도 못하고 바로 적탄에 맞아서 사망하고 말 테니까요."

"전에 쓰신《일독》에서 말씀하신 생존 독서를 시작하신 건가요?"

"네, 맞습니다. 저는 한번씩 이런 생각을 해보곤 합니다. 만일 나에게 그토록 절박했던 시절이 없었다면 과연 내가 인문학을 활용해 미래를 바꿀 시도를 했을까 하고 말입니다. 아마도 저는 주자朱子의 부분집합으로 살았던 조선시대 주자학자들처럼 살지 않았을까요? 입만 열면 플라톤과 칸트가 쏟아지지만 내 생각과 내 인생이라고는 없는, 인문학 천재들이 만들어놓은 세계에서 헤어나지 못하는, 이미 죽어서 사라진 철학자들의 정신적 노예로 사는 작가가 되지 않았을까요? 하지만 매서운 현실은 저로 하여금 인문학을 바로 보게 했습니다.

조선시대 인문학의 황금기 중 하나는 세종대왕이 통치하던 때입니다. 그렇다면 세종대왕이 인문학만 했을까요? 아닙니다. 그는 인권·법률·교육·국방·종교·건축·의학·음악·농업·상업·화폐·화약·무기·글자·인쇄술 등등 거의 모든 방면에 깊게 관심을 가졌고, 탁월한 성취를 이루었습니다. 쉽게 말해서 세종대왕은 인문학을 위대하게 활용했습니다. 조선의 뛰어난 인문학자 중 한 명인 다산 정약용도 마찬가지였습니다. 그도 인문학을 활용해서 정치·행정·교육·과학·공학·의학·음악·법률·지리·건축 등 다방면에서 천재적인 업적을 남겼습니다. 서양에서 인문학의 황금기는 르네상스 시대입니다. 이때의 대표적 인물인 레오나르도 다빈치 또한 인문학을 활용해 건축·미술·과학·공학·의학·지리 등 여러 방면에서 일반인은 감히 상상하기도 힘든 업적을 남겼습니다.

저는 이런 인문학 거인들의 삶을 접하고 정신을 차렸습니다. 당시만 해도 그저 책만 읽던 사람이었거든요. 하지만 그것은 잘못된 독서였습니다. 책은 현실을 변화시키기 위해서 읽는 것입니다. 인문학은 가정과 사회와 나라와 세계에 어떤 유익한 영향을 끼치고 성취를 이루기 위해서 하는 것입니다.

당시에 저는 인문학 거인들의 비밀과 노벨상 수상자들의 비밀을 알아내기 위해 혼신의 힘을 기울였는데, 이때 포토그래픽 메모리 능력을 알게 됐습니다. 그리고 세종대왕·다산 정약용·레오나르도 다빈치 같은 인문학 거인들은 인간의 두뇌 능력을 무한히 신뢰함으로써 포토그래픽 메모리 능력을 깨우고, 인문학을 통해 이 능력을 위대하게 활용했다는 것을 깨닫게 됐습니다. 이어서 두뇌 능력을 무한히 신뢰하는 방법에 대해 연구하기 시작했고, 앞에서 말씀드린 여덟 가지 방법을 정리하게 됐습니다. 그 뒤의 제 삶은 온통 황홀한 체험으로 가득 차게 됐습니다. 일단 교사업무와 학교업무를 쉽게 해낼 수 있었습니다. 전에는 제 능력으로는 평생이 걸려도 도무지 풀 수 없을 것만 같은 암호로만 여겨지던 수학 문제가 마치 더하기 빼기처럼 쉽게 느껴졌다고나 할까요. 저는 교사 경력 30년 차인 선생님들이 사흘이나 나흘 걸려서 해내는 업무들을 고작 두세 시간 만에 해낼 수 있게 됐습니다. 어떤 때는 경력 25년 차인 선생님이 일주일 동안 끙끙대던 일을 30분 만에 해결해드린 적도 있었습니다. 사정이 이렇다 보니 학교생활이 그토록 여유로울 수가 없었습니다. 전에는 마치 전쟁을 치르듯이 하루하루를 보냈고 방과 후엔 어김없이 파김치가 됐지만 이제는 꽃밭을 즐겁게 노니는 나비 같은 삶을 살게 됐다고나 할까요. 많은 사람이 궁금해합니다. 어떻게 직장생활을 하면서 하루에 책을 세 권씩 읽고 또 집필까지 할 수 있었느냐면서요. 다름 아닌 포토그래픽 메모리 능력 덕분입니다. 물론 제 포토그래픽 메모리 능력은 인문학 거인들에 비교하면 귀여운 수준에 불과합니다."

"포토그래픽 메모리 능력이 어떻게 발휘됐는지 구체적으로 알려주시면 감사하겠습니다."

"제가 포토그래픽 메모리 능력을 활용하기 전에는 아무리 열심히 책을 읽어도 잘해야 전체 내용의 40~50퍼센트를 기억했습니다. 그것도 바로 읽고 났을 때의 일입니다. 몇 시간만 지나도 이 수치는 20~30퍼센트대로 떨어졌고, 하룻밤 자고 나면 겨우 몇 줄 정도밖에 기억하지 못했으니까요. 하지만 포토그래픽 메모리 능력이 회복되자 며칠 아니 한두 달이 지나도 전체 내용의 90퍼센트 이상을 기억했습니다. 심지어는 어떤 내용이 몇 페이지 몇째 줄에 있다는 것까지 기억했죠. 이때 깨달았습니다. 제 뇌가 책을 통째로 스캔

하고 있다는 사실을요.”

“그때부터 뇌 속으로 어마어마한 정보가 들어오기 시작했겠군요.”

“네, 맞습니다. 전에는 책 한 권을 읽을 때마다 뇌 속으로 물 한 컵 분량의 지식이 쏟아졌다면 이때부터는 물탱크 수준의 지식이 쏟아지기 시작했으니까요. 그리고 그 어마어마한 양의 지식은 인문학과 만나 지혜가 됐습니다. 이때부터 새로운 생각과 행동을 하기 시작했고, 마침내 제 인생을 완전히 바꿀 수 있었습니다.”

“직장에서의 업무 능력은 어떻게 바뀌었나요?”

“많은 사람이 교사는 아이들을 가르치는 게 주 업무라고 생각합니다. 하지만 현실은 그렇지 않습니다. 우리나라 교사의 주 업무는 문서 작성 및 보고입니다. 일제강점기의 잔재가 아직도 남아 있는 탓이죠. 포토그래픽 메모리 능력이 깨어나기 전의 제 책상에는 늘 각종 서류가 어지럽게 굴러다녔습니다. 모두 상급기관에 보고할 문서 작성을 위한 자료였죠. 보통 한 장의 공문을 작성하기 위해서는 적게는 두세 배, 많게는 열 배 정도의 자료가 필요했습니다. 그리고 그 자료들을 머릿속에서 거의 완벽하게 녹여내야 했습니다. 하지만 당시 제 머릿속에선 그 자료들이 하나로 섞이지 못하고 제멋대로 굴러다녔습니다. 그러니까 어지럽기 짝이 없었던 제 책상은 두뇌 속 모습이 투영된 것이었습니다. 포토그래픽 메모리 능력을 조금 회복하게 되자 책상에 두 가지 변화가 일어났습니다. 첫째, 보기만 해도 골치 아픈 온갖 서류 뭉치가 깨끗하게 사라졌습니다. 둘째, 서류철이 쌓여 있던 자리에 한 송이 꽃과 한 잔의 차, 한 권의 책이 자리 잡았습니다. 단지 한 번 눈으로 보는 것만으로 모든 서류가 스캔돼 뇌 속에 저장되는 시스템이 형성됐기에 가능한 일이었습니다."

"대한민국의 모든 직장인이 꿈꾸는 직장생활을 하셨군요."

"저는 의견이 다릅니다. 과연 우리나라 직장인들이 낭만적이고 인간적인 직장생활을 꿈꿀까요? 만일 그렇다면 지극히 간절한 마음으로 자기계발과 인문학과 예술을 하지 않을까요? 두뇌와 심장과 영혼을 성장시키는 일에 온 마음을 쏟지 않을까요? 그리고 직장을 인문학적인 공간으로 만들기 위해 함께 마음을 모으지 않을까요? 하지만 현실은 어떻습니까? 업무 능력을 극대화하고 직장의 문화를 바꾸려는 치열한 노력 대신, 틈만 나면 커피니 담배니 하면서 회사 사람들 뒷말이나 TV 드라마, 연예인 이야기에 열을 올리지 않습니까. 그리고 퇴근 이후에는 회식이니 술자리니 하면서 시간을 보내다가 집에 가면 TV나 스마트폰을 붙들고서 영혼을 병들게 하지 않습니까. 일 중독자들은 또 어떻습니까. 본래 일이라는 것은 자기 자신과 가족을 위해서 하는 것인데, 그들은 일을 위해 자신과 가족을 희생하지 않습니까. 냉정하게 말해서 그들은 일종의 정신적인 문제를 앓고 있습니다. 이게 바로 우리나라 직장인의 현실입니다. 한번 생각해보세요. 이런 사람들이 모여서 일하는 공간, 그곳이 과연 정상적일 수 있을까요? 어쩌면 그곳은 현세의 작은 지옥은 아닐까요? 물론 이런 직장 시스템을 만든 자들은 돈에 영혼을 판 자본가들입니다. 그렇다고 우리까지 영혼을 팔 필요가 있을까요? 아, 제가 그만 흥분해버렸네요. 미안해요. 다시 본 주제로 돌아가죠."

"방금 하신 말씀, 마음 한편이 찔리는 기분이었지만 좋았습니다. 저도 인문학을 활용해서 나 자신을 변화시킬 생각만 했지, 회사의 문화를 변화시킨다는 생각은 해보지도 못했거든요. 그런데 말씀을 듣고 보니 다른 사람들은 그대로인데 나만 혼자 변한다면 그것도 바람직하지는 않을 것 같습니다. 많이 외로울 것 같습니다. 역시 '함께 가야 멀리 간다'라는 말이 진리인 것 같습니다. 그런데 인문학을 통해 자신과 세상을 변화시킨 사람들 중에 포토그래픽 메모리 능력을 활용해 빛의 속도로 업무를 해치운 사례가 있나요? 사실 지금껏 말씀하신 이야기들은 인문학이라기보다는 자기계발 같아서요. 물론 인문학도 나를 성장시키기 위해서 하는 것이니까 넓은 의미의 자기계발이겠지요. 그런데 지금 우리나라 분위기는 이 둘을 서로 대립시키고 있는 것 같아요."

"아인슈타인과 다산 정약용의 사례를 말씀드리고 싶습니다. 먼저 아인슈타인의 이야기를 해보겠습니다. 아인슈타인은 특허청 말단 공무원 시절, 하루 평균 여덟 시간을 직장에서 근무했습니다. 이 때 그는 늘 산더미 같은 특허 서류를 심사해야 했습니다. 그런데 아인슈타인은 동료들과 비교할 때 약 세 배 빠른 속도로 업무를 처리했다고 합니다. 그리고 남은 시간은 자신이 좋아하는 물리학 연구를 했다고 합니다.

다산이 관직에 있을 때의 일입니다. 이느 닐 정조대왕이 그에게 수레 한 대 분량의 문서를 맡겼습니다. 그 문서들은 과천, 광주, 안산, 용인, 시흥, 수원, 남양, 진위, 여덟 개 고을에서 7년 동안 보고한 식목植木 관련 문서인 식목부植木簿였습니다. 정조대왕은 다산에게 그 문서들을 정리해서 책 한 권 분량으로 줄이라는 지시를 내렸습니다. 정조대왕의 표현에 따르면 소가 땀을 뻘뻘 흘리면서 수레를 끌 정도로 어마어마한 분량의 식목부를 다산은 종이 한 장으로 정리해냈습니다.

알다시피 이 두 사람은 인문학의 최고 경지에 이른 사람들입니다. 그런데 이 두 사람은 인문학을 활용해서 포토그래픽 메모리 능력을 일깨우고 직장에서 최고의 업무 능력을 발휘하는 데 전혀 주저하지 않았습니다. 인문학은 인간을 위한 학문입니다. 인간은 직장생활을 하는 존재입니다. 만일 누군가가 인문학적 지식은 탁월하지만 업무 능력이 부족해 회사에서 인정받지 못한다면 과연 행복할까요? 물론 얼마든지 행복할 수 있습니다. 행복은 마음먹기에 달린 것이니까요.

하지만 그 사람과 같이 일하는 사람들도 행복할까요? 저는 아니라고 생각합니다. 그렇다면 과연 그 행복은 진정한 행복일까요? 인문학은 인간의 마음을 어루만져야 합니다. 이는 인문학의 본질입니다. 한편으로 인문학은 인간으로 하여금 탁월한 능력을 갖게 해야 합니다. 이는 인문학의 활용입니다. 우리는 이 두 가지를 동시에 추구해야 합니다. 한 가지만 추구하면 균형을 잃습니다. 삶이 비틀거립니다. 자기계발과 인문학의 관계 또한 마찬가지입니다. 우리는 이 둘의 균형을 추구해야 합니다. 어느 한쪽이 옳으니 그르니 하면서 쓸데없는 논쟁을 일삼는 것은 자기계발적이지도 않고 인문학적이지도 않습니다."

"아인슈타인과 다산 정약용도 인문학을 활용해서 포토그래픽 메모리 능력을 일깨웠군요. 그렇게 인문학을 일에 활용해서 최고의 능력을 발휘했군요. 이제야 '인문학과 일의 결합'이라는 말의 의미를 알 것 같아요. 그리고 '지식이 인문학을 만나 지혜가 된다'는 말의 의미도요."

"제가 지금껏 말씀드린 것들은 인문학과 일의 결합의 초급 수준에 불과합니다."

"네? 이게 초급 수준이라고요?"

"네, 그렇습니다. 인문학과 일의 결합의 중급 수준은 레오나르도 다빈치처럼 관심이 미치는 거의 모든 분야에서 천재적인 능력을 발휘하는 것이고, 고급 수준은 세종대왕처럼 하는 '일' 자체가 세상을 변화시키는, 그러니까 '평천하'가 되는 것이니까요. 저는 평천하야 말로 인문학이 추구하는 최고의 지혜라고 생각합니다."

어떻게 인문학을 통해 업무 능력을 혁명적으로 향상시킬 수 있는지에 대한 긴 대화가 오간 후, 우리의 대화 주제는 뒤에 나올 이야기로 흘러갔다.

위대한 부자들은 모두
사물의 이치를 깨달은 자들이다

다시 이야기를 이어가보자.

"진짜로 인문학을 일에 활용해도 되나요? 사실 저는 지금껏 해주신 이야기가 무척 마음에 들어요. 그런데 혹시 작가님 혼자만의 주장은 아닐까 싶어 불안해요. 죄송해요."

"솔직하게 말씀해주셔서 고마운걸요. 주희와 여조겸이 엮은 《근사록》은 성리학의 교과서라고 불리는 책입니다. 《근사록》에 보면 이런 말이 나옵니다. '먼저 자신에게 주어진 일을 잘 해내라. 그리고 힘이 남으면 인문학을 하라. 자신이 해야 할 일을 다 하지 않고 인문학을 한다면 그것은 옳지 않다.'[16] 사실 이런 식의 말은 여러 인문고전에서 어렵지 않게 찾아볼 수 있습니다. 아니, 굳이 인문고전을 들춰볼 필요도 없지요. 인문고전의 저자들은 인류 역사상 일을 최고로 잘 해낸 사람들이니까요. 저는 최근의 인문학 열풍을 조금 걱정스러운 눈으로 지켜보고 있습니다. 겉으로는 인간답게 살자는 구호를 내걸고 있지만 알고 보면 현실 도피인 경우가 적지 않기 때문입니다. 인간은 자신에게 주어진 일에 최선을 다할 때, 현실에 맞서 싸울 때 가장 인간답고 또 가장 아름답다고 말하고 싶습니다."

"제가 그 간단한 사실을 잠시 잊고 있었네요. 저도 회사 일을 대충 하면 그때는 편하고 좋지만 결국엔 제 자긍심과 자존심에 금이 가더라고요. 뭐랄까요. 인간으로서 실격당한 기분이 든다고나 할까요. 주어진 일을 최선을 다해서 해낼 때 비로소 한 인간으로 바로 서는 것 같아요. 자기 일도 제대로 못 하는 사람이 인문학을 제대로 할 수 있을 리 없을 테니까요."

"네, 맞습니다. '수신제가 치국평천하'지 '평천하치국 제가수신'이 아니니까요."

"그런데 작가님, 또 죄송합니다만 질문이 하나 더 있습니다."

"편하게 말씀해주세요(웃음)."

"진짜로 인문학을 하면서 돈을 많이 벌어도 되나요? 솔직히 말씀드려서 저는 부자가 되고 싶습니다. 어떤 사람들은 부자가 되면 불행해진다고 합니다만 저는 그 말에 동의하지 않습니다. 돈이 없어서 일가족이 자살했다는 뉴스는 많이 들어봤지만 돈이 많아서 일가족이 자살했다는 뉴스는 들어본 적 없으니까요."

"관포지교管鮑之交의 주인공 관중管仲은 공자가 '만일 관중이 천하를 바로잡지 못했더라면 우리는 오랑캐로 살았을 것이다'라고 칭송한 인물입니다.[17] 관중은 제갈공명과 다산 정약용의 정신적 스승이기도 했습니다.[18] 그는 《관자管子》라는 책을 세상에 남겼는데, 〈치국治國〉 편 첫머리에서 이렇게 선언합니다. '무릇 나라를 다스리는 길은 무엇보다 먼저 백성을 부자로 만들어주는 데 있다.'[19] 공자는 《논어》 〈자로〉 편에서 이렇게 말했습니다. '먼저 백성들을 부유하게 해준 뒤에 인문학을 하게 해야 한다.'[20] 사마천은 《사기》 〈화식열전〉에서 '왕과 귀족조차도 돈이 부족한 것을 걱정했는데 보통 사람은 어떻겠는가?'라고 하면서, 신의를 지키기 위해 목숨을 버리는 선비들도 사실은 큰 명성과 부귀를 얻으려고 그렇게 하는 것이며, 오랫동안 가난하고 천하게 살면서 입만 열면 인의仁義, 즉 인문학을 말하는 사람은 참으로 부끄러운 자라고 했습니다.

《관자》 《논어》 《사기》는 동양 인문학의 최고봉입니다. 그런데 하나같이 부富를 긍정하고 있습니다. 서양 인문학은 어떻습니까? 돈을 다루는 최고의 학문인 경제학을 탄생시켰습니다. 우리나라는요? 세계정세의 흐름과 국가의 미래와 백성의 고달픈 삶에 관심이 드물었던 주자학자들은 경제를 천시했지만 그 반대였던 실학자들은 경제를 긍정했습니다. 아무튼 제가 하고 싶은 말은 이겁니다. 인문학을 하면서 돈도 많이 벌고 싶다면 그렇게 하세요. 그리고 인문학을 활용해 부자가 되고 싶다면 그렇게 하세요. 이는 전적으로 자유로운 선택이지 어느 누구의 말을 듣고 결정할 일이 아닙니다."

"인문학을 어떻게 활용해야 부자가 될 수 있을까요?"

"사마천은 거대한 부를 쌓은 사람들에게 관심이 많았습니다. 그는 그들의 돈 버는 방법을 연구, 정리해서 《사기》〈화식열전〉에 담았습니다. 저는 어느 날 〈화식열전〉을 읽다가 충격적인 구절과 만나게 됐습니다. 그것은 '거부가 된 사람들은 모두 사물의 이치를 깨달은 자들이다'였습니다. 여기서 '거부가 된'을 '인류의 역사를 새롭게 쓴'으로 바꿔보세요."

"전혀 어색하지 않아요. 아니, 원래 두 문장이 하나였던 것처럼 자연스러워요."

"네, 맞습니다. 사마천에 따르면 고대 중국 최고의 부자들은 모두 인문학적 사고로 돈의 흐름을 바라보고 분석하고 예측하는 일에 정통했습니다. 쉽게 말해서 그들의 두뇌는 인문학 천재들의 그것과 같은 시스템을 갖추고 있었습니다. 그렇다면 현대의 세계적인 거부들도 똑같지 않을까? 저는 이런 생각을 하게 됐고, 오랜 조사와 연구 끝에, 무일푼으로 시작해 세계 최고의 부를 쌓은 워런 버핏, 조지 소로스, J. P. 모건 같은 사람들의 숨겨진 비결이 인문학임을 밝혀낼 수 있었습니다. 그리고 이들의 인문학 활용법을 정리해서 《리딩으로 리드하라》에 담을 수 있었습니다."

"오늘은 집에 가서 《사기》〈화식열전〉과 《리딩으로 리드하라》를 다시 읽어봐야겠네요. 저는 이 두 책을 연결해서 읽을 생각을 전혀 못 했거든요. 이제 길이 좀 보이는 것 같아요."

"〈월왕구천세가〉에 나오는 범려의 이야기와 〈중니제자열전〉에 나오는 자공의 이야기를 먼저 읽을 것을 권하고 싶습니다. 그 뒤에 〈화식열전〉을 읽고 이어서 《리딩으로 리드하라》 3장과 4장을 읽으시면 어떨까 싶습니다. 〈월왕구천세가〉는 《사기세가》를, 〈중니제자열전〉과 〈화식열전〉은 《사기열전》을 보시면 됩니다."

돈을 다루는 최고의 학문, 경제학을 공부하는 법

"아까 서양 인문학이 돈을 다루는 최고의 학문인 경제학을 탄생시켰다고 하셨잖아요. 제가 경제학을 공부하려면 어떻게 해야 할까요?"

"대표적인 경제학 고전들, 그러니까 애덤 스미스의 《국부론》 같은 책을 치열하게 읽고 사색하는 방법이 최고겠지요."

"《리딩으로 리드하라》에서 말씀하신 '깨달음'이 올 때까지요?"

"네."

"그런데 그건 경제학 고전의 저자들과 같은 반열에 오르고자 하는 사람이나 할 수 있는 일 아닌가요?"

"율곡 이이가 쓴 《격몽요결》 '입지立志' 장을 펼치면 첫머리에 이런 말이 나옵니다. '인문학을 하는 사람은 무엇보다 먼저 성인聖人이 되고야 말겠다는 꿈을 가져야 한다.[21] 이 꿈에서 조금이라도 물러서면 안 된다.' 율곡은 조선 최고의 군자입니다. 하지만 그도 처음부터 군자였던 것은 아닙니다. 젊었을 적엔 방황을 하기도 했으니까요. 하지만 인생의 어느 순간에 '성인군자가 되지 못한다면 차라리 죽어버리고 말겠다'는 식의 목숨을 건 가오를 했고, 그 각오를 치열하게 실천했기에 우리가 아는 율곡이 될 수 있었습니다. 되묻고 싶습니다. 왜 시작도 하기 전부터 스스로 선을 긋는 것인지요? 왜 도전도 해보지 않고 나는 다다를 수 없다고 생각하는 것인지요?"

"아! 제가 또 스스로 유리병에 갇힌 벼룩처럼 굴었나요? 딱 마개가 닫혀 있던 높이만큼만 뛰어오른 건가요?"

"아마도요."

"솔직히 말씀드리자면 제 안에 부담감이 좀 많은 것 같아요. 동서양의 대표적인 인문고전들을 읽고 사색하기에도 벅찬데 이젠 경제학 고전까지 섭렵해야 하니까요. 그런데 저 지금 가슴이 살짝 두근거려요.《리딩으로 리드하라》에서 말씀하셨잖아요. 지금 제가 살고 있는 한국 자본주의 시스템의 뿌리는 경제학 고전의 사상과 맞닿아 있다고요. 그 사람들을 무척 만나고 싶은가 봐요. 그들의 생각 시스템에 접속하고 싶은가 봐요. 그렇게 나 자신을 또 한 번 크게 성장시키고 싶은가 봐요. 제 마음이 이렇게 설레는 것을 보면요. 그런데 전

지금 경제학의 뿌리인 철학고전을 읽기에도 벅차니…. 그래서 말인데요. 어떻게 하면 초급 수준의 경제학 고전 지식이라도 얻을 수 있을까요? 철학고전의 경우 공자니 플라톤이니 하는 말이라도 들어봤지만 경제학 고전의 경우는 그조차도 없었거든요."

"좋습니다. 그럼 만화책부터 시작하시죠."

"만화책이요? 인문고전을 만화로 읽는 것을 매우 싫어하신다고 들었던 것 같은데…."

"사실 만화 인문고전은 좋은 것입니다. 다만 다음 이유들 때문에 잘 권하지 않을 뿐입니다. 첫째, 그림보다 더 중요한 것은 말풍선 속의 글자들입니다. 그런데 대부분의 사람은 글자보다는 그림 위주로 봅니다. 둘째, 만화를 서너 번은 반복해서 봐야 합니다. 그래야 말풍선 속에 담긴 지식이 온전히 내 것이 됩니다. 그러나 대부분의 사람들은 한 번 읽고 끝입니다. 셋째, 만화를 읽고는 인문고전을 읽었다고 착각하는 사람들이 아주 많습니다. 이를테면 만화《논어》를 읽고는 《논어》를 읽었다고 생각하는 거죠. 안타깝게도 만화는 만화일 뿐입니다. 넷째, 만화 인문고전은 만화 작가의 인문고전 해설서에 불과합니다. 즉 우리가 만화《논어》를 읽으면 우리 누뇌는 공자의 생각 시스템이 아닌 만화가의 생각 시스템과 만납니다. 대부분의 사람은 이 사실을 잘 모릅니다. 만일 이 네 가지 함정을 잘 알고 있고 또 잘 피할 수 있다면 만화 인문고전 독서는 권장할 만합니다."

"경제학 고전 관련 만화책을 추천하신다면요?"

"《세상에서 제일 쉬운 만화 경제학》《만화로 보는 경제학의 거의 모든 것》이요."

"이 두 권을 읽은 뒤엔 어떻게 해야 할까요?"

"《세계사를 지배한 경제학자 이야기》《지성의 흐름으로 본 경제학의 역사》《죽은 경제학자의 살아 있는 아이디어》를 읽으세요."

"그다음은요?"

"애덤 스미스의 《국부론》부터 시작해서 밀턴 프리드먼의 《자본주의와 자유》까지, 그러니까 날것 그대로의 경제학 고전을 시대순으로 읽으시면 됩니다."

"앞에서 이야기하신 세 권은 경제학 고전 해설서죠?"

"네, 맞습니다."

"해설서엔 비판적이신 걸로 알고 있는데요."

"《리딩으로 리드하라》에서 해설서를 즐겨 읽는다고 고백했는걸요(웃음). 저는 해설서를 존중하고 좋아합니다. 다만 해설서의 관점에서 인문고전을 이해하는 것을 경계할 뿐입니다. 여기에 대해서는 비판적이라고 보셔도 무방합니다."

"그럼 작가님도 '만화→해설서→고전' 순으로 읽으시나요?"

"저는 그 반대로 읽습니다. 제가 고대 서양 철학고전을 치열하게 읽을 때의 일입니다. 당연히 《플라톤의 대화편》에 목숨을 걸고 있었죠. 그러던 어느 날 플라톤이 소크라테스 이전 철학자들에게 큰 영향을 받았다는 사실을 알게 됐습니다. 자리를 박차고 서점으로 달려갔습니다. 그러고는 《소크라테스 이전 철학자들의 단편 선집》을 샀죠. 이때의 심정을 뭐라고 표현할 수 있을까요? 나만이 아는 비밀 장소에서 주먹만 한 황금을 주운 기분? 아무튼 저는 이 책을 집필실 책상 바로 옆 책꽂이에 꽂아두었습니다. 제 시선이 하루에도 수십 번씩 머무르는 특별한 자리에 꽂아두었죠. 그러고는 기다렸습니다."

"뭘 기다리셨나요?"

"책이 다정한 목소리로 제게 말을 거는 순간을요."

"책이 말을 걸기도 하나요?"

"그럼요."

"도대체 어떻게 해야… 그런 일이 생길 수 있나요?"

"방법은 간단합니다. 매일 책에게 다정하게 말을 걸면 됩니다."

"언제까지요?"

"책이 다정한 목소리로 화답할 때까지요."

"아까 말씀하신 책은 언제쯤 작가님께 말을 걸었나요?"

"제가 처음 말을 걸기 시작한 날에서 한 2년 정도 지났을 때로 기억합니다."

"그럼 그 책은 어떻게 읽으셨나요?"

"처음엔 눈으로 한 번 통독했습니다. 이어 밑줄을 그으면서 한 번 정독했지요. 그러고는 약 한 달 뒤 밑줄 그은 부분들 위주로 소리 내어 읽으면서 다시 한번 정독했습니다."

"그 뒤에는 어떻게 하셨나요?"

"다시 2년을 기다렸습니다."

"왜 또 2년씩이나요?"

"제 내면이《소크라테스 이전 철학자들의 단편 선집》을 필사하고 싶다는 마음으로 가득 찰 때까지 기다리다 보니 그렇게 됐습니다."

"작가님은 모든 책을 그런 식으로 읽고 필사하시나요?"

"아니요. 그런 식으로 읽고 필사해주기를 원하는 책만 그렇게 합니다. 보통 인문고전이 그렇게 요구하지요."

"어떻게 필사하셨나요?"

"저는 인문고전의 경우 첫 페이지부터 마지막 페이지까지 글자 하나 안 빼고 전부 필사하는 방법을 선호하는데《소크라테스 이전 철학자들의 단편 선집》역시 그렇게 했습니다."

"책 전체를 필사하는 방법 말고 다른 방법이 있나요?"

"밑줄 그은 부분 위주로 필사하는 방법이 있습니다."

"해설서는 필사를 마치고 읽기 시작하셨나요?"

"네, 맞습니다."

"어떤 책을 읽으셨는지요?"

"아리스토텔레스의 《형이상학》→ 니체의 《플라톤 이전의 철학자들》[22] → 러셀의 《서양의 지혜》《서양철학사》 순으로 읽었습니다."

"이 세 사람은 인문고전 저자들 아닌가요?"

"네, 맞습니다. 그런데 이들은 자신의 저작에 소크라테스 이전 철학자들에 관한 기록을 남겼습니다. 이들의 기록이야말로 소크라테스 이전 철학자들에 관한 최고의 해설서라고 생각합니다."

"왜 그렇게 생각하시는지요?"

"이들은 소크라테스 이전 철학자들과 다를 바 없는 생각 시스템을 소유한 사람들입니다. 이들이 남긴 해설서는 에베레스트산 정상에 올라간 사람이 남긴 기록이라고나 할까요?"

"요즘 잘 팔리는 해설서들은 에베레스트산 사진이나 다큐멘터리만 본 사람이 남긴 기록이라고 생각하면 되나요?"

"아리스토텔레스나 니체 또는 러셀에 비교하면 그럴 수 있겠지요."

"그러니까 결론은 인문고전 해설서도 인문고전의 저자가 쓴 책을 읽으라는 말씀이시죠?"

"네, 맞습니다. 《논어》만 보더라도 정현의 《논어정주論語鄭注》, 하안의 《논어집해論語集解》, 황간의 《논어의소論語義疏》, 형병의 《논어정의論語正義》, 주희의 《논어집주論語集註》, 이탁오의 《논어평論語評》, 이토 진

사이의 《논어고의論語古義》, 오규 소라이의 《논어징論語徵》, 정약용의 《논어고금주論語古今註》 같은 해설서들이 있습니다.[23] 이 해설서들은 길게는 1800년 이상, 짧게는 200~300년 이상 된 책입니다."

"인문고전의 반열에 오른 인문고전 해설서들이 있다니, 충격입니다. 그리고 괜히 가슴이 두근거립니다. 언젠가는 그 책들을 만나게 될 거라고 생각하니까 말이지요."

"그렇게 말씀하시니 저도 괜히 가슴이 뜁니다(웃음)."

"그러면 최근에 출판된 해설서들은 읽을 필요가 없나요?"

"저는 즐겨 읽는 편입니다. 그 책들은 그 나름의 가치가 있기 때문이지요. 제가 고전의 반열에 오른 해설서들과 그렇지 못한 해설서들을 비교하는 것은, 전자가 진짜이고 후자는 가짜라는 의미가 아닙니다. 사람들이 전자의 가치를 너무도 모르니까 그 가치를 제대로 알리고 싶어서 그러는 것입니다. 《리딩으로 리드하라》에서 고전古典과 비고전非古典을 비교했던 것도 같은 이유였고요. 우리 시대에 출간된 책이나 해설서들은 최고의 전문가들이 모든 공력을 들여서 집필한 귀하기 이를 데 없는 저작입니다. 우리는 이 저작들에 존경과 감사의 마음을 가져야 합니다. 세상의 모든 책은 기본적으로 겸손한 독자에게 진정한 모습을 보여준다고 믿기 때문입니다."

"제가 그동안 궁금했던 부분을 명쾌하게 짚어주셔서 감사합니다. 작가님의 말씀대로 하다 보면 언젠가는 저도 글자 뒤에 숨은 작가의 영혼 한 자락을 만날 것 같습니다."

"분명히 그렇게 될 겁니다."

"아리스토텔레스와 니체 그리고 러셀의 책을 읽으신 뒤에는 어떻게 하셨나요?"

"《처음 읽는 서양철학사》《편지로 쓴 철학사: 탈레스에서 헤겔까지》《철학의 에스프레소》 같은 쉽고 재미있지만 또한 깊이 있는 우리 시대의 입문서들을 읽었습니다."

"그리고 만화를 읽으셨나요?"

"네,《만화 서양철학사》 같은 책들을 읽었지요."

두뇌가 맛볼 수 있는 가장 중독성 강한 '마약'

"일반적인 독서 방법과 완전히 다르게 읽으셨는데, 왜 이렇게 하셨나요?"

"두 가지 이유 때문입니다. 첫째, 이 방법대로 하면 인문고전만큼은 어떻게든 읽게 됩니다. 둘째, 어렵고 방대한 인문고전의 내용을 쉽고 빠르게 정리할 수 있습니다."

"자세하게 설명해주세요."

"많은 사람이 인문고전은 너무 어렵기 때문에 만화나 인문고전의 내용을 쉽게 풀어 쓴 책으로 시작해야 한다고 주장합니다. 그런데

이 주장에는 함정이 하나 있습니다. 그것은 만화 인문고전이나 인문고전 해설서가 전혀 쉽지 않다는 것입니다. 오히려 인문고전보다 어려운 경우가 적지 않지요. 그래서 인문고전 독서 초보자들은 대부분 만화 인문고전을 몇십 쪽 읽다가 때려치우게 됩니다. 그러다가 너무 쉽게 포기했다는 자책감에 다시 책을 손에 듭니다. 하지만 또 몇십 쪽 못 넘기고 집어던집니다. 이런 식으로 몇 개월이 흘러 만화 책을 겨우 끝냅니다.

그런데 그동안 너무 고생을 했던 터라 해설서를 읽을 엄두가 나지 않습니다. 한데 또 읽고 싶은 마음은 간절합니다. 그래서 해설서를 대충 훑어봅니다. 그리고 이미 만화에서 읽은 내용이 해설서에 매우 많이 들어 있다는 사실을 발견하게 됩니다. 내친김에 인문고전도 훑어보니 역시 만화에 나왔던 내용들이 적지 않게 보입니다. 순간 마음속에서 줄 하나가 끊어집니다. 동시에 머릿속에서 '아! 만화나 인문고전이나 똑같은 거였구나!'라는 말도 안 되는 생각을 하게 됩니다. 의욕적으로 시작한 인문고전 독서 계획은 이렇게 끝나버립니다. 그리고 그들은 다시는 책을 손에 들지 않습니다. 심지어는 만화 인문고전조차도 멀리합니다. 인문고전 독서만 생각하면 머리가 아프고 가슴이 울렁거리기 때문입니다. 하지만 미련은 엄청나게 남아서 서점에 가면 늘 인문고전이나 해설서 등을 삽니다. 그래서 책꽂이엔 하루가 다르게 책이 늘어가지만 이 책을 읽는 일은 거의 없습니다. 그러나 처음부터 인문고전에 도전하면 설령 중간에 포기하게 되더라도 그 사람은 인문고전을 읽게 됩니다. 단 며칠 또는 단 몇 달이라도 두뇌를 만화가나 해설서 저자의 생각 시스템이 아닌, 인류의 역사를 새롭게 쓴 위대한 천재의 생각 시스템에 접속하게 됩니다. 이 차이는 참으로 큽니다. 비유를 들자면 전자가 에베레스트산에 관한 다큐멘터리를 시청하다가 포기하는 것이라면 후자는 에베레스트산을 직접 오르다가 포기한 것과 같기 때문입니다.

재미있는 사실은 인문고전을 읽다가 포기하는 경우는 거의 없다는 것입니다. 그리고 만화나 해설서와 달리 인문고전은 단 한 권이라도 떼고 나면 두뇌가 지적 쾌락의 최고 경지를 경험하기 때문에 무한한 성취감을 얻게 된다는 것입니다. 인문고전 독서는 한번 시작하면 평생 계속되는 경우가 일반적입니다. 최고 경지의 지적 쾌락에 서서히 중독되어간다고나 할까요. 네, 그렇습니다. '제대로' 된 인문고전 독서를 하다가 만나게 되는 황홀경, 그것은 두뇌가 맛볼 수 있는 가장 중독성 강한 '마약'입니다. 그 누구라도 이 마약을 한번 맛보게 되면 절대로 끊을 수 없습니다. 그래서 우리나라 천재들이 평생 인문고전을 읽었던 것입니다. 그리고 인문고전을 백 번 읽고 백 번 필사할 수 있었던 것입니다. 또 백곡 김득신이 그랬던 것처럼 인문고전을 적게는 1만 번 이상, 많게는 11만 번 이상 읽을 수 있었습니다.[24]

한편으로 인문고전을 읽고 사색하다가 천재들의 두뇌와 만나서 깨달음을 얻고 두뇌가 혁명적으로 변화하는 것, 그러니까 지혜의 세계에 들어가는 것도 중요하지만 인문고전의 내용을 두뇌 속에 체계적으로 정리하는 것, 그러니까 지식을 쌓는 것도 중요합니다. 이때 필요한 게 해설서와 만화라고 생각합니다. 아무래도 이 두 책은 인문고전의 내용을 잘 요약해서 정리해주고 있으니까요. 또 인문고전 저자의 생애라든지, 인문고전이 쓰인 시대적 상황이나 역사적 배경 등도 잘 설명하고 있고요. 그래서 저는 '인문고전→인문고전의 반열에 오른 해설서→해설서→만화' 순으로 읽습니다. 이렇게 하면 지혜와 지식을 동시에 얻을 수 있다고 생각하기 때문입니다. 그리고 아무리 어려운 해설서나 만화라도 그리 어렵지 않게 읽을 수 있다고 믿기 때문입니다. 인문고전이라는 에베레스트산에 오른 사람에게 해설서나 만화 같은 낮은 산에 오르는 것은 식은 죽 먹기라고나 할까요. 아무튼 여기까지가 저만의 독특한(?) 인문고전 독서법입니다. 물론 이 방법은 제 개인적인 경험에서 우러난 것이기 때문에 절대적인 기준은 될 수 없습니다. 참고만 하시기 바랍니다."

"혹시 작가님이 생각하시는 인문고전 독서의 절대적인 기준은 있는지요?"

"그건 인문고전을 집필한 천재들의 독서법이겠지요."

"그런 독서법이 있나요?"

"음, 제가 《리딩으로 리드하라》에 정리해놓았는데요. '세상을 지배하는 0.1퍼센트 천재들의 인문고전 독서법'이라는 제목으로요."

"아, 맞다! 그런데 어떤 사람들은 '세상을 지배하는 0.1퍼센트'라는 말에 거부반응을 보이더라고요."

"아마도 책을 제대로 읽지 않은 분들일 겁니다. 《리딩으로 리드하라》를 제대로 읽으면 여기서 말하는 '세상을 지배한다'는 의미가 돈이나 권력이 아닌 '사랑으로 세상을 지배한다'는 것임을 쉽게 알 수 있으니까요."

"제가 만일 작가님의 방법대로 치열하게 인문고전을 읽으면 저도 인문고전의 세계에 정통하게 될까요?"

"음, 저는 치열하게 읽을수록 끝을 알 수 없는 부족함을 느끼게 되는 것 같습니다."

"아니, 왜요?"

"인문고전 독서는 단순한 책 읽기가 아닌 인류의 문명을 읽는 행위이기 때문입니다. 《논어》를 예로 들어보죠. 이 책은 동아시아 2500년 문명을 만든 책입니다. 쉽게 말해서 《논어》를 읽는다는 것은 2500년 동아시아 문명을 읽는다는 것입니다. 그러니까 지난 2500년 동안 《논어》를 바탕으로 동아시아 문명을 창조하고 발전시킨 무수히 많은 사람의 생각과 감정과 깨달음과 삶을 내 안에 담는 일입니다. 수명이 80~100세에 불과한 한 인간에게 이게 과연 가능한 일일까요?"

"갑자기 두려워집니다. 인문고전을 열심히 읽을수록 깊은 허무와 좌절을 만나게 될 것 같아서요."

"만일 인문고전을 '제대로' 읽는다면 허무와 좌절 대신 겸손과 행복을 만나게 됩니다."

"어떻게 해야 제대로 읽을 수 있나요?"

"사랑의 마음으로 읽을 때 제대로 읽는 것입니다. 여기에 대해서는 《리딩으로 리드하라》에서 자세히 말했으니 이만 생략하도록 하죠."

"경제학 고전 독서지도를 그려주신다면요. 그러니까 반드시 읽어야 할 경제학 고전 열 권을 추천해주신다면요."

"전혀 추천하고 싶지 않습니다."

"아니, 왜요?"

"앞에서 추천해드린 두 권의 만화책과 세 권의 해설서를 읽으시면 자연스럽게 경제학 고전 독서지도가 그려지기 때문입니다."

"아! 그렇군요. 잘 알겠습니다. 그런데요."

"네?"

"제가 경제학 고전도 인문고전처럼 읽기를 원하시죠? 가능하면 '경제학 고전→해설서→만화' 순으로요."

"되도록 그렇게 읽으시면 좋겠습니다."

"노력해보겠습니다."

"독서는 기본적으로 즐겁고 기뻐야 하니까, 너무 부담 갖지 마시고요."

"그렇게 말씀해주시니 제 마음이 편해집니다. 이쯤에서 이런 질문을 드리고 싶습니다. 작가님이 생각하시는 부자가 되는 비결로서 '사물의 이치를 깨닫는 일', 즉 인문학은 무엇인가요?"

"제가 생각하는 인문학의 핵심은 결국 인간을 향한 사랑이 아닌가 생각합니다. 그리고 인간을 사랑하는 마음으로 충만한 영혼을 가진 사람만이 인문학적인 부자가 될 수 있다고 생각합니다."

"인간을 향한 사랑 없이 그저 머리를 잘 써서 부자가 되는 경우가 더 많지 않나요?"

"안타깝게도 그런 사람들이 적지 않지요. 하지만 과연 그들을 진정한 부자라고 부를 수 있을까요?"

"그들을 돈벌레라고 부를 수 있을지언정 진정한 부자라고 부를 수 없을 것 같습니다."

"맞습니다. 저는 당신이 인문학을 활용해서 진정한 부자가 되면 좋겠습니다. 깨끗한 방법으로 부를 축적하고, 그 부를 지구의 헐 벗고 굶주린 이웃들과 아름답게 나누는 진짜 부자 말입니다."

"네, 알겠습니다. 꼭 진짜 부자의 길을 걸어가겠습니다. 오랜 시간 조언해주셔서 감사합니다."

"저야말로 즐거운 시간이었습니다. 감사합니다."

유대인은 '선부후교'와 '이용후생정덕'을 실천해왔다

무거운 분위기에서 시작된 두 사람의 대화는 직선처럼 딱딱하게 진행되다가 곡선처럼 부드러운 분위기로 끝났다. 그를 보내고 숲을 산책하면서 깊은 사색에 잠겼다. 우리는 한강의 기적을 일궈냈고 세계 10위권의 경제력을 보유하게 됐다. 그러나 이는 반쪽짜리에 불과했다. 하드웨어만 한국 것이었지, 소프트웨어는 미국, 일본 것이었기 때문이다.

소프트웨어는 인문학에서 나온다. 철학자들의 생애와 사상을 '공부하는' 인문학이 아니라, 철학자들처럼 '생각하는' 인문학에서 나온다. 스스로 변화시키려는 노력은 전혀 하지 않으면서 사회 탓만 하는 사람들의 비위를 맞추는 시시한 인문학이 아니라, 운명과 사회의 장벽 앞에서 고개 떨군 사람들을 전사로 거듭나게 하는 강한 인문학에서 나온다. 돈에 무관심하고 경제를 모르는 비현실적이고 무익한 인문학이 아니라, 돈의 흐름을 꿰뚫고 경제를 살리는 현실적이고 유익한 인문학에서 나온다.

안타깝게도 조선시대의 주류 인문학은 공부하고 암기하는, 지배계급의 비위를 맞추는, 경제를 모르는, 비현실적이고 무익한 성격이 있었다. 물론 당시에는 이런 유의 인문학이 원칙적이고 고상하고 아름답게 보였다. 생각하고, 운명을 개척하고, 경제를 살리고, 사회를 변화시키는 인문학은 변방으로 밀려나고 말았다. 심지어는 이런 유의 인문학을 하는 사람은 유배당하고 처형당하기까지 했다. 그 대가는 처참했다. 나라가 무너졌다. 지금 우리 현실은 어떤가? 생각하는 인문학은커녕 공부하는 인문학조차 찾아보기 어렵다. 이런 나라가 도대체 얼마나 가겠는가? 이제 우리는 스스로 근본적으로 개혁해야 한다. 새로운 미래를 향해 나아가야 한다.

유대인은 '인문학과 일의 결합'을 통해 최고의 경지에 오른 민족이다. 유대인은 오래전부터 인문학을 수학·과학·의학·공학·경제·경영·교육·심리·음악·미술·언론·영화 등에 결합해 위대한 성취를 이루는 방법을 터득했고, 이는 세계 인구의 0.2퍼센트에 불과한데도 전체 노벨상 수상자의 30퍼센트를 배출하는 기적으로 이어졌다. 유대인은 이제 인문학을 컴퓨터에 결합해 다가올 미래를 창조하고 있다. 구글·델·인텔·페이스북·마이크로소프트 같은 IT 기업들의 공통점은 창업자나 CEO가 유대인이라는 점이다. 그런데 유대인보다 지능이 더 높다는 우리는 어떤가? 이제 우리나라 인문학은 바뀌어야 한다. 정치색에 물든 인문학, 인문학자만을 위한 인문학에서 벗어나서 나라를 위하는 인문학, 서민을 위하는 인문학으로 변화해야 한다. 한편으로 인간답게 살자는 명분을 내걸고는 힘들게 사는 사람들의 현실 감각을 마비시켜 바보로 만드는 잘못된 인문학도 사라져야 한다. 인간답게 사는 법은 유치원이 가장 잘 가르치고 있다. 우리가 유치원에서 배운 대로만 살아도 세상은 천국이 될 것이다.

제아무리 도덕군자라도 사흘을 굶으면 남의 집 담을 넘는다는 말이 있듯이, 지금 우리가 인간답게 살지 못하는 것은 그 방법을 몰라서가 아니다. 경제적으로 불안하고 막막하기 때문이다. 어떤 이는 바로 그렇기 때문에 인문학이 사람들의 마음을 잡아주는 역할을 해야 하는 것 아니냐고 말할 수도 있다. 그러나 경험자라면 누구나 잘 알겠지만 돈 문제는 오직 돈만이 해결할 수 있다. 물론 그렇다고 인문학이 자본주의에 짓눌린 사람들의 마음을 위로하지 말아야 한다는 의미는 아니다. 이는 인문학이 담당해야 할 본연의 역할 중 하나다. 다만 나는 공자가 《논어》에서 설파한 "먼저 경제적으로 부유하게 해준 다음에 인문학을 가르쳐라"라는 '선부후교先富後教'와 연암 박지원이 《열하일기》에서 피를 토하는 심정으로 외친 "경제적으로 넉넉하게 만들어준 뒤에 인문학을 하게 하라"는 '이용후생정덕利用厚生正德'을 말하고 있다.

유대인은 공자의 '선부후교'와 연암의 '이용후생정덕'을 가장 잘 실천해온 민족이다. 유대인의 인문학 《탈무드》는 무엇보다 먼저 상업을 통해 경제적으로 자립하는 방법을 깨우쳐준다. 그리고 이를 바탕으로 사회와 국가와 인류를 위해 봉사하는 삶을 살게 한다. 유대인은 노벨상 수상 비중도 경제학→의학→물리학→화학→문학 순이다. 노벨경제학상 수상자의 42퍼센트, 노벨의학상 수상자의 28퍼센트, 노벨물리학상 수상자의 26퍼센트, 노벨화학상 수상자의

20퍼센트, 노벨문학상 수상자의 12퍼센트가 유대인이다.[25] 물론 그렇다고 유대인의 인문학이 우리의 절대적인 기준이 되어야 한다는 의미는 아니다. 또 모든 유대인이 인류를 위해 봉사하는 삶을 살고 있는 것도 아니다. 교훈을 삼아야 할 것은 교훈을 삼자는 의미로 하는 말이다.

정리를 하자. 경제는 경세제민經世濟民의 준말이다. 이는 세상을 잘 다스려서 생활이 곤궁한 백성을 구한다는 것이다.

지금 경제적으로 자립하지 못한 자, 인문학을 활용해서 경제적으로 자립하라. 지금 경제적으로 자립한 자, 도탄에 빠진 사람들을 구제하는 데 재물을 써라.

경제는, 인문학이다.

4장

실리콘밸리 천재들의
How to Think

세상에 없던 혁신을 만든, 천재들의 생각 시스템에 접속하라

Think인공지능이 복제할 수 없는 생각 하는 '나'는 Think 하는 '너'와 Think 하는 '우리'로 확장돼야 한다. 즉 나의 Think는 인류에게 영향을 미치는 생각으로 발전해나가야 한다. 이를 위해서는 그런 Think 를 가장 잘한 사람들, 즉 실리콘밸리 천재들의 How to Think를 알아야 한다. 그리고 그들의 생각 시스템의 원천을 내 것으로 만들 수 있어야 한다.

'심플'은
어떻게 탄생했는가

우리나라에 인문학 열풍이 불게 된 바탕에는 스티브 잡스가 있다. 아니, "애플은 인문학과 과학기술의 교차점에서 탄생했다"와 "애플의 디자인 철학은 심플Simple이다"로 대표되는 그의 말이 있다. 우리나라, 특히 기업들이 그의 말에 열광했던 것은 여기에 애플의 비결이 숨어 있다고 생각했기 때문이다. 나는 처음 기업들의 잡스 신드롬을 듣고 이렇게 생각했다.

'우리나라에 큰 희망이 있구나. 나라의 경제를 책임지는 기업의 리더들이 잡스처럼 창조적인 리더로 성장하고픈 열망으로 똘똘 뭉쳐 있으니.'

하지만 지금은 이렇게 생각한다.

'함부로 단정하긴 힘들지만, 어쩌면 그들은 잡스의 돈 버는 비결에만 관심이 쏠려 있던 것일지도 모르겠군.'

내가 이렇게 말하는 이유는 우리나라에는 잡스의 인문학에 대한 얕고 조급한 접근만 있을 뿐, 깊고 진중한 접근은 찾아보기 어렵기 때문이다. 그러니까 우리나라의 인문학 열풍은 "잡스가 인문학에서 영감을 얻어 아이폰과 아이패드를 만들고 세계적으로 대박을 쳤으니 우리도 인문학을 하자!"는 식이지, "잡스가 말한 '인문학'과 '인문학과 과학기술의 결합'이 무엇인지, 디자인 철학인 '심플'은 무엇이고 어디서 비롯됐는지를 알아보자. 그리고 이를 토대로 우리만의 'IT 인문학'과 '디자인 철학'을 세우자"가 아니다.

하이데거를 모르고선 잡스와 애플을 알 수 없다

스티브 잡스가 말한 '인문학'은 하이데거의 철학을 뜻한다.[1] 그리고 '인문학과 과학기술의 결합'은 제록스 팰로앨토 연구소의 리더였던 마크 와이저Mark Weiser의 작업을 의미한다. 또 '심플'은 루이스 설리번Louis Sullivan→프랭크 로이드 라이트Frank Lloyd Wright→조지프 아이클러Joseph Eichler로 이어진 미국 건축의 디자인 철학과 독일의 예술조형학교인 바우하우스의 디자인 철학을 의미한다.[2]

하이데거는비록 제2차 세계대전 때 나치에 협력한 전력을 갖고 있지만 20세기 최고의 철학자라는 평가를 받고 있다. 그는 오랜 연구 끝에 플라톤 이후 2500년 서양철학의 존재론이 잘못됐다고 결론짓고, 'Think

Different'를 통해 자신만의 새로운 존재 철학을 정립해《존재와 시간》에 담았다. 그는 이 책에서 세계의 모든 것은 인간에게 도구로 나타나는데, 도구는 평소에는 인간이 의식하지 못한 채 쓰지만 사용 불능 상태가 되면 비로소 인간은 이를 의식한다고 설명했다. 또 하이데거는 대표적인 산문《숲길》에서 심플이야말로 삶의 진정한 보물이라고 설파했다.

이와 같은 하이데거의 철학은 미국 현대 철학의 거장이라 불리는 휴버트 드레이퍼스^{Hubert Dreyfus}를 통해 제록스 팰로앨토 연구소의 마크 와이저에게 전수됐는데, 그는 하이데거의《존재와 시간》에 나오는 도구철학을 기반으로 숟가락이나 젓가락처럼 인간에게 의식되지 않고 사용되는^{병따개나 라이터처럼 인간이 쉽게 사용하는, 복잡한 버튼과 기능으로 피로감} 을 느끼게 하지 않는, 즉 심플한 디자인과 사용법으로 인간의 마음을 편안하게 해주는 인간 중심의 컴퓨터 기술인 '유비쿼터스 컴퓨팅'을 창안했고, 이는 그가 이끄는 제록스 팰로앨토 연구소의 '파크패드' 개발로 현실화됐다. 그리고 이 파크패드는 약 19년 뒤 스티브 잡스가 '아이패드'로 실용화했다.[3]

'아이폰' '웨어러블 컴퓨터' '사물인터넷' 등도 마크 와이저의 유비쿼터스 컴퓨팅에 기초해 만들어졌다. 빌 게이츠의 표현을 빌린다면, 만일 하이데거의 'Think Different'가 없었다면 마크 와이저의 유비쿼터스 컴퓨팅과 제록스 팰로앨토 연구소의 파크패드도 없었을 것이고, 스티브 잡스의 'Think Different'와 애플의 아이폰, 아이패드도 없었을 것이다.[4] 그리고 지금 세계 컴퓨터 산업의 핵으로 떠오르고 있는 웨어러블 컴퓨터와 사물인터넷도 없을 것이다.

어떤 사람들은 고개를 갸우뚱하며 이렇게 말할지도 모르겠다.

"뭐라고? 아이패드가 파크패드라는 이름으로 1991년에 이미 개발돼 있었다고? 더군다나 복사기 회사인 제록스에서 개발했다고? 믿을 수 없는걸!"

하지만 이는 역사적 사실이다. 이미 1970년대부터 인문학자를 고용해서 고객이 쉽고 편하게 사용할 수 있는 복사기 기술을 개발하고 인문학과 과학기술의 결합을 실천한 제록스 팰로앨토 연구소는 인문학자들과 과학기술자들의 협업을 통해 훗날 마이크로소프트와 애플이 각각 '윈도'와 '매킨토시'로 실용화한 GUI그래픽 사용자 환경, LAN의 표준 기술인 이더넷Ethernet, 마우스, 폴더, PC, 레이저 프린터, 객체지향 프로그래밍, 유비쿼터스 컴퓨팅 등을 세계 최초로 개발했다. 그리고 이 연구소를 거친 인문학자들과 과학기술자들은 1980년대 초부터 IBM, 마이크로소프트, 애플 등 미국의 대표적인 컴퓨터 기업으로 들어갔고, 그 기업들이 자랑하는 대부분의 핵심 기술을 만들었다.

탈레스에서 에디슨, 그리고 잡스로 이어진 핵심 철학

루이스 설리번은 미국의 대표적인 '아르누보'[5] 건축가이고, 그의 제자 프랭크 로이드 라이트는 미국의 대표적인 '모더니즘' 건축가다. 그리고 조지프 아이클러는 미국의 전설적인 부동산 개발업자다. 이 세 사람은 스티브 잡스의 '심플'에 어떤 영향을 미쳤을까.

설리번은 "형태는 기능을 따른다"는 유명한 말을 남겼는데, 이는 독일의 건축가 발터 그로피우스Walter Gropius에게 지대한 영향을 미쳤고, 그가 세운 예술조형학교인 바우하우스의 디자인 철학 '심플'의 모태가 됐다. 그리고 바우하우스의 심플은 잡스에게 전해져 애플의 디자인 철학 심플이 됐다.[6] 참고로 잡스는 바우하우스의 심플을 접하고 이를 통해 뉴욕 현대미술관에 소장될 만한 수준의 제품을 만들겠다고 결심했고, 훗날 그 목표를 이루었다.

라이트는 아름다움, 유용성, 적정성 이 세 가지가 완벽하게 조화를 이룬, 즉 자신이 정의 내린 디자인 철학 심플이 완벽하게 구현된, 현대식 주택을 미국의 보통 사람들에게 공급하고자 하는 비전을 가지고 있었다. 이는 아이클러의 마음을 사로잡았고, 그로 하여금 캘리포니아에 1만 1000채에 이르는 심플한 현대식 서민용 주택을 짓게 했다. 그런데 이 중 한 채를 잡스의 아버지가 구매했다. 어린 잡스는 당연히 이 집에서 살게 됐다. 그렇게 라이트와 아이클러의 심플은 잡스의 일부분이 됐다. 여기에 대해서 스티브 잡스는 자신이 인정한 유일한 공식 전기 《스티브 잡스》월터 아이작슨 지음에서 "아이클러 주택에 대한 호감과 존경으로 인해 깔끔한 디자인의 제품을 만들어 대중 시장에 공급하고자 하는 열정이 생겨났다"라고 밝힌 바 있다.[7]

한편으로 '인문학과 과학기술의 결합'과 '심플' 철학은 서양 문명의 전통이다. 인문학과 과학기술의 결합은 서양 최초의 철학자이자 과학자 탈레스에 그 기원을 두고 있는데 이후 이 전통은 고대 그리스·로마 문명의 뿌리가 됐고, 중세와 르네상스기를 거치면서 근대 유럽 문명을 탄생시켰으며, 현대 미국 문명의 근원이 됐다. 여기에 대해서는 초중고 과학 교과서의 주인공들과 인공지능 및 컴퓨터 탄생의 주역들이 사실은 인문학자였음을 이야기할 때 충분히 밝혔으므로 이만 생략하겠다. 심플 철학 또한 탈레스에서 그 기원을 찾을 수 있다. 그는 만물의 원리를 설명할 때 심플의 원리를 충실히 따랐다. 그는 만물의 원리를 '물'이라는 한 글자로 설명했다. 이후 심플 철학은 서양 문명을 만든 천재들의 삶의 원칙 내지는 창작원칙으로 자리 잡았다. 대표적으로 레오나르도 다빈치, 제임스 와트, 헨리 데이비드 소로, 토머스 에디슨 등이 심플을 추구했다. 즉 인문학과 과학기술의 결합과 심플 철학은 잡스의 전유물이 아니다. 잡스이전에 서양의 무수히 많은 창조적 예술가, 과학자, 공학자가 삶의 원칙 또는 창작원칙으로 정하고 평생에 걸쳐 깊이 추구한 것이다.

그렇다면 우리는 왜 잡스에 이르러서야 서양 과학기술 문명의 원천인 인문학과 과학기술의 결합과 심플 철학을 발견하게 된 것일까. 좀 슬프지만, 이유는 간단하다. 잡스처럼 돈을 벌고 싶었기 때문이다. 만일 그렇지 않다면 우리는 잡스 이전에 레오나르도 다빈치나 제임스 와트, 에디슨 등에게서 이 두 원칙을 발견하고 열광했을 것이다. 왜냐하면 이 세 사람은 잡스 이전에 우리나라에서 창의적 인재의 모범답안처럼 여겨졌기 때문이다. 그러나 우리는 이 세 사람에게서는 인문학과 과학기술의 결합도 심플 철학도 발견하지 못했다. 또 이 세 사람에게 그리 열광하지도 않았다. 이 또한 이유는 간단하다. 이 세 사람에게서는 잡스가 가지고 있는 부富의 이미지를 떠올릴 수 없었기 때문이다. 이게 바로 우리나라의 '얕음'이다. 얕음은 '조급함'을 낳는다. 그리고 조급함은 본질을 놓치게 만든다. 그래서 우리나라 컴퓨터 산업에는, 아니 우리나라의 거의 모든 분야에는 본질이 없다. 화려한 껍데기만 있다. 이는 필연적으로 몰락을 부른다. 껍데기가 제아무리 화려하다 한들 결코 오래갈 수 없기 때문이다. 이 조짐은 우울하게도 이미 현실로 나타나고 있다. 즉 우리는 더욱더 많은 돈을 더욱더 빨리 벌고 싶어서 본질을 버리고 얕고 조급해졌다. 그래서 한때 천문학적인 돈을 벌었는데, 이제 더 이상 그 수법이 통하지 않게 된 것이다. 그리고 그 얕음과 조급함 탓에 뼈아픈 가난과 몰락의 길로 들어서게 된 것이다.

그러나 지금도 늦지 않았다. 만일 우리가 문명적 의미의 'Think' 를 시작한다면 이미 시작된 이 불행한 미래를 바꿀 수 있다.

IBM은 왜 가장 많은
인문학 강의가 열리는 회사가 됐나

앞에서 우리는 문명적 의미의 'Think'에 대해서 알아봤다. 이제부터는 'Think'를 실용화하는 법, 즉 IBM, 마이크로소프트, 애플 창업자의 'How To Think'에 대해서 알아보자.

IBM의 토머스 J. 왓슨은 놀라운 사람이다. 우리가 알고 있는 최초의 컴퓨터 에니악이 미국에서 처음 만들어진 게 1946년이다. 그런데 왓슨은 이보다 9년 빠른 1937년에 하버드 대학교의 하워드 에이킨 교수에게 거액을 투자하고 IBM의 공학자들을 파견해 1944년에 하버드 마크1^{최초의 전자식 컴퓨터인 에니악의 탄생으로 이내 컴퓨터 역사의 뒷전으로 밀려나긴 했지만}이라는 최초의 전기기계식 컴퓨터가 완성되는 데 결정적인 역할을 했다. 그리고 1945년에는 왓슨 연구소를 세워서 본격적인 컴퓨터 개발에 뛰어들었다. 이는 그가 컴퓨터를 새로운 인류 문명으로 받아들이지 않았다면 이루어질 수 없는 일이었다.

이런 광경을 한번 상상해보라. 7만 5000개가 넘는 부품을 꽂고 있는 탓에 높이와 길이가 각각 2.4미터와 15미터에 이르는, 무게가 5000킬로그램이 넘는, 하버드 마크1을 보고서 'Think!'를 내뱉는 60대의 왓슨의 모습 말이다. 아마도 그의 눈에 초기의 컴퓨터들은 인류의 새로운 미래 그 자체로 보였을 것이다.[8] 그의 바람대로 IBM 왓슨 연구소는 하드디스크·플로피디스크·메인프레임·바코드·대공방어 시스템·카드 마그네틱 선·단일 트랜지스터 메모리·자기 테이프 저장장치·고온 전이 초전도체·포트란·상용컴퓨터·슈퍼컴퓨터·기상예측 시스템·e-비즈니스·프랙털 기하학 등을 최초로 개발하고, 아폴로 달 탐사 프로젝트와 인터넷 세계화에 결정적인 역할을 함으로써 현대 컴퓨터 문명의 형성에 기여하게 된다.

내면의 소리를 듣는 법, 인문학적 경청

토머스 J. 왓슨이 설계한 IBM의 'Think'는 ①독서하라Read ②경청하라Listen ③토론하라Discuss ④관찰하라Observe ⑤생각하라Think 로 이루어져 있다.[9]

먼저 '독서하라'는 말 그대로 책을 읽으라는 것이다. 그중에서도 인문고전을 읽으라는 것이다. 여기에 대해서 토머스 J. 왓슨 주니어는 자신과 아버지의 IBM 경영 이야기를 다룬《IBM, 창업자와 후계자》에서 자신과 아버지의 신뢰는 물론이고 IBM 임직원들의 신뢰를 한몸에 받은 앨 윌리엄스의 사례를 통해 이렇게 조언한다.

1. 하루 일과를 철저하게 계획할 것

2. 아침 7시에 일어나서 30분에서 90분 정도 운동을 할 것

3. 정시에 출근할 것

4. 퇴근하고 집에 돌아가면 반드시 한 시간 정도 시간을 내서 인문고전을 읽을 것

5. 잠들기 전에 클래식을 들을 것

6. 1~5의 방법으로 매일 자신을 향상시켜나갈 것

인문고전을 읽으라는 왓슨의 메시지는 지금도 IBM에서 충실하게 지켜지고 있다. 대표적으로 IBM 고위 임원 교육과정은 인문고전 독서 중심으로 운영되고 있다.

'경청하라'는 인문학적 경청을 하라는 의미다. 그렇다면 왓슨의 인문학적 경청은 무엇일까. 나 자신과 주위 사람들, 세상의 소리를 주의 깊게 듣고 공감하고 실천하라는 것이다. 왓슨은 늘 내면의 목소리를 들었다. 그리고 마음이 원하는 길을 걸었다. 그는 친구, 선배, 교사, 부모에게 맞추는 삶이 아닌 자기 내면의 한 인간, 즉 자기 자신에게 충실한 삶을 살았다. 아마도 그는 자신이 행복해야 친구, 선배, 교사, 부모와도 행복한 관계를 맺을 수 있음을 잘 알았던 것

같다. 물론 이런 삶을 선택한 대가는 컸다. 그는 오래도록 쓰디쓴 실패의 세월을 보내야 했다. 하지만 그럴수록 그는 더욱 힘차게 자신이 믿는 길을 갔다. 그리고 마침내 자신이 선택한 삶의 방식이 옳았음을 증명했다.

IBM에는 '오픈도어Open Door'라는 특별한 제도가 있었다. IBM의 구성원들은 지위 고하를 막론하고 회사에 불만이 있거나, 상사에게 부당한 대우를 받았다고 느꼈거나, 동료들과 잘 어울리지 못한다고 느끼면 자신이 속한 부서의 최고관리자에게 찾아가 속 시원히 털어놓을 수 있었다. 그런데도 적절한 조치가 이루어지지 않으면 회장인 왓슨에게 직접 이야기할 수 있었다. 왓슨의 사무실은 직원들에게 항상 열려 있었다. 이는 그가 IBM의 구성원들을 '부하'가 아닌 '인간'으로 봤기 때문에 가능한 일이었다. 왓슨 주니어는 이 오픈도어 제도 덕분에 초창기의 IBM이 구성원 간에 인간적인 교류가 가능한, 열려 있는, 살아 있는, 즉 인문학적인 기업이 될 수 있었고, 그 에너지가 그대로 고객에게 전달돼 회사가 폭발적으로 성장할 수 있었다고 고백했다.

왓슨은 IBM을 향한 세상의 소리 또한 잘 듣기 위해 애썼다. 이는 최초의 장애인 고용, 최초의 흑인 영업대표 임명, 최초의 여성 임원 탄생으로 이어졌다. IBM의 장애인 고용은 미국에서 장애인 고용법이 제정되기 76년 전인 1914년에 이루어졌고, 흑인 영업대표 임명은 미국에서 민권법이 제정되기 18년 전인 1946년에 이루어졌다. 한편으로 그는 기부와 봉사의 삶을 열정적으로 추구했다. 덕분에 IBM은 지난 100년 동안 사회 공헌을 가장 많이 한 기업으로 평가되고 있다. 왓슨의 '경청하라'의 또 다른 의미는 인문학적 지혜를 갖춘 멘토들의 말을 들으라는 것이다. 왓슨 부자는 틈만 나면 멘토들을 만나서 지혜를 구했다. 그리고 IBM을 가장 많은 인문학 강의가 열리는 회사로 만들었다.

여기서 잠깐 강의^{인문학적 지혜를 가진 멘토의 말을 경청하는 한 방법} 이야기를 하고 가자. 미국이나 유럽, 일본 등과 비교하면 우리나라의 강의문화는 척박한 수준이다. 물론 관공서나 대기업 등에서는 시민교육 또는 직원교육의 하나로 저자 초청 강연회를 수시로 열고 있다. 그러나 뭐랄까, 입시학원의 수업시간과 별반 다르지 않다고나 할까. 주로 강사는 열심히 떠들고 청중은 조용히 듣거나 빠른 속도로 필기하는 게 거의 전부다. 물론 이는 우리가 받은 잘못된 교육이 원인이다. 하지만 우리가 언제까지나 이런 죽은 교육문화 속에서 살 수는 없다. 잘못된 문화는 바꿔야 한다. 지금 이 글을 읽는 당신의 힘으로. 어떻게 하면 인문학 강의를 제대로 들을 수 있느냐는 질문을 받을 때마다 이렇게 대답한다.

1. 되도록 앞자리에 앉을 것

2. 되도록 강사의 눈을 바라볼 것

3. 열심히 듣기만 하지 말 것

4. 되도록 필기하지 말 것

5. 강의를 녹음할 것

여기까지 이야기하면 대부분의 사람이 당황스러워한다. 그러면서 이렇게 묻는다.

"1, 2, 5번은 잘 알겠는데 3, 4번은 도무지 이해할 수 없습니다. 열심히 듣고, 많이 필기하는 것이야말로 강의를 듣는 사람이 지켜야 할 황금률 아닌가요?"

그때마다 이렇게 되묻는다.

"그럼 '생각'은 언제 하지요?"

인문학은 생각하기 위해서 하는 것이다. 인문고전 저자나 인문고전 해설서를 집필한 저자의 생각이 아닌 '내 생각'을 하기 위해서 하는 것이다. 당연히 인문학 강의도 내 생각을 하기 위해서 듣는 것이다. 그런데 많은 사람이 인문고전이나 인문고전 해설서를 읽고서 자기를 잃어버린다. 조금 과장하면, 저자가 전한 생각의 노예가 되는 것이다. 인문학 강의도 마찬가지다. 뜨겁게 들으면서, 정성스럽게 적으면서 자기를 잃어버리고, 강사가 전한 생각의 노예가 된다. 여기에 대해서 동의하기 어렵다면 지난 학창 시절을 떠올려보라. 수학 교과서나 문제집에 나오는 수학 문제를, 교과서나 참고서의 방법이 아닌, 스스로 생각한 당신만의 방법으로 풀어본 적이 얼마나 있는가? 그리고 수학 수업시간에 진도 나간 내용을 선생님이 알려준 방식이 아닌 자신만의 방식으로 이해한 적이 얼마나 되는가? 만일 이런 경험이 단 한 번도 없다면, 당신은 단 한 번도 수학을 한 적이 없다고 할 수 있다.

어떤 사람은 이렇게 말할지도 모르겠다. "나 자신만의 수학이라니? 그런 것도 있나? 인류 최고의 수학자들이 발견하고 정리한 수數에 관한 지식을 배우는 것, 그게 수학 아닌가?" 물론 이런 관점도 일리는 있다. 그러나 진정한 수학은 인류 최고의 수학자들처럼 생각하고 연구해서 새로운 수학적 발견을 하는 것이다. 실제로 천재 수학자들은 모두 자신만의 방법대로 기존의 수학을 이해했다. 즉 진정한 수학은 공식을 외우고 문제를 푸는 것이 아니다. 진정한 수학은 '생각'하는 것이다. 이쯤에서 스스로 이런 질문을 던져보자.

"만일 내가 초등학교 때부터 고등학교 때까지 수학 선생님들이 '교과서나 참고서의 문제 푸는 방법이 전부는 아니다. 너에게는 다른 방법으로 문제를 풀 능력이 충분히 있다. 교과서와 참고서의 방법을 존중하되 너만의 방법도 존중해라. 너 자신을 믿고, 마음과 두뇌를 열고, 생각해라. 너만의 수학을 해라'라고 조언해줬다면 나에게 수학은 어땠을까?"

하지만 안타깝게도 우리는 이런 조언 대신 교과서와 참고서와 선생님의 방법이 절대적이라고 배웠고, 그 결과 수학하는 힘을 잃어버리고 말았다. 그런데 인문학에서도 같은 실수를 저지르려 하고 있다. 나는 현란한 언어로 청중의 귀를 사로잡거나, 재미있는 내용으로 청중의 마음을 즐겁게 하는 인문학 강의를 경계한다. 그런 강의는 청중으로 하여금 생각하지 못하게 만들기 때문이다. 오히려 강의시간 내내 한마디 말도 하지 않음으로써 청중을 의아하게 만들고, 생각하게 만드는 인문학 강의를 선호한다. 그리고 청중에게 생각하고 또 생각할 것을 집요하게 요구하고 청중을 탈진 상태로 몰아가는 인문학 강의를 추구한다. 하지만 우리나라 청중에게 이런 식의 강의가 아직까지는 고문처럼 느껴지는 것 같다. 그래서 인문학 저자나 강사 들은 이런 식의 강의를 엄두조차 내지 못하는 것 같다. 물론 언젠가는 바뀔 것이다. 학교나 학원 수업 같은 일방통행식 강의는 사라지고, 그 자리에 강사와 청중의 생각이 뜨겁게 교류하는 지적 교류의 장이 들어서리라 믿는다.

인문학 강의를 들으면서 '생각'을 하려면, 무엇보다 먼저 강사의 지적 세계에 대해서 충분히 알아야 한다. 최소한 강사의 대표적인 저작과 인터뷰 기사 들은 챙겨 봐야 한다. 그리고 그 주요 내용을 일주일 정도는 깊게 사색해야 한다. 그래야 강의 내용을 강사의 수준에서 이해할 수 있고, 그렇게 이해한 뒤에야 비로소 강의를 들으면서 생각의 경지에 도달할 수 있다. 여기서 말하는 생각은 단순히 강의의 주제나 내용을 생각한다는 의미가 아니라, 한 분야의 최고 전문가인 강사의 눈높이에서 그 분야를 살핀다는 뜻이다. 그리고 강사의 눈높이 또는 그 눈높이 이상에서 나 자신과 가족, 일터, 사회를 생각한다는 의미다. 그러니까 강사의 내공을 내 것으로 만들려는 치열한 노력을 통해 나 자신을 향상시킨다는 것이다.

강의 당일에는 되도록 한 시간 일찍 강의실에 가라고 권하고 싶다. 아마도 강의실은 텅 비어 있을 것이다. 그 텅 빈 강의실은 오직 당신만의 공간이다. 힘찬 발걸음으로 연단에 올라가보라. 강사의 시각으로 강의실을 둘러보라. 강사가 무슨 내용으로 강의를 할지 진지하게 상상해보라. 청중은 어떤 얼굴로 강의를 들을지 상상해보라. 마지막으로 나는 어떤 생각을 하면서 강의를 듣고 있을지 상상해보라. 이는 마치 전쟁을 치르는 장수가 적진을 시찰하는 것과 다를 바 없다. 사실 독서나 강의는 전쟁이다. 작가가 독자와, 강사가 청중과 벌이는 생각 전쟁이다. 정신을 똑바로 차리지 않는다면, 준비를 단단히 하지 않는다면 당신의 두뇌는 작가나 강사에게 빨려들어가고 말 것이다. 물론 모든 작가와 강사가 이런 전쟁을 치를 수 있는 것은 아니다. 독자나 청중과 정신의 전쟁을 치르기도 전에 지레 겁을 먹고서, 또는 전쟁을 치를 능력이 없어서 자멸해버리는 작가나 강사가 적지 않기 때문이다.

이렇게 전의를 다졌다면 되도록 앞자리에 앉아라. 그리고 되도록 강사와 눈을 자주 마주쳐라. 인간의 집중력은 보통 20분을 넘기지 못한다. 아무리 좋은 강의라도 20분 정도가 흐르면 나도 모르게 긴장이 풀리고 자동으로 딴생각을 하기 마련이다. 앞자리에 앉아서 강사와 눈을 마주치면 지속적으로 뇌를 긴장시킬 수 있다. 필기는 되도록 하지 마라. 필기를 하다 보면 생각을 하기 힘들다. 필기할 시간에 생각하고 또 생각하라. 그럼 필기는 전혀 하지 말아야 하는 걸까? 아니다. 필기는 반드시 해야 한다. 앞에서 강의를 녹음하라고 했다. 그 녹음본을 반복해서 들어라. 최소 열 번 이상 듣기를 권한다. 그러다 보면 강사의 수준에서 강의가 이해되는 순간이 온다. 필기는 바로 그때 하는 것이다. 즉 내가 강의 내용을 완벽에 가깝게 이해했을 때 하는 것이다. 그것도 단순히 강의 내용을 요약하고 정리하는 게 아니라, 내 생각과 강사의 생각이 어우러진 이해, 즉 나를 발전시키는 '생각'을 적는 것이다.

'생각'은 실천으로 이어져야 한다. 만일 그렇지 않다면 그 특별한 노력을 했는데도 당신은 전혀 생각하지 않은 것이나 다름없다. 여기에 대해서 중국 송宋의 최고 인문학자 정호, 정이 형제, 즉 정자程子가 남긴 유명한 말이 있다. "만일 당신이 《논어》를 읽고서 변화하지 않았다면, 당신은 《논어》를 읽은 것이 아니다."

인문학은 생각하기 위해서 하는 것이라고 했다. 그렇다면 그 생각은 무엇을 위해서 하는 것일까. 당연히 실천을 위해서다. 실천이 없는 인문학 독서, 실천이 없는 인문학 강의 듣기는 이미 그 자체로 죽은 것이다.

키르케고르와 IBM의 '야생 오리들'

토머스 J. 왓슨 이야기로 돌아가자. '토론하라'는 내가 앞으로 나아가야 할 방향을, 사람들과 머리를 맞대고 의논하는 과정을 통해서 발견하라는 것이다. 왓슨 부자는 토론을 통해 회사의 문제를 발견하고, 새로운 아이디어를 도출하고, 미래를 설계하는 것으로 유명했는데, 나중에는 이를 아예 IBM의 핵심 문화로 만들었다. 이 문화는 현재 전 세계 임직원들이 사내 인트라넷을 통해 72시간 동안 자유롭게 토론하면서 회사의 가치관을 재정립하고 앞으로 나아갈 길을 정하는 '월드 잼World Jam'으로 발전했다.

우리나라 사람들은 토론을 어색해한다. 서양인의 체형에 맞춘 옷을 억지로 입는 느낌이랄까. 우리 것이 아니라고 느끼는 것이다. 그러나 이는 잘못된 생각이다. 토론은 우리 고유문화다. 조선시대만 봐도 왕은 늘 신하들과 토론을 통해 나랏일을 처리했다. 그리고 선비들은 책을 읽고 나면 반드시 토론했고, 토론을 통해 의견을 정립한 뒤에야 비로소 독서를 했다고 여겼다. 또 선비들은 자신보다 나은 인문학적 지혜를 가진 사람이 있다는 말을 들으면 그와 토론하기 위해 수십 수백 리 길을 걸어가는 것을 마다치 않았다.

우리는 보통 토론이라 하면 논쟁을 떠올린다. 하지만 이런 논쟁을 통해서 변화하거나 성장하는 사람을 본 적이 없다. 도리어 마음에 상처만 입고서 다시는 토론에 참여하지 않는, 심지어는 다시 토론에 휘말리게 될까 봐 독서조차도 멀리하게 되는 경우를 적지 않게 봤다. 바람직한 토론은 인간적이고 따뜻한 분위기로 진행되는 대화 형식의 지적 교류다. 다시 말해 공자와 소크라테스가 제자들과 나눈 바로 그 대화 형식의 진리 탐구다. 그렇다고 우리가 처음부터 공자나 소크라테스처럼 대화할 수는 없다. 그럼 어떻게 해야 할까. 토론 참여자들이 토론 전에 약 10분 정도 시간을 내서 함께 《논어》나 《플라톤의 대화편》을 읽는 것을 추천한다. 그리고 공자와 소크라테스의 대화 방법을 나누고, 이를 추구하겠다는 약속을 한 뒤 토론을 시작해보라.

물론 논쟁을 전혀 하지 말라는 의미는 아니다. 사실 논쟁은 토론의 꽃이라고 할 수 있다. 다만 서로 인간적인 유대감이 생기지도 않았는데 무턱대고 논쟁부터 시작해서 감정만 상하는, 그러니까 토론을 통해서 서로를 향상하게 한다는 토론의 본질이 사라진, 논쟁을 위한 논쟁을 하지 말라는 의미다. 그런데 안타깝게도 우리나라에서 논쟁은 토론을 위한 논쟁이라기보다는 논쟁을 위한 논쟁, 즉 말싸움에 치우쳐 있는 것 같다. 그리고 책을 읽고 생각했거나 느낀 점을 말하는 식의 토론문화가 자리 잡고 있는 것 같다. 이는 토론이라기보다는 발표라고 봐야 한다. 즉 우리나라에는 제대로 된 토론문화가 없다. 그렇다면 어떻게 해야 할 것인가. 방법은 간단하다. 일제강점기 이전의 토론문화를 많이 접하면 된다. 대표적으로 퇴계 이황과 고봉 기대승의 토론 정신을 계승한 토론문화를 만들면 된다. 여기에 대해서 관심이 있는 사람은 《퇴계와 고봉, 편지를 쓰다》를 읽어보기를 권한다. 최고 수준의 토론문화를 만나게 될 것이다.

'관찰하라'는 독서하고 경청하고 토론한 것을 토대로 세상의 흐름을 주의 깊게 살피라는 의미다. 관찰은 IBM의 핵심 전략이다. 왓슨 부자는 인류 문명과 세계 산업의 흐름을 주의 깊게 관찰함으로써 컴퓨터 산업의 도래를 확신했고, 이를 바탕으로 미국 정부가 주도한 원자폭탄 개발 계획인 맨해튼 프로젝트보다 더 많은 돈을 컴퓨터 개발에 투자한다는 결정을 내렸다. 그리고 왓슨 부자 이후 가장 유명한 CEO인 루이스 거스너Louis Gerstner는 마이크로소프트, 애플 등의 성장으로 거의 붕괴 위기에 놓였던 IBM을 '경청'과 '관찰'의 리더십으로 기적적으로 되살려놓았다. 거스너는 자신의 책 《코끼리를 춤추게 하라》 제5부 〈관찰〉에서 사업의 세계에 뛰어든 이후 35년 동안 세상을 관찰했으며, IBM의 CEO로 재직한 9년 동안에는 ①미국의 정보기술 산업 ②미국의 경제 시스템 ③IBM 내부의 관찰자들 ④언론 ⑤IBM의 주식 가치를 분석하는 증권가들 ⑥미국 사회, 이 여섯 가지를 관찰했다고 밝혔다.

'생각하라'는 읽고, 듣고, 토론하고, 관찰한 것을 토대로 문명을 개선하거나 창조하는 생각을 하라는 것이다. 토머스 J. 왓슨 주니어는 어느 날 키르케고르를 읽다가 '야생 오리' 우화를 접하고 큰 감동을 받았다. 이후 그는 키르케고르 전문 철학자들을 만나 키르케고르의 철학에 대해서 들었고, 인문학 멘토들과 경영 멘토들을 만나 '야생 오리' 우화를 IBM에 적용하는 방법에 대해서 토론했다. 그리고 그는 자신이 읽고 듣고 토론한 것을 토대로 세상의 흐름을 관찰했다. 세상은 이미 크게 변해 있었다. 특히 컴퓨터 개발에 미쳐 있는 20대들은 아버지 세대와 문화가 전혀 달랐다. 집단 중심이고 권위적이고 규칙을 중요시하는 아버지 세대와 달리, 그들은 개인 중심이고 자유롭고 창의적이며 규칙을 신경 쓰지 않았다. 바로 오늘날 미국 실리콘밸리의 컴퓨터 천재들이 가지고 있는 특징들이다. 하지만 당시 그들은 기업에서 전혀 환영받지 못했다. 어쩌다가 취직이 되더라도 조직문화에 순응하지 못하는 습성 탓에 이단아, 반항아, 부적응자로 몰려 따돌림당하거나 퇴출되기 일쑤였다. 왓슨 주니어는 그들을 진지하게 관찰한 끝에, 그들이야말로 현실에 안주하기를 거부하고 자신의 순수한 열정을 따라 끊임없이 모험을 떠나는 '야생 오리'라고 결론지었다. 그리고 그들을 IBM의 핵심 인재로 받아들이기 위해, 사규를 신경 쓰지 않고 자신이 원하는 분야를 마음껏 연구할 수 있는 제도인 'IBM 펠로'를 만들었다. 그렇게 왓슨 주니어는 IBM의 야생 오리들과 함께 현대 컴퓨터 문명의 문을 열었다.

페이스북이 사랑한 《아이네이스》

토머스 J. 왓슨의 '독서하라→경청하라→토론하라→관찰하라→생각하라'는 미국 실리콘밸리의 대표적인 'How to Think'로 자리 잡았다고 해도 과언이 아니다. 실리콘밸리 곳곳에서 알게 모르게 그의 방법대로 'Think' 하고 있기 때문이다. 그중 가장 유명한 사람이 마크 저커버그다.

저커버그는 그리스, 로마 고전을 원어로 읽고, 역시 원어로 논문을 쓰는 졸업 행사를 치르는 것으로 유명한[10] 미국 최고의 명문 사립 필립스 아카데미 출신이다. 그는 이 학교 재학 시절 라틴 인문고전의 왕인 베르길리우스의 《아이네이스》를 원어로 읽었고, 라틴 고전 전문가들에게 이 작품에 대한 강의를 들었다. 페이스북을 창업한 뒤에는 숀 파커Sean Parker, 독학으로 인문학을 공부하고, 이를 통해 얻은 통찰력으로 파일 공유 서비스 냅스터를 창업했다를 멘토로 두고, 수시로 그의 인문학적 지혜인문학을 컴퓨터 기술 개발과 기업경영에 적용하는 법를 경청했다.[11] 그리고 페이스북 창업 멤버들과 베르길리우스가 《아이네이스》를 통해 추구한 '영원한 로마제국'의 이상을 어떻게 페이스북에 접목할 수 있을지,[12] 인터넷상에서 영원한 페이스북 제국을 만들기 위해 어떤 기능을 새롭게 개발하고 추가할 것인지에 대해서 끊임없이 토론했다. 그러다가 격렬한 논쟁이 벌어지게 되면, 인문학 전공자인 크리스 휴Chris Hughes에게 중재를 구했다.[13]

저커버그는 《아이네이스》를 읽고, 경청하고, 토론한 것을 토대로 미국의 20대를 심리학적 관점으로 관찰했고, 그들이 사회적 교류에 깊은 관심을 가지고 있으며, 친구들의 관심에 따라 행동한다는 사실을 발견했다.[14] 그리고 아이비리그 대학생만을 대상으로 했던 초창기의 페이스북을 미국의 20대는 물론이고, 전 세계 20대가 열광하는 오늘날의 페이스북으로 발전시켰다. 그렇게 저커버그는 기존의 컴퓨터 문명을 개선했고, 새로운 인터넷 문화를 만들었다.

빌 게이츠의 'Think Week'와
레오나르도 다빈치의 인문학 공부법

마이크로소프트는 빌 게이츠와 폴 앨런이 1975년 공동으로 창업한 회사다. 그리고 1980년 서른 번째 직원으로 입사한 스티브 발머가 공격적으로 키워낸 회사다.[15] 우리가 알고 있는 마이크로소프트는 이 세 사람이 만든 것이다.

게이츠의 증조부는 내셔널 시티뱅크의 설립자였고, 아버지는 시애틀 변호사협회의 회장이었으며, 어머니는 은행장이자 사교계의 명사였다. 즉 그는 미국 상류층 출신으로, 인문학적 분위기로 가득한 가문에서 태어나고 자랐다. 게다가 그에게는 무한한 사랑으로 인문고전 독서와 'Think'를 독려하는 멘토, 외할머니가 있었다.[16] 게이츠는 인문학적인 어린 시절을 보낸 뒤 시애틀 최고의 명문 사립 레이크사이드 중고등학교에 입학하고, 여기서 앨런을 만나 친구가 된다.

마이크로소프트의 두뇌라 불린 앨런의 아버지는 워싱턴 대학교 도서관의 부관장이었다. 그리고 어머니는 위대한 고전을 모두 읽는다는 목표를 세우고 실천한 인문고전 독서광이자 지역 독서모임의 열혈 리더로 앉은자리에서 책을 다섯 권씩 읽어치우는 책벌레였다.[17] 부모의 이런 분위기는 고스란히 아들에게 전해졌다. 앨런은 이미 10대 시절에 칸트와 랭보에 심취해 있었다.

발머는 게이츠나 앨런과 달리 지극히 평범한 가정에서 자랐다. 하지만 그의 어머니가 유대인 학교에서 기도서 낭독을 담당했고, 그를 유대인 학교에서 교육받게 한 점을 보면 인문학적으로 범상치 않은 가정이었던 것은 분명하다.[18] 이런 집안 분위기는 발머에게 그대로 전해졌다. 그는 고등학교 시절 하버드 대학교가 선정한 인문고전을 열정적으로 읽었고, 하버드 대학교에 입학해서는 응용수리경제학과에 적을 두고 있으면서도 인문학 위주로 수강했고, 문학사 학위를 받았다. 또 미국 대학 출판계에서 가장 유서 깊은 잡지 《하버드 애드버킷》의 발행인으로 활동했다.[19]

빌 게이츠, 폴 앨런, 스티브 발머가 만든 마이크로소프트는 처음부디 뼛속까지 인문학적인 기입이있다.[20] 우리는 이 사실을 잘 알아야 한다. 그래야 마이크로소프트의 눈부신 성장 비결이었던 'Think Week'의 의미를 제대로 알 수 있고, 이를 개인과 기업에 적용해 놀라운 성과를 창출할 수 있다. 참고로 미국의 창의적인 젊은

CEO들은 게이츠의 'Think Week'에 대해서 잘 알고 있고, 이를 자신과 기업경영에 적용해 비범한 성과를 올리고 있다. 이 중 가장 대표적인 인물이 아마존을 창업한 제프 베이조스^{Jeff Bezos}다.[21]

마이크로소프트가 세계 초일류 기업의 자리를 지키고 있을 때, 우리나라에 게이츠의 'Think Week' 열풍이 불었다. 그땐 정말이지 다들 일주일 동안 아무것도 안 하고 '생각'만 한다며 난리였다. 특히 각계의 리더들과 기업의 CEO들이 그랬다. 그때의 분위기로만 본다면 우리나라에 게이츠 같은 창조적 인재가 수백 명쯤은 나올 것 같았다. 하지만 실제로는 아무 일도 일어나지 않았다. 좀 과장하면 게이츠는커녕 마이크로소프트의 평범한 엔지니어 그룹 수준의 창조적 'Think' 문화도 생겨나지 않았다. 마치 잡스로 촉발된 최근의 인문학 열풍과 비슷했다고나 할까. 이유는 간단했다. 게이츠가 말하는 'Think Week'가 무엇인지도 모른 채, 그저 머릿속으로 생각만 했기 때문이다.

게이츠의 'Think Week'는 인문학적 생각을 하는 주간이다. 마이크로소프트 CEO 시절, 300억 원이 넘는 돈을 들여서 레오나르도 다빈치가 남긴 노트를 구입하고, 집무실에 다빈치의 초상화를 걸어둔 채 하루에도 수십 수백 번씩 마음속으로 그와 대화하면서 경영의 지혜를 구한 데서 알 수 있듯이, 게이츠의 인문학은 다빈치에 뿌리를 두고 있다. 영국 최고의 과학 저술가 마이클 화이트는《과학자 빌 게이츠, 부자가 되다》에서 게이츠는 다빈치와 강력한 연대감을 느끼고 있었다고 설명한다. 화이트는 1995년에 게이츠를 직접 만나 인터뷰했는데, 그때 대화를 나누면서 "다빈치의 인생과 업적은 게이츠에게 때묻지 않은 창조력, 상업주의에 물들지 않은 하얀 캔버스, 홀로 침묵하며 보내는 시간에 찾아가는 그 어떤 곳을 상징하는지도 모른다"는 인상을 받았다고 한다.

르네상스 천재를 만든 열한 가지 공부법

토머스 J. 왓슨의 'Think', 스티브 잡스의 'Think Different'와 더불어 미국의 젊은 CEO들에게 강력한 영향을 미치고 있는 빌 게이츠의 'Think Week'를 제대로 알려면 무엇보다 먼저 레오나르도 다빈치의 'Think'를 알아야 한다. 아니, 다빈치의 인문학적 생각 시스템을 만든 인문학 공부법을 알아야 한다. 그래야 이를 우리의 인문학 공부법에 적용, 혁명적인 생각 시스템을 만들어낼 수 있다. 그러니까 중요한 것은 다빈치와 게이츠의 Think가 아니다. 중요한 것은 당신의 Think다. 아니, 당신의 생각 시스템을 혁명적으로 변화시켜줄 수 있는 천재들의 인문학 공부법을, 당신의 것으로 만드는 일이다.

서양 천재의 대명사라고 할 수 있는 다빈치는 평범한 우리에게 큰 위안이 되는 인물이다. 그는 서른여섯 살이 되어서야 비로소 인문학 공부를, 그것도 당시에 인문학 학교에 막 입학한 10대 초반 아이들이 했던 라틴어 어형 변화부터 시작했다.[22] 그런데 당시 유럽인의 평균 수명은 30~38세에 불과했다.[23] 이는 오늘날로 치면 그가 일흔 또는 여든 살에 인문학 공부를 시작했다는 의미다. 그것도 초등학생을 위한 인문학 교육과정을 말이다. 그가 이처럼 뒤늦게 인문학 공부를 시작했던 이유는, 서자 출신으로 어릴 적부터 직업교육을 받아야 했기 때문이다. 실제로 그는 여섯 살부터 열 살까지 기술예비학교에 다녔고, 열한 살부터 열세 살까지 상인예비학교에 다녔고, 열네 살 때부터 스무 살까지 피렌체의 금세공사이자 미술가였던 베로키오의 작업실에서 교육을 받았다.[24] 즉 그는 오늘날로 치면 나이 마흔이 될 때까지 인문학이 뭔지조차 몰랐다고 할 수 있다. 한편으로 그는 인문고전 독서를 매우 힘겨워했고, 생각의 수준을 인문고전 저자의 수준으로 끌어올리는 과정을 심히 고통스러워했다. 그리고 당시 인문학의 기본 언어인 라틴어를 정복하고 싶어 라틴어 문법책을 여섯 권이나 소장하고, 수천 개에 이르는 라틴어 단어를 공책에 적어서 외우고, 라틴어 교과서 한 권을 통째로 베껴 쓰기까지 했지만, 죽을 때까지 그 소망을 이루지 못했다.[25] 한마디로 다빈치는 오늘날의 우리와 처지가 비슷했다. 그도 우리처럼 학교에서 인문학을 배우지 못했고, 사회에 나와서는 먹고살기 바빠서 인문학을 하지 못했다. 그러다가 뒤늦게 중요성을 깨닫고, 인문학 공부를 시작했지만 쉽지 않았다. 특히 인문고전을 원어로 읽는 일은 좌절에 좌절을 거듭했다. 그런데도 그는 자신만의 특별한 인문학 공부법으로 사고의 혁명을 일으켰고, 인문고전을 집필한 천재들을 뛰어넘는 인문학적 생각 시스템을 만들었으며, 이를 통해 당시 밀라노에 널리고 널린 중간급 장인에서 우리가 알고 있는 그 위대한 천재, 다빈치로 거듭났다. 자, 그럼 다빈치의 특별한 인문학 공부법에 대해서 알아보자. 그에게는 다음 열한 가지 공부법이 있었다.

첫째, 자기암시를 하라. 앞에서도 이야기했지만 레오나르도 다빈치는 인문학을 공부하면서 많은 어려움을 겪었다. 그렇다 보니 인문학이고 뭐고 다 포기하고, 편안하게 살고 싶은 욕구에 사로잡히곤 했다. 사실 그에게는 인문학을 공부하지 않아도 되는 충분한 이유가 수십 가지는 있었다. 대표적으로 그의 본업은 미술이었다. 냉정하게 생각한다면 라틴어를 외우고, 인문고전을 뒤적일 시간에 미술에 집중해야 했다. 또 그는 너무 바빴다. 자신이 벌인 프로젝트는 물론이고 외부에서 의뢰받은 프로젝트까지 하려면 정말이지 1분 1초가 아쉬웠다. 또 그가 인문학을 포기한다고 해서 뭐라 할 사람은 하나도 없었다. 하지만 그는 그 모든 부정적인 이유를 단 하나의 긍정적인 이유로 덮었다. 그것은 나 자신을 계발해서 세상에 도움이 되는 삶을 살고 싶다는 것이었다. 즉 그의 인문학은 자기계발의 기본 정신인 '수신제가 치국평천하'를 위한 것이었다. 그는 노트에 이런 기록을 남겼다.

나는 세상에 도움이 되는 존재가 되기 위해 끝없이 노력할 것이다. 나는 어떤 고된 노동에도 지치지 않을 것이다. 타인을 위한 봉사도 마찬가지다. 절대로 지치지 않을 것이다. 이게 바로 나의 축제 같은 삶을 위한 모토다.

이를 위해 다빈치가 선택한 자기계발 기법은 자기암시였다. 그는 스스로 이런 주문을 걸었다.

"만능인萬能人이 되는 것은 쉽다."

"위대한 존재로 선택받은 인간은 자신의 결심을 절대 바꾸지 않는다. 나는 그 어떤 방해물 앞에서도 결심을 바꾸지 않을 것이다."

"나는 그 어떤 장애물도 고된 노력으로 극복한다."

그러니까 그는 자기 자신에게 '나는 위대한 존재다' '내가 인문학 분야에서 뛰어난 존재가 되는 것은 쉬운 일이다' '나는 그 어떤 좌절이 닥쳐와도 인문학을 공부하기로 한 결심을 바꾸지 않는다. 그리고 그 상황을 고된 노력으로 극복한다'는 암시를 걸었다. 뇌과학계의 주장에 따르면 자기암시는 뇌에 직접적인 영향을 미친다. 그리고 뇌의 능력을 변화시킨다. 만일 '내가 만능인이 되는 것은 쉽다'는 암시에 걸리면, 당신의 뇌는 그동안 자신에게 걸려 있던 다른 암시, 즉 '내가 만능인이 되는 것은 불가능하다'를 깨뜨리고 능력을 발휘하기 시작한다. 다빈치가 뇌의 이런 비밀에 대해서 알고 있었는지는 모르겠다. 어쨌든 그는 인문학을 공부할 때 스스로 최고의 자기암시를 걸었고, 그 효과를 톡톡히 봤다.

둘째, 원전을 읽어라. 다빈치는 인문고전을 원전으로 읽었다. 이를 위해서 라틴어를 따로 공부했다는 사실은 앞에서 밝혔다.

셋째, 원전을 필사하라. 다빈치는 인문고전 원전을 필사했다. 참고로 그는 라틴어 문법책과 수학, 과학 관련 책들도 손수 베껴 썼다. 필사는 다빈치의 기본적인 독서법이었다.

넷째, 홀로 사색하라. 다빈치는 말했다. 자신이 연구하고 공부한 내용은 온 정신을 집중해서 되새겨야 하는데, 이때 홀로 있어야 한다고. 그러면 내가 나 자신의 주인, 즉 사색의 주인이 될 수 있다고. 그런데 만일 친구가 곁에 있으면, 나는 반쪽만 사색하게 된다고. 그러면서 이렇게 조언한다. 때로 가족과 친구들을 뒤로하고 도시를 떠나 산과 계곡이 있는 자연으로 향하라고. 그리고 작열하는 태양의 열기에 자신을 내맡기라고. 그렇게 홀로 자연을 경험하면 영혼 가득 충만해지는 사색과 깨달음의 시간이 온다고.

다섯째, 잠들기 전 사색하라. 다빈치는 매일 공부하고 연구한 것을 잠들기 전 침대에 누워서 다시 한번 정밀하게 생각해보는 습관

이 있었다. 우리가 잠자리에 들 때, 현재 의식은 잠들어도 잠재의
식은 잠들지 않는다. 오히려 활발하게 활동한다. 그런데 잠재의식
은 전체 의식의 80퍼센트 이상을 차지하고, 천재성과 깊은 연관이
있다. 즉 세상의 모든 천재는 자기만의 방식으로 잠재의식을 일깨운
사람들이다. 다빈치의 방식은 잠들기 전의 작은 사색이었다.

여섯째, 인문학 공부노트를 써라. 다빈치는 인문학을 공부하면 반
드시 노트를 썼다. 그는 보통 다음 세 가지를 기록했다.

1. 새롭게 알게 된 인문학적 지식

2. 이를 토대로 사색한 내용

3. 지식과 사색의 적용, 즉 관찰하고 실험한 내용

즉 그의 인문학 공부노트는 '지식-사색-적용'이라는 3단계 원칙
에 따라 쓰였다. 한편으로 그는 노트를 쓸 때 풍부한 그림을 곁들
였다. 즉 그의 노트는 단순한 노트가 아니었다. 좌뇌^{문자}와 우뇌^{그림}를
모두 단련하는 전뇌^{全腦} 학습의 도구였다.

일곱째, 작가와 함께하라. 다빈치는 위대한 작가를 존경하고 사랑
하고 숭배했다. 그는 처음엔 마치 오늘날의 10대 아이들이 연예인
에게 그러하듯이 작가에게 빠져들었다. 그는 특히 자기 시대의 유
명 작가 레온 바티스타 알베르티[26]의 책을 미친 듯이 읽었고, 알베르

티처럼 쓰기 위해 노력했고, 알베르티처럼 살고자 애를 썼다.[27] 이후 그는 작가를 직접 찾아가서 조언을 듣는 단계를 거쳐 토론하는 단계까지 올라가고, 나중에는 친구가 되어 그에게 애정 어린 지도를 받고, 함께 책을 쓰는 경지까지 이른다.[28] 책만 봐서는 알 수 없는 지식과 지혜를 다빈치는 작가들과 교류하면서 전수받아 폭발적으로 성장했는데, 여기에 사색과 깨달음을 더하면서 마침내는 당대의 모든 작가를 뛰어넘게 됐다.

여덟째, 도서관을 사랑하라. 다빈치가 서른아홉 살 때의 일이다. 그는 이탈리아 북부에 있는 파비아Pavia에서 대성당 건축 작업에 참여하고 있었다. 그러다가 운명처럼 당시 유럽에서 가장 유명한 도서관 중 하나인 비스콘티가家의 도서관을 만나게 됐다. 얼마 뒤 그가 맡은 작업이 끝났다. 하지만 그는 밀라노로 돌아가지 않았다. 대신 비스콘티가의 도서관으로 들어갔다.[29]

이때 그는 막 경제적 안정기에 들어서던 차였다. 밀라노의 작업장으로 돌아가지 않는다면 어렵게 이룬 경제적 기반이 무너질 염려가 있었다. 하지만 그는 돈 대신 도서관을 선택했다. 그는 무려 6개월 넘게 도서관에서 살면서, 도서관의 모든 지식을 빨아들였다. 그렇게 그는 머릿속에 도서관을 가진 사람이 됐다. 그는 도서관 생활을 마치고 밀라노에 돌아가자마자 치열하게 노트 작업을 했다. 그가 비스콘티가의 도서관에서 얻은 지식과 지혜는 그렇게 두 권의 노트에 기록됐다. 또 그는 이 도서관에서 공부하다가 유클리드의《기하학 원론》을 만났는데, 이는 훗날 약 8년에 걸친 유클리드《기하학 원론》완독 프로젝트로 이어졌다.

아홉째, 인문학 서재를 만들어라. 인문학을 진지하게 공부하다 보면 자연스럽게 나만의 인문학 서재를 꾸미게 된다. 다빈치도 마찬가지였다. 본래 그는 단 한 권의 책도 소장하고 있지 않았다. 하지만 인문학에 관심을 갖기 시작하면서 자연스럽게 책을 소장하게 됐고, 서재까지 꾸미게 됐다. 처음에 그는 고작 5권의 책을 소장했지만 약 8년 뒤인 1490년에는 40권을 소장했고, 1505년 무렵에는 116권을 소장했다. 그리고 나중에는 200여 권 넘는 책을 갖추게 됐다. 이는 당시 유럽 최고 수준의 인문학자들도 갖추기 힘든 분량이었다. 즉 다빈치는 오늘날로 치면 개인 서재에 아이비리그 대학의 인문학부 교수들보다 더 많은 책을 소장하고 있었다.

다빈치의 서재를 보면 그의 다방면에 걸친 창조성의 원천은 책이었음을 알 수 있다. 그는 신학·문학·역사·철학·과학·수학·의학·해부학·건축학·군사학·지리학·지질학·천문학 등 다방면의 책을 소장했다. 즉 그는 독서를 통해 창조적인 Think를 했고 이를 다방면에 걸친 작업을 통해 구체화했다. 다음은 당신의 인문학 공부에 도움이 될 만한 다빈치의 독서목록이다.[30]

1. 성경

2. 소크라테스 이전 철학자들: 탈레스 · 아낙시만드로스 · 아낙시메네스 · 피
   타고라스 · 크세노파네스 · 헤라클레이토스 · 파르메니데스 · 제논 · 엠페도클
   레스 · 아낙사고라스 · 레우키포스 · 데모크리토스 등

3. 히포크라테스: 《선서》《신성한 질병에 관하여》《전통의학에 관하여》 등[31]

4. 크세노폰: 《소크라테스 회상》《아나바시스》《키로파이디아》《헬레니카》 등

5. 플라톤: 《소크라테스의 변명》《파이돈》《국가》《필레보스》《정치가》《티마이
   오스》《소피스트》《법률》 등

6. 아리스토텔레스: 《범주론》《명제론》《시학》《정치학》《형이상학》《자연학》
   《영혼에 관하여》《니코마코스 윤리학》 등

7. 유클리드: 《기하학 원론》

8. 아르키메데스: 《평면의 균형에 관하여》《구와 원기둥에 관하여》《소용돌이
   선에 관하여》 등

9. 루크레티우스: 《사물의 본성에 관하여》

10. 베르길리우스: 《전원시》《농경시》《아이네이스》

11. 호라티우스: 《송가》《서간집》《시론》《플로루스에게 보내는 편지》《세기의
    찬가》 등

12. 티투스 리비우스: 《로마사》

13. 오비디우스: 《로마의 축제들》《변신 이야기》《사랑의 기술》《사랑의 노래》
    《슬픔의 노래》 등

14. 이솝: 《우화》

15. 대大 플리니우스: 《박물지》

16. 쿠인틸리아누스: 《변론가의 교육》《수사학의 몰락 원인에 대하여》 등

17. 플루타르코스: 《전기》《영웅전》《윤리론집》 등

18. 마르쿠스 아우렐리우스: 《명상록》

19. 로저 베이컨: 《철학개론》《자연철학의 일반원리》《수학의 일반원리》《실험
    과학의 본질》 등

20. 토마스 아퀴나스: 《신학대전》《세상의 영원성에 관하여》《존재와 본질에 관
    하여》《자연의 원리들에 관하여》 등

21. 단테: 《제정론》《향연》《신곡》 등

22. 페트라르카: 《나의 비밀》《칸초니에레》《승리》 등

열째, 인문고전을 극복하라. 다빈치는 인문고전을 읽을 때 보통
다음 세 단계를 거쳤다.

1. 무조건적으로 받아들이기

2. 저자의 생각 시스템을 파악하고, 자신에게 적용하기

3. 저자의 생각 시스템을 뛰어넘는 생각 시스템 만들기

다빈치는 인문고전을 극복하기 위해 노력했다. 이는 그가 인문고

전의 저자들보다 자기 자신을 더 소중히 여겼기에 가능한 일이었다. 인문고전 저자들의 생각은 마치 어둠 속의 별들처럼 찬란하다. 인문학을 하는 많은 사람들이 그 빛에 눈이 멀어 자기 자신을 잃어버리고 만다. 인문고전 저자를 맹목적으로 추종하는 사람이 된다는 의미다. 하지만 인문학은 그 저자가 아닌 나 자신을 위해 하는 것이다. 다빈치는 이 사실을 잘 알았다. 그는 어둠 속에서 찬란하게 빛나는 별들의 존재를 인정했지만, 지상에서 빛나고 있는 자신의 존재도 인정했다. 그리고 언젠가는 자신도 하늘로 올라가서 그들처럼 세상을 비출 수 있다고 믿었다. 그는 제아무리 위대한 저자의 책이라도 반드시 자기 자신과 주변 사람들과 인간 세상과 자연계에 적용해봤다. 그래서 '옳다' 또는 '도움이 된다'고 판단한 내용은 적극적으로 받아들이고, '옳지 않다'라거나 '도움이 되지 않는다'고 판단한 내용은 과감하게 버렸다. 그렇게 다빈치는 인문고전을 극복하면서 자기 자신 또한 극복했다.

열한째, 자주 휴식하라. 다빈치는 휴식의 중요성을 잘 알았다. 그는 자주 몸과 마음에 충분한 여유를 누렸다. 그래야 휴식 없이 독서하고 일하는 것보다 훨씬 더 나은 결과를 얻을 수 있다는 사실을 잘 알았기 때문이다. 다빈치에게 휴식은 단순한 쉼이 아니라 또 다른 인문학 공부였다.

자신만의 '생각 주간'을 만들어라

내가 보기에 빌 게이츠의 'Think Week'는 레오나르도 다빈치의 인문학 공부법에서 영감을 받아 탄생했다. 'Think Week'의 핵심은 다빈치의 인문학 공부법 중 '홀로 사색하라', 즉 '가족과 친구들을 뒤로하고, 도시를 떠나 산과 계곡이 있는 자연으로 향하라. 그렇게 홀로 자연을 경험하면서 영혼 가득 충만해지는 사색과 깨달음의 시간을 가져라'이기 때문이다.

게이츠의 'Think Week'는 그가 스물다섯 살이던 해, 그러니까 지금으로부터 40년 전인 1980년에 탄생했다. 이때부터 그는 외가에서 다빈치처럼 홀로 독서하고 사색하면서 마이크로소프트의 미래를 설계했다. 그러다가 'Think Week'에서 탄생한 경영 전략 덕분에 마이크로소프트가 마법처럼 성장하기 시작하고 돈을 벌게 되자, 미국 서북부에 있는 산과 숲으로 둘러싸인 한 호숫가 주변 땅을 매입했다. 그러고는 그곳에 2층짜리 통나무집을 지었다. 이후 그는 마이크로소프트 CEO에서 은퇴할 때까지 매년 두 차례씩 이 통나무집에서 'Think Week'를 보냈다. 다음은 그가 마이크로소프트 CEO 시절에 지켰던 'Think Week' 원칙이다.

첫째, 철저하게 준비하라. 게이츠는 최소 몇 개월 전부터, 그리고 그의 비서진은 보통 2개월 전부터 'Think Week'를 준비했다. 많은 사람들이 '생각'은, 그냥 하면 되는 것인 줄 안다. 하지만 그렇지 않다. 인문학적 생각, 그러니까 문명적 의미의 'Think'를 하려면 마치 히말라야 산맥을 오르는 등반가들처럼 준비하고 훈련해야 한다. 그렇다면 게이츠는 무엇을 준비했을까. 여러 자료를 놓고 추론해보면 그는 다음 네 가지를 준비했다.

1. 닮고 싶은 인문고전 저자 선정
2. 통나무집 서재를 가득 채울 인문고전 선정
3. 전 세계 마이크로소프트 임직원들이 작성한 보고서와 제안서 선별
4. 'Think'의 주제와 방향 선정

둘째, 완벽하게 홀로 있어라. 게이츠가 'Think Week'를 보내는 공간에는 그 누구도 출입할 수 없었다. 여기에는 가족, 마이크로소프트의 고위 임원들도 포함됐다. 게이츠는 'Think Week' 기간에는 가족과 회사보다 'Think'를 더 우선하겠다는 입장을 명확하게 밝힌 것이다. 즉 그의 'Think Week'는 단순한 '생각 주간'이 아니었다. 마치 전쟁터의 장수가 그리하듯이 자신의 모든 것을 걸고 'Think'에 임하는, '생각 전쟁' 주간이었다.

셋째, 인문고전 저자의 눈높이에서 읽고, 생각하라. 게이츠는 'Think Week' 동안, 한쪽 벽에 인문고전 저자의 초상화가 걸려

있고, 나머지 벽은 인문고전으로 가득 찬 공간에서, 전 세계의 마이크로소프트 임직원들이 작성한 보고서와 제안서를 읽고 사색했다. 그는 인류 지혜의 정수인 인문고전을 집필한 천재들의 사고를 바탕으로 회사가 나아가야 할 방향을 'Think' 하고자 노력했다. 참고로 게이츠는 일주일에 약 100건의 보고서와 제안서를 읽었다고 한다.

그런데 여기서 주의할 점이 하나 있다. 그것은 게이츠의 'Think Week'는 평소 습관의 연장에 불과하다는 것이다. 게이츠는 세계 최고의 독서광이자 사색광이다. 그는 초등학교 시절부터 도서관에서 살다시피 했다. 그는 겨우 열 살의 나이에 도서관의 백과사전을 모두 독파한 기록도 가지고 있다. 또 그는 남들이 4~5쪽 분량의 독후감을 쓸 때 20~30쪽 분량의 독후감을 쓰는 것으로도 유명했다. 여기에 더해 그는 '평일엔 무조건 한 시간 독서, 주말엔 무조건 서너 시간 독서'라는 독서원칙을 평생 지켜오고 있다. 그는 세계에서 가장 바쁘게 살던 마이크로소프트 CEO 시절에도 이 독서원칙을 지켰다. 한편으로 그는 한번 사색에 잠기면 몇 시간씩 꿈쩍도 안 하고 오직 생각만 하는 독특한 습관이 있다. 즉 게이츠의 'Think Week'는 어느 날 갑자기 툭 튀어나온 게 아니다. 평소 독서 습관과 사색습관에서 비롯된 것이다. 그러니 만일 누구라도 게이츠의 'Think Week'를 실천하고 싶거든 무엇보다 먼저 평일과 주말에 독서하고 사색하는 시간을 정하라. 그리고 무슨 일이 있더라도 자신이 정한 독서하고 사색하는 시간을 지켜라. 그러면 언젠가 자연스럽게 자신만의 생각 주간을 갖게 될 것이다.

아인슈타인의 상대성이론이
바로 'Think Different'다

앞에서 스티브 잡스의 'Think Different'는 하이데거의 'Think Different'를 컴퓨터 기술에 적용, 유비쿼터스 컴퓨팅을 탄생시킨 마크 와이저의 'Think Different'를 차용한 것임을 밝혔다. 그렇다면 잡스의 'Think Different'는 없었던 것일까. 아니다. 비록 잡스는 컴퓨터 기술에 있어서는 와이저의 'Think Different'를 차용했지만, 애플의 경영에 있어서만큼은 독자적인 'Think Different'를 했다.

잡스가 독자적인 'Think Different'의 본보기로 삼은 사람은 아인슈타인이었다. 빌 게이츠가 집무실에 레오나르도 다빈치의 초상화를 걸어놓고는 시시때때로 마음속으로 대화하면서 다빈치처럼 'Think' 할 수 있기를 간절히 소망했던 것처럼, 잡스 또한 침실에 아인슈타인의 초상화를 걸어놓고는 하루의 시작과 끝을 함께하면서, 아인슈타인처럼 'Think' 할 수 있기를 열망했다. 그런데 아인슈타인의 'Think Different'는 상대성이론이다. 잡스는 상대성이론을, 창시자인 아인슈타인처럼 완벽하게 이해하려고 노력했던 걸까. 아니다. 그에 관한 자료들을 보면 그는 상대성이론에는 별 관심이 없었다. 대신 그는 시간과 공간에 관한 수천 년 인류의 관점을 하루아침에 붕괴시키고, 인류에게 새로운 관점을 갖게 한 아인슈타인의 'Think Different'를 만든 힘이 무엇인지, 그리고 그 힘을 어떻게 하면 자신의 것으로 만들 수 있을지에 애끓는 관심을 보였다.

이미 《리딩으로 리드하라》에서 자세하게 밝혔지만, 아인슈타인은 다빈치와 더불어 후천적인 노력자기계발을 통해 천재가 된 대표적인 사례다. 과거에 학자들은 천재는 타고난다고 믿었고, 그렇게 주장했다. 하지만 과학, 특히 교육과학이 발달하면서 이런 믿음은 잘못된 것으로 드러났고 주장은 폐기됐다. 대신 천재는 교육을 통해서 계발된다는 이론이 학계의 주류로 자리 잡았다.[32]

평범한 두뇌에서 천재의 두뇌로, 열 가지 생각공부법

다시 아인슈타인의 자기교육 이야기로 돌아가자. 익히 알려진 대로 아인슈타인은 열세 살 때 막스 탈무드에게 유클리드를 소개받았고, 열네 살 때는 칸트를 소개받았다. 그리고 이때부터 자신의 두뇌를 인문고전으로 무섭게 단련하기 시작했다. 그는 거의 매일 고통스러울 정도로 독서하고 토론하고 사색했고, 때때로 '깨달음^{인문고}^{전을 집필한 천재들이 내면의 황홀한 빛이라고 표현한}'이 주는 환희에 사로잡혔다. 그때마다 그의 두뇌는 조금씩 바뀌어갔다. 평범한 두뇌에서 천재의 두뇌로 말이다. 우리는 이 사실을 잘 알아야 한다. 아인슈타인에게 천재적 사고와 상대성이론이 찾아오기 전에 10년 넘는 인고의 자기교육 시간이 있었음을 이해해야 한다. 그래야 아인슈타인의 'Think Different'를 만든 힘, 즉 아인슈타인의 인문학 공부법, 좀더 근본적으로 말하면 인문학을 통한 생각공부법[33]을 제대로 알 수 있고 또 온전히 내 것으로 만들 수 있다. 자, 그럼 아인슈타인의 인문학 공부법, 즉 생각공부법으로 들어가보자. 그에게는 다음 열 가지 생각공부법이 있었다.

첫째, 이미지로 생각하라. 아인슈타인은 과학자인데도 숫자나 공식으로 생각한 적이 없다. 그는 예술가처럼 이미지로 생각했다. 그는 이렇게 고백했다.

"이미지는 본질이고, 숫자나 기호는 현상이다. 내가 무엇인가를 생각할 때, 먼저 이미지들이 떠오른다. 내가 그 이미지들을 마음대로 다룰 수 있게 된 뒤에야 비로소 내 생각을 말이나 숫자로 표현할 수 있다."[34]

아인슈타인은 상대성이론을 만들 때도, 빛줄기 위에 올라탄 자신의 이미지를 비롯해 훗날 '아인슈타인의 사고실험思考實驗'이라 불리게 되는 여러 이미지를 오래도록 생각했다. 그리고 그 이미지들을 온전히 자기 것으로 만든 뒤에야 $E=mc^2$이라는 공식을 탄생시킬 수 있었다. 참고로 아인슈타인은 스위스 최고의 인문학자이자 교육학자인 페스탈로치가 만든 학교에 다녔는데, 여기서 서양 최고 수준의 형상화 교육, 즉 이미지로 생각하는 교육을 받았다.《생각의 탄생》을 공동집필한 로버트 루트번스타인과 미셸 루트번스타인에 따르면 어린 아인슈타인이 받았던 그 교육의 핵심은 "어떤 물리학적인 상황을 구체적인 형체가 있는 것처럼 보고, 느끼고, 조작하고, 변화를 관찰하되 이 모든 것을 머릿속에서 상상하는 것"이었다고 한다.[35] 아인슈타인의 위대한 창조성은 특별한 교육에서 비롯된 것이었다. 그렇다면 이미지로 생각하려면 어떻게 해야 할까. 내 경험에 따르면 책을 읽고, 글을 쓰고, 예술을 하면 된다. 이 세 가지는 이미지로 생각하는 법을 연구하는 거의 모든 학자가 추천하는 방법이다.

둘째, 클래식을 사랑하라. 아인슈타인은 클래식을 사랑한 부모의 영향으로 엄마 배 속에 있을 때부터 클래식을 들었고, 다섯 살 때부터는 바이올린을 연주했다. 이후 그는 클래식 마니아라는 소리를 들을 정도로 클래식 연주와 감상에 깊이 빠져들었다. 경험해본 사람들은 잘 알겠지만 여느 음악들과 달리 클래식은 뇌에 직접적인 영향을 준다. 위대한 음악가들의 내면에 존재했던 찬란하고 아름다운 소리가 듣는 이의 두뇌로 쏟아져 들어와서 수많은 뇌세포들을 하나하나 새롭게 빛나게 만든다고나 할까. 물론 그 순간은 폭풍 같은 감동을 위해 있다. 하지만 어떤 이들은 그 감동 속에서 자신도 모르게 위대한 음악가들의 천재성과 만나고, 뇌의 성장을 경험한다. 아마 아인슈타인도 그랬던 것 같다. 그의 두뇌 성장 속도는 그가 클래식에 빠져든 속도에 비례했기 때문이다. 한편으로 아인슈타인은 클래식을 사색의 동반자로 삼았다. 그는 상대성이론을 두고 사색에 사색을 거듭하다가 도저히 넘을 수 없는 생각의 벽을 만났다고 느끼면, 잠시 멈추고 피아노 앞에 앉거나 바이올린을 집어들었다. 그러고는 무아지경이 될 때까지 연주했다. 그러면 신기하게도 눈앞의 벽을 훌쩍 뛰어넘어, 새로운 세계로 진입한 자신과 만나곤 했다. 참고로 아인슈타인은 바흐, 모차르트, 슈베르트를 특별히 좋아했다고 한다.

셋째, 도서관에서 생각하라. 아인슈타인은 레오나르도 다빈치처럼 도서관에서 책을 읽으면서 사색하는 것을 좋아했다. 한번은 크리스마스 휴가에 도서관이 문을 닫자, 당직을 서고 있던 직원과 싸우기까지 하면서 입장 허가를 얻어 휴가 기간 내내 홀로 도서관에 머문 적도 있었다.

넷째, 작가처럼 생각하라. 아인슈타인은 책을 통해, 좀더 정확히 말하면 작가를 통해 성장했다. 대표적으로 상대성이론의 출발점이라고 할 수 있는 '빛줄기 위에 올라탄 나 자신을 상상하기'는 당시 과학 분야 베스트셀러 작가 아론 베른슈타인이 쓴 '내가 전기가 되어 전선을 통과하는 장면을 상상해보자'를 실천하는 과정에서 탄생했다. 한편으로 아인슈타인은 다빈치처럼 작가를 존경하고 사랑했는데, 한때 자신에게 철학적으로나 물리학적으로 큰 영향을 미친 책을 집필한 에른스트 마흐Ernst Mach가 오스트리아 빈 근교에서 반신이 마비된 채 외롭게 살고 있다는 소식을 접하자, 프라하에서 작가의 집까지 한걸음에 달려가 존경과 감사를 표하고, 병마에 지친 그의 마음을 위로한 적도 있다.[36]

다섯째, 자기 머리로 생각하라. 아인슈타인은 갈릴레오·뉴턴·맥스웰·로런츠의 이론을 치열하게 공부했고, 이들의 생각 시스템을 자기 것으로 만들고자 애썼다. 그리고 실제로 이 네 사람이 쌓은 물리학의 토대 위에서 상대성이론을 구축했다.[37] 즉 아인슈타인은 위대한 학자들의 생각을 빌리는 것을 주저하지 않았다. 하지만 그는 그 생각을 오직 자신의 생각을 발전시키는 데 사용했다. 그는 제아무리 위대한 천재의 두뇌와 만나도 흡수되지 않았다. 오히려 전부 흡수했다. 이는 그가 자신의 머리로 생각하는 능력을 기르는 것을 최우선으로 삼았기에 가능한 일이었다.

여섯째, 생각을 글로 표현하라. 아인슈타인은 생각을 반드시 글로 표현했다. 그는 하루 중 오후 시간엔 무조건 책상에 앉아서 글을 쓰는 습관을 평생 동안 유지했다. 참고로 아인슈타인은 시, 논문, 신문 사설, 연설문 등 분야를 가리지 않고 썼는데, 책으로 치면 스물다섯 권이 넘는 분량의 글을 세상에 남겼다.[38]

일곱째, 생각을 실천하라. 아인슈타인은 학창 시절 쇼펜하우어의 책을 읽고는, 생각하는 사람은 생각하지 않는 군중과 거리를 두어야 하고 오직 자신의 생각에 따라 행동해야 한다는 쇼펜하우어의 철학에 깊이 빠져들었다. 이후 아인슈타인은 타인의 시선을 신경 쓰지 않고 오직 자신이 생각하는 대로 살기 위해 노력했다. 물론 그렇게 살면 집단에서 환영받지 못하고 심지어는 따돌림을 당할 수도 있다는 사실을 잘 알았다. 실제로 아인슈타인이 통념을 벗어나서 사고하고 행동하자 심한 반발이 뒤따랐다. 하지만 아인슈타인은 이에 굴하지 않고 자신의 생각을 실천했다. 그는 집단에 맞추느라 자신을 잃는 대신 차라리 집단을 잃고 자신을 지키는 것을 선택했다.

여덟째, 토론하라. 당대의 유명 작가라든가 유명 지식인이 아니면 일절 토론하지 않았던 다빈치와 달리 아인슈타인은 상대가 누구든 가리지 않고 토론했다. 그는 어린 시절에 자신의 인문학 멘토인 막스 탈무드와 칸트의 《순수이성비판》을 한 글자, 한 글자 읽어나가면서 몇 시간씩 토론했고, 스위스 주립 중등학교 시절에는 철학과 역사를 가르치던 선생님의 집에서 하숙하면서 선생님은 물론이고, 자기 또래인 선생님 딸들과 매일 몇 시간씩 철학 토론을 벌였다. 그의 토론문화는 스위스 취리히연방 공과대학에서 꽃을 피웠다. 그는 같은 과 친구들과 특별한 토론규칙을 만들었는데 다음과 같았다.

1. 되도록 아침 늦게 일어난다. ^{밤늦게까지 토론해야 하니까.}

1. 되도록 아침 늦게 일어난다.^밤늦게까지 토론해야 하니까.

2. 되도록 오전 수업만 듣는다. 강의시간에 실컷 졸거나 강의를 듣지 않고, 호수에서 배를 타는 것을 환영한다.^체력을 비축할 수 있고, 토론에 정력적으로 임할 수 있으니까.

3. 오후엔 무조건 카페에 책을 들고 모여서 토론을 시작한다. 만일 오후에 수업이 있다면 들어도 좋지만 되도록 빼먹는 것을 권한다.[39] ^중요한 건 수업이 아니라 독서와 토론이니까.

대학을 졸업하고 취직자리를 구하던 시절에는 주변에 딱히 토론할 만한 사람이 없자 신문에 광고를 내서 토론모임을 만들었다. 이때 만들어진 '올림피아 아카데미'는 아인슈타인이 특허청에 취직한 뒤에도 열정적으로 이어갔다. 스위스 베른에 있는 특허청 공무원 시절 아인슈타인은 주말엔 무조건 올림피아 아카데미 회원들과 토론을 하면서 보냈고, 평일에도 툭하면 점심시간에 회사를 빠져나와 이들과 점심을 먹으면서 물리학, 철학 토론을 벌였다. 나중에는 특허청에 온갖 로비를 벌인 끝에 대학 시절부터 좋은 토론 동료였던 미켈레 베소^Michele Besso를 취직시켰고, 그와 함께 거의 매일 철학적·

물리학적 토론을 벌였다.[40] 참고로 아인슈타인은 훗날 올림피아 아카데미 회원들과 토론을 하면서 상대성이론의 개념을 잡을 수 있었고, 베소와 토론을 통해 상대성이론의 결론에 이르는 핵심 아이디어를 도출할 수 있었다고 고백했다.

특허청 공무원을 그만두고 대학교수가 됐을 때도 그는 수업시간 내내 제자들과 토론만 했다. 막스 플랑크, 마리 퀴리 등 노벨상 수상 과학자들이 한꺼번에 참석한 솔베이 회의에서도 참석자들과 토론하느라 바빴다. 이때 아인슈타인은 노벨상 수상자가 아니었지만 토론에 주저함이 없었다. 이후 미국으로 건너가 프린스턴 고등연구소에 정착하게 되자 여기서도 세상을 떠날 때까지 독서와 토론을 거듭하면서 사고를 가다듬었다. 아인슈타인의 지적인 삶을 한 문장으로 정리한다면, 그는 읽고 토론하고 사색했다. 아인슈타인에게는 다음 일곱 가지 토론 규칙이 있었다.[41]

1. 토론할 책을 정하고 읽는다.
2. 토론할 주제를 정하고, 책의 내용 중 토론 주제와 관련된 부분을 발췌한다.
3. 카페에 모여서 발췌한 부분을 함께 읽고, 각자 생각을 자유롭게 이야기한다.
4. 서로 존중하는 분위기 속에서 철학적·과학적 논쟁을 시작한다.
5. 논쟁은 모두가 수긍할 만하고 발전적인 결론을 내렸을 때 비로소 끝을 맺는다. 덧붙이자면 아인슈타인의 토론은 보통 저녁에 시작돼 이튿날 아침

에 끝났다. 하지만 결론이 나지 않으면 만족할 만한 결론이 나올 때까지 열흘이 걸리든 한 달이 걸리든 1년이 걸리든 기간을 개의치 않고 계속 토론했다.

6. 만일 책의 저자가 동시대 인물이라면 되도록 직접 찾아가서 겸손하게 가르침을 구하고, 이 과정을 통해 책이라는 제한된 형태로 드러난 저자의 근본적인 사상을 배운 뒤 이를 주제로 치열하게 토론한다.[42]

7. 토론을 마치면, 격렬하게 불타오른 각자의 두뇌를 쉬게 하고 잠시 격해진 서로의 관계를 회복하기 위해 맛있는 식사, 간단한 산책, 클래식 감상 및 연주, 등산, 도보 여행 같은 사소한 일을 하면서 휴식 시간을 보낸다.

다음은 아인슈타인이 토론을 위해 읽은 대표적인 도서목록이다.[43]

1. 소포클레스: 《오이디푸스 왕》《안티고네》《아이아스》《트라키스 여인들》 등

2. 플라톤[44]

− 초기 대화편: 《소크라테스의 변명》《크리톤》《라케스》《뤼시스》《카르미데스》《에우튀프론》《소小 히피아스》《대大 히피아스》《프로타고라스》《고르기아스》《이온》

− 중기 대화편: 《메논》《파이돈》《국가》《향연》《파이드로스》《에우튀데모스》《메넥세노스》《크라튈로스》

− 후기 대화편: 《파르메니데스》《테아이테토스》《소피스테스》《정치가》《티마

이오스》《크리티아스》《필레보스》《법률》

3. 에피쿠로스[45]: 《자연에 관하여》

4. 유클리드: 《기하학 원론》

5. 세르반테스: 《돈키호테》《모범소설》 등

6. 스피노자: 《에티카》《신학정치론》《국가론》《정치학 논고》 등

7. 뉴턴: 《광학》《프린키피아》 등

8. 라이프니츠: 《형이상학 논고》《변신론》《모나드론》 등

9. 흄: 《인간본성론》《영국사》《자연종교에 관한 대화》 등

10. 칸트: 《형이상학 서설》《순수이성비판》《실천이성비판》《판단력비판》 등

11. 쇼펜하우어: 《의지와 표상으로서의 세계》《자연에서의 의지에 관하여》《독
    일 철학에 있어서 우상 파괴》 등

12. 마이클 패러데이: 《전기의 실험적 연구》《화학과 물리학의 실험적 연구》
    《양초 한 자루에 담긴 화학 이야기》 등

13. 존 스튜어트 밀: 《논리학 체계》《경제학 원리》《자유론》《공리주의》《여성의
    종속》《자서전》 등

14. 헤르만 폰 헬름홀츠: 《이론 물리학 서설》《생리학적 광학 편람》 등

15. 베른하르트 리만: 《기하학의 기초에 관하여》〈주어진 수보다 작은 소수의
    개수에 관한 연구〉 등

16. 제임스 맥스웰: 《열의 이론》《전자기학》 등

17. 에른스트 마흐: 《감각의 분석》《인식과 오류》 등

18. 헨드릭 로런츠: 〈빛의 반사와 굴절 이론에 관하여〉〈복사 현상의 자기적 영향에 대한 연구〉 등

19. 앙리 푸앵카레: 《과학과 가설》《과학과 방법》 등

20. 칼 피어슨: 《과학의 문법》〈사망의 가능성과 진화의 다른 연구〉 등

21. 찰스 디킨스: 《두 도시 이야기》《올리버 트위스트》《데이비드 코퍼필드》 등

아홉째, 청강聽講을 완성하라. 1926년 4월 20일에 있었던 일이다. 이때 아인슈타인은 마흔일곱 살로 세계 과학계의 정점에 서 있었다. 이날 스물다섯 살의 하이젠베르크가 베를린 대학교로 강연하러 왔다. 이때 하이젠베르크는 '불확정성 원리'를 발표하기 전으로, 비록 닐스 보어 등에게 인정받고는 있었지만 애송이 물리학자에 불과했다. 그런데 놀랍게도 아인슈타인이 이 강의에 청중으로 참여했다. 더 놀라운 사실은 아인슈타인이 맨 앞자리에 앉아 가장 열성적으로 강의를 들었다는 점이다. 강연이 끝나자 다른 청중은 일제히 강연장을 빠져나갔지만, 오직 아인슈타인만 홀로 남아 강사인 하이젠베르크에게 존경과 감사를 표했다. 아인슈타인은 여기서 그치지 않고, 하이젠베르크를 집으로 초대했다. 그러고는 강의라는 제한된 형태로 드러난 하이젠베르크의 철학적·물리학적 사고와 그 배경이 머릿속에서 완벽하게 이해될 때까지 질문을 던지고, 답변을 들었다.[46] 덕분에 두 사람은 밤을 하얗게 지새워야 했다. 그러니까 아인슈타인

이 생각한 청강의 완성, 즉 강의를 제대로 듣는다는 것은 단순히 열심히 듣는 것을 넘어 일대일 대화와 토론을 통해 강사의 생각 시스템을 완벽에 가깝게 이해하고 내 것으로 만든다는 것이었다.

열째, 겸손하라. 아인슈타인은 1917년 4월 27일에 지인에게 이런 내용의 편지를 보냈다.

"철학고전을 읽을 때마다 내가 한 폭의 아름다운 그림 앞에서 마치 장님처럼 서 있는 것 같은 감정을 느낍니다. … 사변적인 철학은 참으로 내 능력을 넘어선 그 무엇입니다."

하지만 이때는 아인슈타인이 상대성이론을 발표한 지 10년 남짓한 시점이었다. 즉 그는 인류 최고 지성의 반열에 들어선 지 오래였다. 하지만 그는 인문고전 앞에서 한없이 겸손했다. 아인슈타인은 평생 칸트를 연구했다. 스피노자의 철학을 알게 된 뒤로는 스피노자 연구에 칸트 연구 이상의 정열을 쏟았다. 당연히 아인슈타인의 이런 모습은 서구 지식인 세계에 큰 파장을 일으켰다. 그러니까 모두가 아인슈타인의 칸트, 스피노자 철학 강의와 해설서를 간절히 원했다. 하지만 아인슈타인은 그 모든 요청을 거절했다. 자신은 칸트와 스피노자를 논할 정도의 학문적인 깊이를 갖추지 못했다는 게 그 이유였다.[47] 이처럼 아인슈타인은 인류 지혜의 보고인 인문고전의 세계 앞에서 평생 자신을 낮추었다. 그리고 겸손의 깊이만큼 지혜의 세계로 높이 올라갔다.

정리를 하자. 순우리말 '생각하다'의 고어^{古語}는 '괴다'이다. '괴다'는 '사랑하다'라는 의미다. 즉 '생각하다'는 '사랑하다'이다.

영어 'Think'의 기원인 그리스어 '노에시스'는 철학, 즉 '필로소피아φιλοσοφία'를 의미한다. 필로소피아는 '지혜를 사랑하다'라는 의미다. 즉 'Think'는 사랑이다.

당신의 생각이 사랑으로 충만하길 빈다. 인문학의 목적은 사람을 사랑하는 것이기 때문이다.

5장

인공지능의 딥러닝을
이기는 법 10

Think 하라

EIGHT *Think*

인공지능은 인간 중에서도 천재를 흉내 내고자 한다. 하지만 천재의 지적 능력 정도나 흉내 낼 수 있을 뿐 창조적 능력은 흉내조차 낼 수 없다. 아니 인공지능은 '천재의 창조'가 무엇인지조차 모른다. 하여 천재는 인공지능이 영원히 가닿을 수 없는 별로 남을 것이다.

- 《에이트》 중에서

천재의 창조는 천재의 Think에서 비롯된다.

인류 역사를 새롭게 쓴 동서양 합쓸 5000년 천재들의 How to Think는 총 10단계로 정리할 수 있다. 인간은 누구라도 이 10단계를 실천할 수 있고, 자신의 뇌를 천재들의 생각 시스템과 만나게 할 수 있다. 그리고 이 과정을 통해 자신의 Think를 크게 성장시킬 수 있다. 하지만 인공지능은 이 10단계를 절대 실천할 수 없다. 아니, 이 10단계가 무엇을 의미하는 것인지조차 알 수 없다. 천재들의 How to Think는 지식의 영역이 아니라 지혜의 영역이기 때문이다.

인공지능이 얼마든지 대체할 수 있는, 지식을 가진 사람에서 인공지능이 절대 대체할 수 없는, 지혜를 가진 사람으로 변화하라. 그러면 앞으로 나올 모든 인공지능이 당신을 영원히 가 닿을 수 없는 별로 인식하게 될 것이다. 물론 천재처럼 거대한 별은 아닐 것이다. 아주 작은 별일 것이다. 그러나 그 작은 별이 온 우주를 뒤덮은 어둠을 이기듯이 당신은 미래에 온 지구를 뒤덮게 될 인공지능을 초월하게 될 것이다.

답은 동서양 5000년 역사를 만든 천재들의 '사색공부법'에 있다

　우주에는 별들이 다니는 길이 있고, 하늘에는 새들이 다니는 길이 있고, 땅에는 사람들과 짐승들이 다니는 길이 있고, 바다에는 물고기들이 다니는 길이 있다. 그러니까 창조 세계의 모든 것에는 길이 있다. 이는 곧 생각에도 길이 있다는 것을 의미한다. 내가 보기에 인문학에는 세 가지 공부법이 있다.

　첫째는 사색을 표방하되 사실은 지식만 있는 인문학 공부법이다. 우리나라의 인문학이 대표적이다. 둘째는 사색의 모양은 있으나 본질은 없는, 당대의 지식인들처럼 생각하는 법은 배울 수 있으나 인문고전 저자들처럼 생각하는 법은 배우기 힘든 인문학 공부법이다. 서양의 아이비리그와 명문 사립의 인문학이 대표적이다. 셋째는 사색의 본질에 충실한, 인문고전 저자들처럼 생각하는 법을 배우는 인문학 공부법이다. 레오나르도 다빈치나 아인슈타인의 인문학 공부법이 대표적이다.

정리하면 첫째는 생각의 길을 모르는 인문학이고, 둘째는 작은 지혜에 이르는 생각의 길을 걷는 인문학이며, 셋째는 위대한 지혜에 이르는 생각의 길을 걷는 인문학이다. 어떤 사람은 이렇게 말할지도 모르겠다. "그저 인문고전을 열심히 읽으면 위대한 생각의 문이 열리는 것 아니냐, 굳이 위대한 지혜에 이르는 생각의 길을 알고 그 길을 걷는 수고를 해야 하느냐"라고 말이다. 이렇게 대답하고 싶다. 위대한 지혜에 이르는 생각의 길을 모르면 인문고전을 제아무리 열심히 읽더라도 헛일이 될 수 있다고. 왜냐하면 인문학을 창시하고 발전시켜온 동서양 인문고전의 저자들에게는 그들만의 사색공부법이 따로 있기 때문이다.

대표적인 사례를 몇 가지 들어보겠다. 중국 송나라 학자 진열陳烈은 치열하게 인문고전을 읽었지만 별 발전이 없었다. 이 난국을 타개하고자 그가 선택한 것이 동양 2500년 사색공부법의 기초인 '정좌靜坐를 통한 정심正心'[1]이었다. 그는 100일 동안 이 사색공부법을 실천했다. 이 기간 동안 인문고전은 전혀 읽지 않았다. 마침내 100일 뒤 정심이 이루어지자 비로소 인문고전을 다시 펼쳤다. 이때 그는 두뇌 깊숙한 곳에서 황홀한 깨달음의 빛이 비치는 것을 경험했다.

예장 나종언羅從彦은 인문학을 통해 자신을 성장시키고 싶어서 온 힘을 다해 노력했지만 독서와 사색의 수준이 낮고 얕다는 평가를 받았다. 어느 날 그는 동양 인문고전 저자들에게만 전수되어온 사색공부법을 알게 됐다. 그는 이 사색공부법을 터득하기 위해 모든 것을 정리한 뒤 산으로 들어갔다. 그러고는 3년 가까이 세상에 내려오지 않았다. 마침내 사색공부법을 완벽하게 터득했을 때 그는 인문학의 거장이 됐다. 그는 당대의 모든 지식인을 뛰어넘었고, '정자程子-양시楊時-나종언-이연평李延平-주자朱子'로 이어지는 성리학의 계보에 당당히 이름을 올리게 됐다.

지봉 이수광은 깊이 있는 독서를 통해 공자 이후 동양 인문학 천재들이 실천한 사색공부법의 존재를 알고 있었다. 하지만 정작 자신은 실천하지 않았다. 그러던 어느 날 불현듯 사색공부법의 한 종류인 '정좌를 통한 존심存心'[2]을 실천해봤다. 그러고는 이런 기록을 남겼다.

'시험 삼아 한두 달 존심을 실천하고 책을 읽으니 전과 달랐다. 전에는 도무지 이해할 수 없었던 부분들이 환하게 열리면서 깨달음이 찾아왔다.'[3]

순암 안정복은 서른다섯 살이 될 때까지 인문학 공부에 몰두했으나 깨달음의 극치를 경험하지 못했다. 자신의 공부에 문제가 있다고 생각한 그는 성호 이익을 찾아갔다. 그러고는 가르침을 청했다. 그러자 성호 선생은 우리나라와 중국 천재들의 사색공부법을 전수해줬다. 이때부터 순암의 학문은 눈부시게 성장하기 시작했고, 마침내 역사서《동사강목》을 집필하는 것으로 그 결실을 맺었다.

무려 2500여 년의 역사를 가진, 우리나라와 중국의 천재들에게만 전수되어온 동양 인문고전 저자들의 사색공부법은 일제강점기 때 자취를 감추었다. 반면 서양 인문고전 저자들의 사색공부법은 지난 2500여 년 동안 서양 인문학, 과학, 수학, 예술의 천재들에게 전수됐다. 그러니까 역사에 이름을 올린 서양의 천재들은 모두 이 사색공부법의 전수자다. 물론 이 사색공부법은 지금 이 순간에도 서양의 천재들에게 전수되고 있다. 대표적인 인물이 얼마 전 세상을 떠난 천재 물리학자 스티븐 호킹 Stephen Hawking 이다. 그는 고대 그리스 철학자들의 사색공부법을 전수받은 철학자 칼 포퍼 Karl Popper 의 How to Think를 연구에 적용한 것으로 유명하다.[4]

나는 동서양 합슴 5000년 사색공부법을 연구해 이를 열 가지로 정리했다. 이제부터 그 이야기를 하려고 한다. 그런데 나는 인문고전 저자도 아니고, 다빈치 같은 천재도 아니다.《리딩으로 리드하라》에서 이미 고백했듯이 '달'을 가리키는 손가락에 불과하다. 그러니 이제부터 내가 하는 이야기를 주의 깊게 듣되, 이야기가 끝나거든 바로 잊어주기 바란다. 만일 그렇지 않으면 당신은 손가락을 보느라 달을 보지 못하는 우를 범하게 될 것이다. 나는《리딩으로 리드하라》에서 달은 인류의 역사를 새롭게 쓴 천재들이라고 말한 바 있다. 그렇다면 동서양 합 5000년 사색공부법의 달은 누구일까? 역시 인문고전을 집필한 천재들일까? 아니다. 지금 이 글을 읽고 있는 당신이다. 이유는 간단하다. 사색은 당신이 하는 것이기 때문이다.

내가 천재들의 사색공부법이라는 달을 가리키는 손가락에 불과하듯이, 천재들의 사색공부법 또한 당신이라는 달을 가리키는 손가락에 불과하다. 이는 만일 지금부터 이야기하려는 천재들의 사색공부법에 통달한다 한들 당신 스스로 전쟁 같은 치열함과 꽃 같은 아름다움과 우주 같은 위대함이 담긴 사색을 하지 못한다면 그것은 헛일에 불과하다는 것이다. 진실이 이러하니 비록 지금은 손가락을 따라가되, 시선이 달에 이르면 과감히 손가락을 보지 말기 바란다. 인문학은 사색을 위한 것이고, 사색의 무대는 오직 당신을 위해 존재하는 것이다.

'주입식 사색'을 깨뜨려라

동서양 인문고전 저자들이 실천한 사색공부법에 들어가기 전에 해야 할 일이 있다. 그것은 당신의 두뇌 깊숙이 자리 잡은 사색에 대한 고정관념을 깨뜨리는 일이다. 《리딩으로 리드하라》를 출간하고 가장 많이 받은 불평이 "왜 《발해고》 같은 책이 첫 번째 추천도서에 올라가 있는지 모르겠다. 발해에 관한 자료 모음집에 불과한 이 책으로 도대체 무슨 사색을 할 수 있다는 말인가. 작가의 의도를 도무지 이해할 수 없다"였다. 좀 충격이었다. 왜냐하면 내가 예상했던 질문은 이런 것이었기 때문이다.

"《발해고》를 읽었는데 무슨 말인지도 잘 모르겠고, 사색은 아예 불가능한 지경이다. 그런데 앞부분에 조선의 천재 중 한 명인 박제가의 극찬이 담긴 추천사가 있더라. 나는 천재와의 격차를 느꼈다. 내가《발해고》를 읽으면서 박제가와 같은 감동과 떨림을 느끼려면 어떻게 해야 하는가?"

나는 이런 질문을 받으면 답변해줄 준비도 해두었다.

"조선시대에 발해는 잊힌 나라였다. 당시 사람들에게 고구려, 백제, 신라는 역사였지만 발해는 역사가 아니었다. 하지만 유득공이《발해고》를 저술함으로써 발해는 비로소 역사가 됐고, 통일신라시대는 남북국시대가 됐다. 이는 오늘날로 비유하면 몇 년 만에 안드로메다까지 다녀올 수 있는 우주항공 기술을 개발한 것만큼이나 혁명적인 사건이었다. 아마도 박제가는《발해고》를 읽으면서 유득공의 혁명적인 역사 인식을 접하고 전율한 게 아니었을까. 그렇기 때문에 그토록 주옥같은 추천사를 써줬던 게 아니있을까. 지금 우리나라는 유득공이《발해고》를 쓰던 시절과 비슷한 상황에 놓여 있다. 주류 사학계는 일제 식민사관의 노예가 되어 우리 고대사를 부정 또는 왜곡하고 있고, 우리는 고대사가 있었는지조차 잘 모르고 있다. 이제부터 당신이 해야 할 일이 있다. 그것은 유득공의 눈으로 오늘날 우리 역사를 바라보는 일이다. 그래야 유득공처럼 잘못된 역사관에 혁명을 일으키고, 제대로 된 역사관을 세울 수 있다. 당신이 《발해고》를 읽으면서 사색해야 할 것은 바로 이와 같은 것이다. 당신의 사색을 응원한다."

하지만 안타깝게도 《발해고》에 관해서 단 한 번도 위와 같은 질문을 받아본 적이 없다. 당연히 위와 같은 대답도 해본 적이 없다. 어딜 가든지 불평, 불평뿐이었다. 나도 모르게 이런 생각을 했다.

'어쩌면 우리나라에는 인문학적 사색문화라는 게 아예 없는 것은 아닐까?'

이런 생각은 플라톤의 대표적인 대화편인 《국가》를 읽은 독자들의 반응을 접하면서 한층 굳어졌다. 슬프게도 많은 사람이 서양 2500년 인문학의 정점에 자리한 이 책을 읽고는 "인류 최고의 정치체제인 민주주의를 당시 고대 그리스 최악의 정치체제인 참주제보다 조금 더 나은 정도로 치부하고 민중을 대놓고 바보 취급하는, 이런 시대에 뒤떨어진 책을 가지고 도대체 뭘 사색할 수 있다는 건지 모르겠다"는 식의 반응을 보였기 때문이다. 많이 답답했던 나는 폴레폴레Daum 팬카페에 다음과 같은 글을 올리기도 했다.

"투키디데스의 《펠로폰네소스 전쟁사》에는 페리클레스의 추도 연설이 나옵니다. 여기서 페리클레스는 아테네의 민주주의를 찬양하고 있지요. 그런데 플라톤은 페리클레스가 그토록 높이 평가한 아테네의 민주주의를 혐오했습니다. 대신 그는 철학자 왕이 통치하는 국가를 구상했지요. 만일 내가 누군가에게 플라톤의 《국가》를 읽힌다면, 나는 다음과 같은 사색거리를 주고 싶습니다."[5]

1. 투키디데스의 《펠로폰네소스 전쟁사》에 나오는 페리클레스의 추도 연설을 읽고, 고대 그리스 민주주의의 위대함을 사색해보라.

2. 고대 그리스 사회의 노예제도와 여성과 아동의 지위에 대해 알아본 뒤 페리클레스의 추도 연설을 다시 읽고, 고대 그리스 민주주의의 한계에 대해서 사색해보라.

3. 플라톤의 《소크라테스의 변명》과 《국가》를 읽고 그가 왜 철학자 왕이 통치하는 정치체제를 주장했는지 사색해보라.

4. 칼 포퍼의 《열린사회와 그 적들》을 읽고 플라톤의 철인정치론이 가진 한계에 대해 사색해보라.

5. 민주주의 핵심인 선거가 오히려 국민의 합리적 선택을 방해할 수 있다는 사실을 증명한, 프랑스의 철학자이자 수학자이자 정치가 니콜라 드 콩도르세의 '콩도르세의 역설'과 투표제도가 불완전한 것임을 수학적으로 증명한, 노벨경제학상 수상자 케네스 애로의 '애로의 불가능성 정리'에 대해 알아보고 이를 페리클레스와 플라톤의 입장에서 각각 사색해보라.

6. 현대 민주주의 헌법의 기초가 된 바이마르 헌법을 탄생시킬 정도로 위대한 민주주의 체제를 갖추었던 독일 바이마르 공화국의 국민이 투표로 나치당을 집권당으로 선출하고, 당수 히틀러를 독일 총리 자리에 오르게 한 역사적 사실을 살펴보고 이를 플라톤의 입장에서 사색해보라.

7. 내가 만일 현대 민주주의의 한계를 극복할 수 있는 새로운 정치체제를 만든다면 그것은 과연 어떤 모습일까? 여기에 대해 깊이 사색해보라. 그리고 글로 정리해보라. 플라톤의 《국가》 분량 정도로 정리하면 더욱 좋다.

이런 과정을 몇 차례 겪으면서 우리가 사색에 대해 고정관념을 갖고 있다는 사실을 알게 됐다. 다시 말해 인문고전이 집필된 역사적 배경, 저자의 생애와 사상, 그 핵심 내용과 결론 등에 관한 단편적인 지식을 쌓은 뒤 이를 토대로 생각하고 의견을 정립하는^{더 정확하게 말하면 책을 읽고 느낀 점을 정리하는 것이지만} 행위를 '사색한다'로 이해하고 있는 것이다. 한마디로 우리는 사색조차 입시공부처럼 하고 있다. 그리고 이런 식의 주입식 사색을 가장 잘하는 사람일수록 흔히 말하는 명문대에 들어갈 확률이 높고, 명문대를 졸업한 뒤에는 정치·행정·국방·경제·법률 등 우리나라의 두뇌이자 심장인 분야에 엘리트 소리를 들으면서 진출하고, 승진에 승진을 거듭해 최고 직위에 오른다. 또 이들은 자신들의 사회적·경제적 성공을 바탕으로 큰 어려움 없이 국회의원이 되어 국회를 가득 채운다. 그러니까 우리나라에서는 일제강점기의 우민화 교육과 크게 다를 바 없는, 주입식 생각을 가장 잘하는 사람들이 사회 각 분야의 꼭대기에 오르고, 국회에 들어가서 나라를 이끌어간다. 상황이 이렇다 보니 나라가 이상한 방향으로 흐르지 않을 수 없다.

그런데 나는 여기서 희망을 본다. 우리나라는 교육만 정상적으로 바꾸면 모든 것이 정상적으로 흐를 수 있다는 희망 말이다. 어떤 사람은 이렇게 말할지도 모르겠다. "교육을 바꾼다고 나라가 바뀔 수 있다고? 너무 현실성이 떨어지는 주장이다." 하지만 그렇지 않다. 대표적으로 독일은 한때 세계 최고의 주입식 교육을 했다. 그러다가 하루아침에 망했다. 독일 리더들은 그 원인을 치열하게 분석해 잘못된 교육 때문이라고 결론지었다. 이후 독일은 세계 최고 수준의 인문학적 교육을 시작했다. 그 뒤의 이야기는 우리 모두가 아는 바다.

1년 6개월, '자왈' 두 글자를 사색하는 시간

유대 교육의 가장 큰 특징은 '천재처럼 생각하기'다. 유대 교육은 학생들에게 국어시간에는 셰익스피어나 괴테처럼 생각할 것을 요구하고, 수학시간에는 오일러나 페르마처럼 생각할 것을 요구하고, 과학시간에는 뉴턴이나 아인슈타인처럼 생각할 것을 요구하고, 역사시간에는 헤로도토스나 투키디데스처럼 생각할 것을 요구하고,

음악시간에는 모차르트나 베토벤처럼 생각할 것을 요구하고, 미술 시간에는 미켈란젤로나 라파엘로처럼 생각할 것을 요구한다.

유대 학생들은 학교에서 '천재처럼 사색하는 법'을 훈련받은 뒤 그 토대 위에서 자신만의 창조적인 사색을 펼쳐나간다. 유대인의 이런 교육방식은 서양에 큰 영향을 미쳤다. 미국과 유럽에서 노벨상 수상자를 갑자기 많이 배출한 나라들을 조사해보라. 학교에서 '천재처럼 생각하기' '노벨상 수상자처럼 생각하기' '위대한 학자처럼 생각하기'를 수업의 핵심으로 삼았음을 알 수 있을 것이다. 우리나라 모든 사람이 이런 진실을 온몸으로 깨닫고 교육을 하루아침에 바꾸면 얼마나 좋을까. 그러나 그런 일은 당분간 일어나지 않을 테니, 세상에 무언가를 바라는 대신 작으나마 내가 할 수 있는 일을 하기로 했다. 그것은 저술과 강의를 통해 우리 두뇌 깊숙이 숨어 있는 '사색에 대한 고정관념', 즉 '주입식 사색'을 깨뜨리는 일이다. 이를 위해 선택한 무기가 《논어》의 첫 두 글자인 '자왈子曰'이다. 나는 누군가에게 사색하는 법을 가르칠 때 자왈, 두 글자를 약 1년 6개월 동안 가르친다. 더 정확하게 말하면 이 두 글자로 1년 6개월 동안 사색하게 한다. 방법은 아래와 같다.

1. 《논어》를 통독, 정독, 필사한 뒤, 공자의 생애 등 《논어》에 관한 지식을 습득한다.

2. 《논어》의 첫 페이지를 펼친다. '자왈' 두 글자를 소리 내어 읽는다. 진도는 더 이상 나가지 않는다. 이 두 글자만 붙들고 사색한다. 그렇다고 앉아서 생각만 하게 하는 것은 아니다. 인문고전 독서를 치열하게 하면서 생각한다. 이를테면 이런 식이다. "《서경書經》과 《사기본기史記本紀》에 나오는 〈요堯임금〉편을 읽고 이를 자왈, 즉 공자의 입장에서 사색하라."

3. 독서와 사색을 마치면 함께 토론을 한다.

4. 그리고는 천재의 의견과 나의 의견을 비교한다. 이를테면 이런 식이다. "공자는 《공자가어孔子家語》 〈오제덕五帝德〉 편에서 요임금에 대한 견해를 밝혔다. 공자의 의견과 내 의견을 비교해보자."[6]

5. 나만의 독창적인 사색을 전개해나간다.

6. 독창적인 사색을 글로 표현한다.

이렇게 하면 한 달이 그냥 지나간다. 그다음 달에는 《사기본기》의 〈순舜임금〉 편을 동일한 방식으로 사색하고, 다시 그다음 달에는 〈우禹임금〉 편 하는 식으로 《사기본기》를 따라 자왈을 사색하다 보면 1년 6개월로도 모자란다. 이후에는 《사기열전》을 같은 방식으로 읽으면서 자왈을 사색하고, 《사기열전》이 끝나면 《소크라테스 이전 철학자들의 단편 선집》을 읽고 각 철학자의 사상을 자왈, 즉 공자의 입장에서 사색하고 또 각 철학자의 입장에서 공자의 사상을 사색하고, 이어서 《플라톤의 대화편》과 아리스토텔레스의 저작들을 같은 식으로 사색한다면, 아마 10년이 걸려도 모자랄 것이다. 아니, 어쩌면 평생이 걸려도 모자랄 수 있다. 나는 실제로 이런 식으로 인문고전 독서교육 자원봉사자들을 교육했다. 참고로 인문고전 독서교육 자원봉사자들은 《사기본기》와 《사기열전》을 가지고 자왈을 사색할 때 다음 주제를 가장 좋아했다.

"진시황은 분서갱유로 유명하다. 《사기본기》 중 〈진시황 본기〉 편을 읽고 이를 공자의 입장에서 사색해보라. 그리고 진시황의 입장에서 공자를 사색해보라. 참고로 진시황은 법가사상을 받아들여 중국을 통일했다. 더 깊은 사색을 원하는 사람은 대표적인 법가 서적인 《상군서商君書》와 《한비자》를 읽은 뒤 이를 《논어》의 관점에서 사색해보라. 이 경우 《사기열전》 중 상군·한비·이사 열전을 함께 읽을 것을 권한다. 이를 마치면 이번에는 상군商鞅·한비·이사의 입장에서 공자를 사색해보라."

"《사기열전》 중 〈손자·오기 열전〉은 대표적인 병가 사상가인 손무·손빈·오기에 관한 열전이다. 이를 읽은 뒤 공자의 입장에서 사색해보라. 그리고 손무·손빈·오기의 입장에서 공자를 사색해보라. 더 깊은 사색을 원하는 사람은 《손자병법》《손빈병법》《오자병법》을 읽은 뒤 이를 《논어》의 관점에서 사색해보라. 이를 마치면 이번에는 《손자병법》《손빈병법》《오자병법》의 관점에서 《논어》를 사색해보라."

"장자는 공자를 조롱하고 비웃은 것으로 유명하다. 《사기열전》
중 〈장자 열전〉을 읽고 이를 공자의 입장에서 사색해보라. 그리고
장자의 입장에서 공자를 사색해보라. 더 깊은 사색을 원하는 사람은
《장자》를 읽은 뒤, 이를 《논어》의 관점에서 사색해보라. 이를 마치
면 이번에는 《장자》의 관점에서 《논어》를 사색해보라."

여기까지 쓰고 나니 괜히 조심스럽다. 앞에서 이야기한 것들이
독자들 사이에서 주입식 사색을 깨뜨릴 방법으로 받아들여질까 봐.
물론 나도 독자들에게 주입식 사색을 시원하게 날려버릴 수 있는
공식 같은 것을 줄 수 있으면 좋겠다. 하지만 그런 공식은 있을 수
없고, 있어서도 안 된다. 다름 아닌 그 공식이 또 다른 주입식 사
색이 될 것이기 때문이다. 나만의 《발해고》《국가》《논어》 사색공
부법을 밝힌 것은 "이런 식으로 당신의 두뇌 깊이 숨어 있는 사색
에 관한 고정관념, 즉 사색조차 주입식으로 하려고 하는 두뇌 시스
템을 개혁하라"는 의미가 아니다. "나는 학교에서 잘못 배운, 그동
안 나의 두뇌를 망가뜨려온 주입식 시스템을 나만의 사색공부법을
통해서 벗어날 수 있었다. 당신도 당신만의 사색공부법을 개발하라.
그리고 그것을 무기로 이제껏 당신의 삶을 망쳐온 당신 두뇌 안의
작은 괴물, 주입식 시스템을 제거하라. 그리고 이 세상에 태어나는

순간, 하나님께 선물받았던 당신 안의 창조성과 천재성을 회복하라. 본연의 당신 자신으로 돌아가라"는 의미다. 그러니까 당신이 나의 《발해고》《국가》《논어》 사색공부법을 이런 식으로 가볍게 받아들여주면 좋겠다.

"유득공의 《발해고》처럼 사색이 불가능할 것 같은 인문고전을 만나면 그 인문고전을 추천하거나 애독한 천재들이 누구인지 알아보고, 그들의 눈높이에서 인문고전을 읽고 사색하려고 노력하면 되겠구나. 플라톤의 《국가》처럼 오늘날의 관점에서 볼 때 받아들이기 힘든 사상이 담긴 인문고전을 만나면, 그 인문고전이 집필된 시대와 우리 시대의 공통점과 차이점에 대해 사색해보고, 이를 토대로 새로운 시대를 어떻게 만들 수 있을지 사색해보면 되겠구나. 공자의 《논어》처럼 얼핏 쉬워 보이는 인문고전일지라도, 내 사색의 능력 여하에 따라 '자왈' 단 두 글자를 가지고도 동서양 합 5000년 인문학의 역사를 종횡무진하면서 평생에 걸친 사색을 할 수 있겠구나."

자, 그럼 동서양 합 5000년 인문학 역사를 만든 동서양 천재들의 열 가지 사색공부법의 세계로 들어가보자.

Think 01

마음이 향하는 곳은 어디인가, 입지하라

'입지立志하라'는 뜻을 세우라는 것으로, 사색의 목적을 가지라는 의미다. 동양의 천재들은 자신의 본성을 회복하고 사물의 이치를 깨달아 성인군자가 되는 것을 사색의 목적으로 삼았다. 서양의 천재들은 철학적 탐구를 통해 진리를 발견하고, 진리를 실천하는 삶을 사는 사람, 즉 소크라테스 같은 위인이 되는 것을 사색의 목적으로 삼았다. 동양의 천재들은 입지하지 않고 사색하는 것은 헛된 일이라는 기록을 남기고 있다. 서양 천재들은 입지 없는 사색에 대해 구체적인 기록을 남기지 않고 있다. 그러나 그들이 진리를 탐구하는 일에 전 생애를 걸었다는 점과 자신이 발견한 진리를 위해 목숨을 내놓는 일도 마다하지 않은 점을 살펴볼 때, 그들 역시 입지를 동양의 천재들 이상으로 중시했음을 알 수 있다.

공자가 《논어》에서 입지에 대해 이야기한 이후로 동양의 많은 인문학자가 입지의 중요성에 관해 언급했다. 그중에서 율곡 이이의 〈입지론立志論〉이 가장 훌륭하다. 율곡은 오늘날로 치면 초등학생을 위한 인문학 교재인 《격몽요결》과 대통령을 위한 인문학 교재인 《성학집요》에서 공자 이후 약 2000년의 입지론을 체계적으로 정리하고, 심오한 해설을 달았다. 그럼 율곡의 이 두 책을 중심으로 입지의 의미와 방법에 대해서 알아보자.

율곡은 《격몽요결》의 첫 장인 '입지立志' 장을 이렇게 시작하고 있다.

"인문학을 시작하는 사람은 무엇보다 먼저 입지해야 한다."

그리고 《성학집요》의 실질적 첫 편인 〈수기修己〉 편 '입지' 장을 이렇게 열고 있다.

"인문학은 입지가 우선이다. 뜻을 세우지 않고 인문학적 성취를 이룬 사람은 없기 때문이다."

그리고 지志, 즉 '뜻'의 의미를 주자의 해설을 빌려 '내 마음이 향하는 곳'이라고 풀이하고 있다.[7] 또 내 마음이 향하는 곳은 '성인聖人의 도道'여야 한다고 말한다.[8] 그러니까 입지란 인문학을 통해 성인이 되겠다는 뜻을 세우는 것이다. 율곡은 입지의 방법에 대해서 이렇게 말한다.[9]

1. 이 세상에서 내가 변화시킬 수 있는 유일한 것은 내 마음임을 인정한다.

2. 나의 본성과 공자 같은 성인의 본성이 서로 다르지 않음을 인정한다.

3. 나는 성인이 될 수 없다고 생각하는 마음을 나도 성인이 될 수 있다는 마음
으로 달리 먹는다.

4. 인문고전에 나오는 성인들의 말을 진실로 믿는다.

5. 현실에 안주하면서 적당히 살려고 하는 나 자신과 용감하게 투쟁하면서 성
인들의 말을 실천하는 삶을 선택한다.

그리고 이렇게 입지한 뒤에는 혁구습革舊習, 즉 여덟 가지 나쁜 옛
습관을 타파하고, 구용九容과 구사九思, 즉 아홉 가지의 바른 몸가짐
과 사색을 통해 입지를 완성해나갈 수 있다고 한다. 먼저 입지한 사
람이 반드시 깨뜨려야 할 옛 습관에 대해 알아보자.

첫째, 마음과 뜻을 게을리하고, 몸가짐을 제멋대로 하며, 그저 편안하고 한가
롭게 지내기만을 생각하고, 원칙과 법도에 맞게 사는 삶을 싫어하는 것
이다.

둘째, 항상 돌아다니는 것만 생각하고, 스스로 마음을 지키려고 하지 않으며,
여기지기 어지리이 드나들고, 헛된 말만 하면시 세월을 보내는 것이다.

셋째, 세상 사람들과 같은 것을 좋아하고 다른 것은 싫어하며, 세상 풍속을
따라 하는 일에 열중하고, 조금이나마 자신을 고치려고 하다가도 남들이
이상하게 볼까 봐 두려워하는 것이다.

넷째, 말과 글로 세상 사람들에게 칭찬받기를 좋아하고, 경전에 있는 문장을 가져다가 겉보기에만 그럴싸한 글을 짓는 것이다.

다섯째, 별 내용도 없는 편지 쓰기에 공을 들이고, 술 마시기와 거문고 연주를 업으로 삼아 한가롭게 세월을 보내면서 스스로를 깨끗한 운치를 가진 사람이라고 여기는 것이다.

여섯째, 자신처럼 한가롭게 노는 사람들을 모아서 바둑이나 장기를 두면서 배불리 먹고 마시는 것으로 하루를 보내면서 남과 다투고 싸우기를 일삼는 것이다.

일곱째, 돈이 많고 높은 지위에 있는 사람을 부러워하고, 가난하고 천한 것을 싫어하며, 저렴한 옷을 입고 값이 싼 음식을 먹는 것을 부끄러워하는 것이다.

여덟째, 좋아하고 즐기려는 욕망을 절제하지 못해 이를 마음속에서 끊어 없애지 못하고, 재물과 이익과 음악과 여색에 깊이 빠진 나머지 이를 달콤하게 여기는 것이다.

율곡은 이렇게 나쁜 옛 습관 여덟 가지를 나열하면서 이것들은 입지를 견고하게 하지 못하게 하므로 용맹스러운 마음을 발휘해서 마치 단칼로 뿌리를 잘라버리듯이 없애버려야 한다고 말한다. 또 그렇게 삶에서 이를 완벽하게 뿌리 뽑은 사람만이 비로소 진정한 의미의 인문학을 할 수 있다고 이야기한다.

'혁구습'을 통해 인문학의 세계에 진입한 사람은 '구용'을 통해 몸가짐과 마음가짐을 바로잡을 수 있고, '구사'를 통해 학문을 진보시키고 지혜를 더할 수 있다.[10] 즉 앞에서 말한 것처럼 입지의 완성으로 이어지는 기반을 마련할 수 있다.

구용은 다음 아홉 가지를 이른다.

첫째, 족용중足容重, 두 발에는 무거움이 있어야 한다. 몸을 가볍게 놀리지 말라는 의미다. 하지만 어른의 부르심을 받들 때는 민첩하게 움직여야 한다.

둘째, 수용공手容恭, 두 손에는 공손함이 있어야 한다. 손을 아무렇게나 놀리지 말라는 의미다. 일이 없을 때는 두 손을 가지런히 모으고, 손을 생각 없이 움직이지 말라는 것이다.

셋째, 목용단目容端, 두 눈에는 단정함이 있어야 한다. 눈을 단정하게 뜨고 있으라는 의미다. 사람이나 사물을 곁눈질하거나 흘겨보지 말고 바르고 고운 시선으로 바라보라는 것이다.

넷째, 구용지口容止, 입에는 고요함이 있어야 한다. 말을 하거나 음식을 먹을 때가 아니면 입은 항상 다물고 있으라는 의미다.[11]

다섯째, 성용정聲容靜, 목소리에는 맑음이 있어야 한다. 말을 할 때 조용하고 차분하게 하라는 의미다. 기침, 재채기, 하품 등을 하면서 산만하게 말하지 말라는 것이다.

여섯째, 두용직頭容直, 머리에는 곧음이 있어야 한다. 고개를 똑바로 들고 허리를 곧게 펴라는 의미다. 머리를 한쪽으로 기울어지게 하거나 돌리지 말라는 것이다.

일곱째, 기용숙氣容肅, 기운에는 엄숙함이 있어야 한다. 호흡을 조용하고 고르게 해서 몸 전체에 엄숙한 기운이 흐르게 하라는 의미다.

여덟째, 입용덕立容德, 서 있는 자세에는 덕이 있어야 한다. ^{삐딱한 자세로 서 있지} 말라는 의미다. 바른 자세로 덕이 있게 서 있으라는 것이다.

아홉째, 색용장色容莊, 얼굴에는 밝음과 씩씩함이 있어야 한다. ^{낯빛을 온화하고 단정} 하게 하라는 의미다. 얼굴에 태만하거나 거만한 빛을 띠지 말라는 것이다.

구사는 다음 아홉 가지를 이른다.¹²

첫째, 시사명視思明, 볼 때는 밝음을 생각하라. ^{사람이나 사물을 볼 때 밝고 선한 하늘의 이치} 를 생각하면 겉으로 드러나지 않은 속까지 깊이 볼 수 있다.

둘째, 청사총聽思聰, 들을 때는 총명함을 생각하라. ^{타인의 말을 들을 때 지혜롭게 경청하면} 말에 감춰진 깊은 의미까지 모두 들을 수 있다.

셋째, 색사온色思溫, 낯빛은 온화함을 생각하라. ^{거울을 보거나, 마음속으로 자신의 얼굴을} 떠올리거나, 다른 사람을 대할 때 온순함과 어짊을 생각하면 얼굴을 붉히거나 화를 낼 일이 없어진다.

넷째, 모사공貌思恭, 몸가짐은 공손함을 생각하라. ^{단정함과 씩씩함을 생각하면 몸가짐이} 저절로 바로잡힌다.

다섯째, 언사충言思忠, 말할 때는 충실함을 생각하라. ^{입을 열 때 사람과 사람 사이의 믿음} 을 생각하면 단 한마디를 하더라도 진실한 말만 하게 된다.

여섯째, 사사경事思敬, 일을 할 때는 공경함을 생각하라. ^{일을 할 때는 마음을 분산시키지} 않고 오직 그 일에 모든 마음을 쏟는 것을 생각하면 어떤 일이든 완벽하게 해낼 수 있다.¹³

일곱째, 의사문疑思問, 의문이 생기면 질문을 생각하라. ^{마음속에 의심이 일어날 때 질문을}

통해 답을 구한다는 생각을 하면 먼저 깨달은 사람을 찾아가서 묻게 되고, 전에 알지 못했던 것을 알게 된다.

여덟째, 분사난忿思難, 화가 날 때는 환난을 생각하라. 마음속에서 분노가 치밀어 오를 때 이를 참지 못해서 생기는 환난을 생각하면 성난 마음을 이치로 타일러서 다스릴 수 있다.

아홉째, 견득사의見得思義, 재물을 볼 때는 정의를 생각하라. 이익을 취하기에 앞서 의 로움을 생각하면 불의한 재물을 취하지 않게 된다.

오늘날 우리에게 비전을 세우라는 표현으로 익숙한 서양 2500년 의 입지론은 율곡의 입지론과 닮았다. 서양의 입지는 샤를 드골의 유명한 말인 "위대해지려고 각오한 사람만이 위인이 될 수 있다" 로 요약될 수 있는데, 이는 율곡의 "성인이 되겠다는 뜻을 세우고, 여기서 조금도 물러서지 않아야 한다"와 통하고, 서양 입지의 방법 론인 "위인처럼 생각하고 행동하라"는 율곡의 "구사와 구용, 즉 성 인처럼 생각하고 성인처럼 몸가짐을 가져라"와 통하기 때문이다. 그러므로 율곡의 입지론이야말로 동서양 합 5000년 입지론의 결정 판이라고 할 수 있다. 율곡의 입지론을 접한 어떤 사람들은 말한다. 과연 도대체 누가 이렇게 할 수 있겠느냐고. 율곡 같은 천재라면 모 를까, 평범한 사람들이 어떻게 인문학을 통해서 성인의 경지에 오 를 수 있겠느냐고. 이런 고백을 들으면 당황할 독자들이 많겠지만, 사실 나도 그렇게 생각할 때가 많다. 다른 누가 아닌 나 자신을 돌아 볼 때 더욱 그렇다. 나의 인격적 결함과 인문학적 지혜의 빈곤을 잘 알고 있기 때문이다.

하지만 그때마다 조선의 두 임금을 생각해본다. 한 임금은 율곡에게 직접 입지교육을 받았다. 그러나 그는 처음부터 '내가 성인이 되는 것은 불가능하다'고 생각하고 있었다. 그래서 그에게 율곡의 입지교육은 그저 좋은 인문학 강의 이상의 의미를 지니지 못했다. 반면 다른 한 임금은 율곡 사후 약 170년 뒤에 태어나 율곡의 입지를 글로만 접했다. 그러나 그는 율곡의 입지를 온 영혼으로 받아들였고, 성인이 되기 위해 평생 노력했다. 앞의 임금은 임진왜란으로 역사에 오명을 남긴 선조이고, 뒤의 임금은 조선의 르네상스를 연 정조다. 나는 선조의 길보다는 정조의 길을 가고 싶다. 설령 내가 부족한 탓에 성인이라는 별에 평생 도달할 수 없을지라도 말이다. 당신은 어떤가.

Think 02

나를 완벽하게 변화시키는 황홀한 깨달음, 거경궁리 하라

동양이 지난 2500년 동안 배출한 인문학 천재들이 사색공부법에 대해서 남긴 기록들을 살펴보면, 공통적으로 '거경궁리居敬窮理'가 등장한다. 그 기록들은 이렇게 단언한다.

"인문고전 독서의 근원은 거경궁리에 있다."

"거경궁리는 인문학 공부의 시작이자 끝이다."

"거경궁리가 없는 사색은 혼탁하지만 거경궁리가 있는 사색은 맑게 빛난다."

"거경궁리를 통해서 황홀한 깨달음의 세계로 들어갈 수 있다."

"거경궁리를 하면 총명해지고, 천하의 이치에 통달할 수 있다."

"거경궁리를 통해서 평범한 사람이 성인이 될 수 있다."

거경궁리란 사람과 사물을 지극히 공손하고 경건한 마음으로 대

하는 상태인 경敬에 거居하면서 궁리, 즉 사색하는 것이다. 이 거경궁
리는 사서삼경 중 사서에 속하는 《대학大學》의 격물치지格物致知에서
발전한 것으로, 서양 인문학, 특히 윤리학·형이상학·인식론 분야의
사색법과 통한다고 할 수 있다. 아니, 컴퓨터의 언어인 이진법을 발
견한 라이프니츠와 대표적인 계몽 사상가인 볼테르의 고백처럼 서
양 인문학의 사색법을 뛰어넘는다고 할 수 있다.

　여기서 잠깐 동양 인문학에 대한 오해를 풀고 가자. 매우 많은 사
람이 동양이 유학 때문에 망했고, 서양의 지배를 받게 됐다고 생각
한다. 결론부터 말하자면 그것은 심각한 오해다. 서양은 19세기에
총과 대포를 앞세워 동양을 침략했다. 그런데 총과 대포는 중국에서
최초로 발명됐다.[14] 그것도 총은 '거경궁리'를 핵심으로 하는 성리
학이 발흥하던 시기에, 대포는 성리학이 관학으로 자리 잡은 시기
에 발명됐다. 한편으로 유학은 중국에서 활동한 마테오 리치가 서
양에 전파했는데, 계몽주의 사상가들과 중농주의 철학자들이 이를
받아들여 프랑스혁명, 미국 독립선언, 경제학 탄생의 원동력으로
삼았다.[15] 그렇다면 동양은 왜 서양에 무릎을 꿇게 됐을까? 답은 간
단하다. 동양은 인문학과 정치·수학·과학·경제학을 결합하는 데
소홀했다. 반면 서양은 인문학과 정치·수학·과학·경제학을 결합
하는 데 열을 올렸고, 이를 통해 근대 문명과 현대 문명의 주역이 될
수 있었다.

거경궁리의 핵심인 경은 《논어》에 무려 스물한 번이나 등장한다. 이는 크게 두 가지로 나뉜다. 첫 번째는 유사시有事時, 즉 사람·사물·일을 대할 때의 경이다. 두 번째는 무사시無事時, 즉 홀로 있을 때의 경이다. 유사시의 경은 앞에서 이야기했듯이 사람과 사물과 일을 지극히 공손하고 경건한 마음으로 대하는 것이다. 무사시의 경은 자기를 이기고 예禮로 돌아가는 것으로, 예가 아니면 보지도 듣지도 말하지도 행하지도 않는 것이다.

공자에서 시작되어 맹자에게로 전해진 거경궁리는 정자程子, 사양좌謝良佐, 윤돈尹焞 등을 거쳐 체계화되고, 주자가 집대성했는데, 그 공부법으로는 홀로 고요하게 있을 때 하는 '정좌靜坐'와 사람을 만나고 사물을 접하고 일을 처리하는 현실 세계에서 하는 '정제엄숙整齊嚴肅' '주일무적主一無適' '상성성常惺惺' '기심수렴 불용일물其心收斂不容一物'이 있다.

동양의 인문학 천재들은 인문고전은 사색을 위해서 읽는 것이라고 단언했다. 그리고 사색은 나를 변화시키는 황홀한 깨달음으로 연결돼야 한다고 했다. 또 '수신제가 치국평천하'로 이어지는 황홀한 깨달음이 없는 사색은 헛된 것이라고도 했다. 그러니까 동양의 인문학 천재들은 사색을 두 가지로 나누었다. 진짜 사색과 가짜 사색. 이는 곧 서양의 인문학 천재들이 'Think'를 두뇌의 단순한 작용인 'Think'와 문명을 창조하고 개선하는 의미의 'Think'로 구분한 것과 통한다.

나를 완벽하게 변화시키는 황홀한 깨달음을 불러오는 사색법이 거경궁리다. 그리고 거경궁리의 핵심이 정좌다. 정좌의 정靜은 고요하다·맑다·바르다·온화하다·수려하다 등의 의미가 있고, 좌坐는 앉다라는 의미다. 즉 정좌는 고요하고 바르게 앉아 있는 것이다. 그렇다면 그저 단정하게 앉아 있기만 하면 되는 걸까? 아니다. 궁리, 즉 사색해야 한다. 궁리의 첫 번째 단계는 내 마음속에서 일어나는 생각들을 인문고전에서 접한 성인의 관점, 즉 경의 관점에서 정밀하고 엄격하게 들여다보면서 다음 세 가지로 분류하는 것이다.

첫째, 옳고 선한 것

둘째, 옳은지 그른지 판단이 잘 서지 않는 것

셋째, 그르고 악한 것

궁리의 두 번째 단계는 위 세 가지 생각 중 옳고 선한 것은 실천하려는 계획을 마음속으로 상세하게 세우고, 판단이 잘 서지 않는 것은 더 깊은 궁리를 통해 옳고 그름을 명확히 하고, 그르고 악한 것은 버리는 일이다. 이렇게 혼자만의 공간에서 고요하고 단정하게 앉아서 내 마음속 생각들을 살피고, 정리하고, 정화하는 궁리를 계속해나가다 보면 어떻게 될까.

첫째, 그동안 나로 하여금 빛나지 못하게 했던 내 안의 게으르고, 나태하고, 이기적이고, 선하지 못한 생각들이 서서히 사라지게 된다.

둘째, 끝없이 흔들리게 하고 방황하게 한 내 안의 불명확하고 불완전했던 생각들이 서서히 명확해지고 완전해진다.

셋째, 세상에 조금씩 물들어가면서 나도 모르게 놓아버린 내 안의 밝고 맑고 선하고 바르고 아름다운 본성을 서서히 되찾게 된다.

동양의 인문학 천재들은 거경궁리를 통해 성인의 마음과 똑같은 나의 본성을 되찾는 것을 '구방심求放心', 즉 놓아버린 마음을 찾는 것이라고 표현했다. 그리고 인문학이란 잃어버린 마음을 되찾는 것이라고 단언했다. 그렇다면 인문학을 하는 사람은 왜 정좌를 통해 잃어버린 마음을 되찾아야 하는 걸까? 그것은 마음을 잃어버린 상태, 즉 마음이 어수선하고, 흐트러져 있고, 세속적인 것을 좇아 밖으로 내달리고 있는 상태에서는 인문고전을 제아무리 열심히 읽는다 해도 눈 따로 마음 따로인 독서, 즉 헛된 독서를 하게 되기 때문이다. 하지만 인문고전 저자의 마음 상태인 구방심이 되면 비록 단한 쪽을 읽더라도 인문고전 저자의 성신과 하나가 되는 경지를 체험할 수 있고, 이는 곧 황홀한 깨달음으로 연결돼 나를 완벽하게 변화시킬 수 있기 때문이다. 그래서 동양의 인문학 천재들은 인문고전을 읽기 전에 반드시 정좌를 했고, 인문고전을 읽다가 마음이 세속적인 것에 빠지려고 하면 즉시 책을 덮고 또 정좌를 했으며, 심지어는 산속에 들어가서 1, 2년씩 홀로 살면서 정좌를 했다.[16]

그런데 정좌를 통해 구방심의 상태가 됐다고 해도 방문을 열고 밖으로 나오면 여전히 방심放心 상태인 사람들에게 둘러싸이게 되고, 말초신경을 자극하는 세속문화에 파묻히게 되며, 먹고사는 문제에 온 신경을 쓰게 된다. 한마디로 애써 되찾은 마음을 자신도 모르는 사이에 또 잃어버리게 된다. 이때 필요한 것이 현실 세계에서 하는 거경궁리인 '정제엄숙' '주일무적' '상성성' '기심수렴 불용일물'이다.

- '정제엄숙'은 외면을 바르고 엄숙하게 함으로써 내면의 경을 유지하는 방법으로, 옷매무새를 단정히 하고 몸가짐을 엄정하고 정숙하게 하는 것이다. 그리고 같은 태도로 사람과 사물과 일을 대하는 것을 의미한다.
- '주일무적'은 마음을 하나에 쏟아붓는 것이다. 만일 지금 책을 읽고 있다면 모든 마음을 책에 쏟아붓고, 누군가를 만나고 있다면 그 사람에게 온 마음을 쏟아붓고, 무슨 일을 하고 있다면 마찬가지로 모든 정신을 그 일에 쏟아붓는 것이다.
- '상성성'은 마음을 항상 깨어 있게 하는 것이다.
- '기심수렴 불용일물'은 밖으로 내달리려고 하는 마음을 거두어들여서 경의 상태로 만들고, 그 마음과 다른 것은 무엇도 용납하지 않는 것이다.

정제엄숙, 주일무적, 상성성, 기심수렴 불용일물은 서로 다른 것처럼 보이지만 근본적으로는 같다. 왜냐하면 이 네 가지 중 하나만 제대로 실천하면 나머지 셋은 저절로 따라오기 때문이다. 거경과 궁리도 마찬가지다. 서로 다른 것 같지만 사실은 하나다. 경의 상태에 거하게 되면 자연스럽게 성인처럼 궁리하게 되는데, 다름 아닌 이 궁리 자체가 또 경이기 때문이다.

어떤 사람들은 말한다. 거경궁리의 기본인 정좌조차 어려워 보이는데 정제엄숙이라든가 주일무적 같은 것들을 어떻게 할 수 있겠느냐고. 또 말한다. 이 놀라운 마음공부법을 이렇게 뒤늦게 안 것이 매우 후회스럽다, 하루빨리 정좌를 터득하고 정제엄숙과 주일무적 등으로 넘어가고 싶다, 고 말이다. 둘 다 어리석은 생각이다. 거경궁리는 의심하라고 있는 것이 아니라 실천하라고 있는 것이고, 거경궁리를 하루라도 빨리 터득하고자 하는 그 마음 자체가 이미 욕심에 사로잡힌 것으로 경에서 벗어난 것이기 때문이다.

앞에서 언급했듯이 생각을 의미하는 한자어 思사는 역시 생각을 뜻하는 한자어 恩사에서 유래했다. 思의 '田'은 밭을 의미하는 田이 아니라, 두뇌를 의미하는 '囟'이다. 恩의 모양을 보면 마음 위에 두뇌가 있다. 이는 무엇을 의미하는가. 마음이 바로 서야 생각이 바로 서고, 마음이 깨어나야 생각이 깨어나고, 마음이 깊어져야 생각이 깊어지고, 마음이 넓어져야 생각이 넓어지고, 마음이 따뜻해져야 생각이 따뜻해지고, 마음이 위대해져야 생각이 위대해진다는 것이다. 앞에서 말했지만, 인문학은 사색을 위해서 하는 것이고, 진정한 사색은 놓아버린 마음을 되찾은 상태에서 가능하다. 거경궁리는 잃어버린 마음을 되찾는 사색공부법이다. 지금 당신의 마음은 어디에 있는가.

Think 03

아이비리그 학자들과
세계적 경영학자들의 혁신법, 격물치지 하라

《대학연의大學衍義》는 세종대왕이 100번 넘게 읽은 인문고전이다.[17] 그리고 왕위에 올라 처음으로 연 경연에서 교재로 선택한 책이다. 《대학연의보大學衍義補》는《대학연의》를 보충해 주석을 단 책이다. 정조대왕은 이 책을 항상 책상 위에 놓아두고서 매년 1회 이상 통독했고, 두 번이나 필사했다.《대학연의》는 총 43권 12책으로 편찬됐는데 이 중 절반 가까이가 '격물치지'에 관한 것이다. 그러니까 조선이 배출한 가장 위대한 두 왕의 두뇌는 격물치지를 통해 만들어졌다고 할 수 있다. 중국의 위대한 황제들도 모두 두뇌를 단련한 비법으로 격물치시를 들고 있다. 중국 역사상 가장 넓은 영도를 가장 안정적으로 통치하며 강건성세康乾盛世를 연 강희제가 대표적이다.

격물치지는 동양의 인문학 천재들이 거경궁리와 함께 사색공부법의 핵심으로 삼은 것으로, 사물의 이치를 끝까지 파고들어 완전한 앎에 이른다는 의미다. 그런데 이는 오늘날 우리가 보기에 동양적이라기보다는 서양적이다. 여기서 '사물'은 우주·생명·물질·에너지 등을 의미하고, '이치'는 근본 원리를, '파고듦'은 이성적 사고와 과학적 탐구를, '완전한 앎'은 진리를 의미하기 때문이다. 즉 격물치지를 서양의 언어로 번역하면 '우주와 만물의 원리를 이성적으로 사고하고 과학적으로 탐구하여 진리를 발견한다'가 된다. 이런 까닭에 서양은 격물치지를 필로소피philosophy, 사이언스science, 피직스physics 등으로 번역했고,[18] 동양 또한 필로소피, 사이언스, 피직스를 '격물' '격치' '격물궁리' '격물치지' 등으로 번역했다.[19] 실제로 탈레스·소크라테스·플라톤·아리스토텔레스·데카르트·칸트·비트겐슈타인 같은 서양의 대표적인 철학자들과 코페르니쿠스·케플러·갈릴레이·뉴턴·아인슈타인·하이젠베르크 같은 서양의 대표적인 과학자들의 사고 방법과 연구 방법은 본질적인 면에서 격물치지와 일치한다.

격물치지의 핵심은 사물의 이치를 끝까지 파고드는 것이다. 그렇다면 어떻게 해야 하는 걸까. 여기에는 두 가지 믿음과 세 가지 방법이 있다. 두 가지 믿음은 이렇다.

첫째, 내 마음은 본래 신령스러운 것으로 이미 완전한 앎을 가지고 있다.

둘째, 우주 만물은 모두 이치를 가지고 있다.

세 가지 방법은 다음과 같다.

첫째, 인문고전에 나오는 글자의 이치를 파고든다.《논어》의 예를 들어보자.《논어》의 핵심은 '인仁'이라는 글자에 있다. 이는 곧 인의 의미를 완벽하게 알아야《논어》의 핵심을 알 수 있다는 것이다. 이때 필요한 것이 인에 관한 내용을 담은 인문고전들을 계속 읽어나가면서, 주일무적의 자세로 '인이란 무엇인가'를 사색하면서, 인이라는 글자의 이치, 즉 인의 의미를 극한까지 파고들어《논어》의 핵심인 인의 완전한 앎에 이르는 격물치지다.

다산 정약용은 이렇게 조언한다.

"격물치지 없는 인문고전 독서는 백 번, 천 번 읽는다 한들 전혀 읽지 않은 것과 다를 바 없다. 책을 읽는 중에 그 의미를 깨닫기 어려운 글자를 만나면 그 글자의 근본 뿌리를 알고, 그 글자가 쓰인 문장이 완벽하게 이해될 때까지 치열하게 연구하고 사색하라. 그리고 여러 인문고전에서 그 글자가 쓰인 문장을 뽑아서 책으로 엮어라. 이렇게 읽을 때라야만 책의 의리義理를 꿰뚫어 완전한 앎에 이를 수 있고, 단 한 권을 읽고도 수백 권을 읽은 깃과 같은 효과를 얻을 수 있다. 예를 들어《사기열전》〈자객 열전〉을 읽다가 '기조취도旣祖就道'라는 구절을 만났는데, '조祖'의 의미를 잘 모른다고 하자. 그러면 먼저 한자사전에서 본뜻을 찾아보라. 이어 다른 책들은 조를 어떻게 해석했는지 알아보고 여기에 대해 깊이 사색하라. 또 그 책들에 나온 조의 본뜻과 지엽적인 뜻을 뽑아두고《통전通典》《통지通志》《통고通考》등의 책에 나오는 '조제祖際'의 사례를 뽑아서 책을 만들어라. 그러면 조에 대해서 하나도 몰랐던 사람이 그 근본 이치까지 완벽하게 알게 되고, 조제에 대해서만큼은 모든 선비가 존경하고 우러러보는 유학자보다 더 깊은 지식을 갖추게 된다. 때문에 인문고전 독서를 하는 사람은 무엇보다 격물치지를 사랑해야 한다."[20]

둘째, 역사고전 독서를 통해 흥망성쇠의 이치를 파고든다. 동서양을 막론하고 역사고전은 모두 국가와 인물의 흥망성쇠를 다루고 있는데 그 원인을 파고든다. 예를 들면 헤로도토스의《역사》와 투키디데스의《펠로폰네소스 전쟁사》를 읽으면서 고대 그리스의 흥망성쇠의 원인을 파악하고, 사마천의《사기》를 읽으면서 유방의 성공원인과 항우의 실패 원인을 분석한다. 이때 주의할 점이 있다. 질서와 혼돈, 안정과 위험, 번영과 쇠퇴의 이치를 파고들되 전체적인 관점에서 살펴야 한다는 것이다. 그러니까 고대 그리스의 대표적인 도시 국가인 아테네의 흥망성쇠를 연구할 때는 아테네가 처음 세워진 때부터 마케도니아에게 점령당할 때까지 전체 역사를 살펴야 하고, 유방과 항우의 성공과 실패 요인을 분석할 때는 이들의 출생부터 사망까지 전체 삶을 살펴야 한다는 것이다.

이렇게 한 국가 또는 한 인물을 놓고 흥망성쇠의 이치를 끝까지 파고드는 작업을 마쳤다면 이제 어떻게 해야 할까. 역사고전을 통해서 깨달은 이치를 내가 속한 나라와 주변 나라들 그리고 나 자신과 주변 사람들에게 적용해봐야 한다. 이 과정을 계속하다 보면 자연스럽게 흥망성쇠의 완전한 앎에 이르게 된다. 그리고 이 시대의 국가 지도자, 조직의 리더, 평범한 개인 들과 나 자신이 어떤 길을 가야 흥할는지와 어떤 길을 가면 망하는지에 대해 완벽한 답을 얻을 수 있다.

셋째, 실제로 우주와 사람과 만물의 이치를 파고드는 것이다. 세종대왕이 언어의 이치를 파고들어 한글을 창제하고 자연의 이치를 파고들어 당시 세계 최고 수준의 과학 문명을 일군 것, 서애 유성룡이 사람의 이치를 파고들어 이순신의 근본을 알아보고 모두 반대하던 전라좌수사에 발탁한 일, 동무 이제마가 의술의 이치를 파고들어 사상의학을 제창한 일, 아인슈타인이 우주와 시공간의 이치를 파고들어 상대성이론을 탄생시킨 것, 닐스 보어와 하이젠베르크 등이 에너지의 이치를 파고들어 양자론과 양자역학을 발표한 일, 라이프니츠 등이 수와 논리와 기계의 이치를 파고들어 컴퓨터의 개념과 구조를 창조한 것, 빌 게이츠와 스티브 잡스가 컴퓨터의 이치를 파고들어 새로운 컴퓨터 산업의 시대를 연 것, 래리 페이지와 세르게이 브린이 인터넷의 이치를 파고들어 구글을 만든 것, 벤저민 그레이엄과 조지 소로스와 워런 버핏 등이 투자의 이치를 파고들어 세계 최고의 투자자가 된 것 등이 여기에 속한다.

우리는 격물치지를 조선시대에나 쓰던 말로 생각한다. 하지만 그렇지 않다. 노벨상을 수상한 과학자들과 생리·의학자들과 경제학자들의 사색 및 연구 방법, 하버드·예일 등 아이비리그 학자들의 사색 및 공부 방법이 바로 격물치지이기 때문이다. 그리고 세계적인 경영자들과 투자자들의 경영 및 투자 원칙이 격물치지이기 때문이다. 21세기 대한민국에서도 격물치지는 살아 있다. 대표적으로 이건희는 업業의 이치를 파고들어 세계 삼류기업이던 삼성을 잠시나마 세계 일류기업의 반열에 올려놓았다.[21] 그리고 이건희의 의지를 받들어 삼성전자를 눈부시게 혁신시킨 윤종용 전 삼성전자 부회장은 그 비결로 격물치지를 들었다. 참고로 그는 삼성전자에서 퇴임할 때 이재용 현 삼성전자 부회장에게 붓글씨로 쓴 격물치지格物致知 액자를 선물했고, 삼성전자의 전 임직원에게 보낸 메일에서 삼성전자는 격물치지를 통해 혁신을 계속해나가야 한다고 강조했다. 또 삼성경제연구소에서 우리나라 최고경영자 413명의 좌우명을 조사했는데, 상당수가 격물치지를 꼽았다.[22]

LG그룹 회장 재임 시 그룹 매출을 600배, 수출을 480배 수준으로 끌어올린[23] 구자경은 살아생전 사회 초년생들에게 주는 메시지에서 이렇게 밝혔다.

"사회에 첫걸음을 들여놓은 여러분에게 《대학》에 나오는 격물치지와 성의정심誠意正心의 덕목을 당부합니다. … 자신의 분야에서 진정한 전문가가 되고 능력자가 되고자 한다면 인터넷에서 보고 듣는 지식만을 좇아서는 안 되고, 현장에서 몸소 체험하는 격물치지의 자세로 부딪쳐야 합니다. 그래야 살아 있는 지식이 쌓이고 여기에 남다른 창의력과 상상력이 더해질 때 세상을 바꿀 수 있는 힘이 생깁니다."[24]

《대학》은 격물치지를 한 사람만이 입지를 진실하게 하고 마음을 바르게 하는 성의정심의 세계로 나아갈 수 있고, 성의정심을 이룬 사람만이 수신제가 치국평천하를 할 수 있다고 선언하고 있다.

당신에게 권하고 싶다. 오늘부터 스스로 마음을 끝까지 파고드는 시간을 가져라. 그리고 당신의 본질을 깨닫기 위해 치열하게 노력하라. 내가 왜 태어났는지, 나는 누구인지, 내가 진실로 하고 싶은 일은 무엇인지, 진정으로 원하는 인생은 어떤 것인지, 세상에 무엇을 남기고 갈 것인지에 대해 질문을 던지고, 전투에 임하듯이 독서하고 사색하라. 그러다 보면 어느 순간 황홀한 깨달음이 찾아올 것이다. 바로 격물치지가 이루어지는 순간이다. 그렇게 나 자신에 관한 앎을 이루었다면 마음을 진실하게 하고 바르게 하는 성의정심으로 나아가라. 그리고 수신제가 치국평천하를 시작하라. 당신은 할 수 있다.

Think 04

소크라테스처럼, 마크 저커버그처럼 무아지경으로 사색하라

20세기 뛰어난 철학자인 화이트헤드는 "서양철학은 플라톤의 주석에 불과하다"는 말을 남겼다. 이 말을 처음 접했을 때 이렇게 생각했다.

'플라톤이 위대한 것은 나도 잘 알지만, 설마 그 정도까지일까.'

하지만 지금은 화이트헤드의 말을 인정한다. 그리고 그의 통찰력을 존경한다.

플라톤은 서양철학 2500년 역사의 정점에 서 있는 인물이다. 이는 곧 그가 서양 2500년 사색의 정점에 서 있는 인물이라는 의미다. 우리는 노벨상 수상자들, 아이비리그의 전설적인 학자들, 빌 게이츠, 스티브 잡스, 래리 페이지 같은 이 시대의 천재들에게 경탄 어린 눈길을 보낸다. 그리고 그들의 생각하는 법을 배우고 싶어 한다. 하지만 과연 그들이 서기 4500년, 그러니까 지금으로부터 약

2500년 뒤의 미래에도 정신적으로 살아 있을까. 아니다. 역사는 그들을 전혀 기억하지 못할 것이다. 그러나 플라톤은 여전히 정신적으로 살아 있을 것이다. 그리고 전 세계의 학생들이 그의 철학을 공부할 것이다. 지금처럼 말이다.

플라톤에게 사색하는 법을 가르친 사람이 있다. 소크라테스다. 즉 플라톤의 모든 철학적 사고는 소크라테스에게서 나왔다. 그러니까 화이트헤드의 표현을 빌리자면, 플라톤은 소크라테스의 주석에 불과하다.

플라톤은 《향연》에서 자신의 두뇌를 만든 스승 소크라테스의 사색법을, 소크라테스의 또 다른 제자들인 아리스토데모스와 알키비아데스의 입을 빌려서 소개하고 있다. 먼저 아리스토데모스가 들려주는 소크라테스의 사색법을 보자. 그는 스승 소크라테스와 함께 향연에 참석하기 위해 길을 가고 있었다. 그런데 갑자기 소크라테스에게 무언가 사색할 게 떠올랐다. 이때부터 소크라테스의 발걸음이 느려졌다. 그리고 제자와 거리가 점점 멀어졌다. 아리스토데모스는 잠시 멈춰 서서 스승을 기다렸다. 그러자 소크라테스가 먼저 가라고 했다. 그는 다시 걷기 시작했고, 소크라테스는 계속 무엇인가를 골똘히 사색하면서 그의 뒤를 따라갔다. 마침내 두 사람은 향연이 열리는 아가톤의 집에 도착했다. 그런데 이때 아리스토데모스의 시야에서 스승이 사라졌다. 알고 보니 스승은 이웃집 정문, 더 정확하게 말하면 담과 정문 사이 공간[25] 앞에 서 있었다. 아마도 스승은 그 누구의 방해도 받지 않고 사색할 곳을 찾다가 그곳을 택한 것 같았다. 이곳에서 소크라테스는 꼼짝도 안 하고 서서 사색의 세계로 침잠했다. 이때 아가톤이 하인을 보내 소크라테스를 모시고 오려고 하자, 아리스토데모스가 이렇게 제지했다.

"스승님을 그대로 놔두게. 그게 스승님의 규칙이라네. 스승님께서는 사색할 게 있으면 사람들이 없는 곳으로 가서서 해답을 얻을 때까지 꼼짝하지 않고 서서 사색을 하신다네. … 그러니 방해하지 말게."

알키비아데스는 소크라테스와 함께한 전쟁터에서의 경험을 이렇게 들려준다.

"당시 우리는 전쟁터에 있었지. 어느 날 이른 아침이었다네. 스승님께서 무언가를 놓고 사색을 시작하셨다네. 당신께서는 한자리에 꼼짝도 하지 않은 채 서서 사색에 사색을 거듭하셨지만 해답을 얻지 못하셨네. 하지만 전혀 포기하지 않고 계속 그 자리에 서서 사색을 이어나가셨다네. 시간은 흐르고 흘러 정오가 됐고, 사람들은 '소크라테스가 새벽부터 한자리에 서서 깊은 생각에 빠져 있다'며 수군거렸다네. 또 시간은 흐르고 흘러 저녁이 됐다네. 그러자 식사를 마친 이오니아 사람 몇몇이 침구를 밖으로 내왔다네. 그들은 밖에서 잠을 자면서 스승님을 지켜보기로 한 걸세. 과연 스승님이 밤새도록 그 자리에 서서 사색을 계속할지 안 할지, 그들은 궁금했던 걸세. 놀랍게도 스승님은 새벽이 올 때까지 그 자리에 꼼짝도 하지 않고 선 채 사색을 계속하셨고, 마침내 태양이 떠오르자 태양을 향해 두 손을 모으고는 그 자리를 떠나셨다네."

플라톤이 아리스토데모스와 알키비아데스의 입을 통해 들려주는 소크라테스의 사색법을 정리하자면 다음과 같다.

첫째, 사색을 삶의 최우선 순위에 두어라. 일을 하다가 사색할 게 떠오르면 일을 멈추고 사색을 시작하고, 사람들과 만나다가 사색할 게 생기면 그들을 피해 혼자만의 공간으로 숨어들어 사색을 시작하고, 밥을 먹으려고 하는데 사색의 순간이 찾아오면 숟가락을 내려놓고 사색을 시작하고, 잠을 자려는데 불현듯 무엇인가가 사색의 문을 두드리면 찬물로 세수하고서 사색을 시작하라.

둘째, 육체의 한계를 초월해 사색하라. 소크라테스의 사색은 육체의 한계를 초월한, 아니 자신의 모든 영혼과 감각을 사색에 쏟아부은 나머지 육체의 존재를 느낄 여지조차 없는 것이었다. 동양 인문학의 표현을 빌리면 거경궁리의 경시에 도달한 완벽한 격물치지였다. 이런 사색을 통해 소크라테스가 진리를 깨닫게 된 것은 당연한 일이었다. 한번 사색을 시작하면 일말의 잡념도 그 어떤 감각도 허용하지 말라. 잡념이 생길 때마다 마음의 검을 들어 쳐 없애고, 감각이 일 때마다 마음의 검을 들어 쳐 없애라. 그렇게 스스로 단련시켜나가다 보면 점차 영혼이 육체를 초월하기 시작한다. 바로 그때가 소크라테스식 사색이 시작되는 순간이다. 그 순간을 경험하라.

셋째, 사람들의 시선이나 평가를 초월하라. 현대 경영학의 창시자 피터 드러커Peter Drucker의 말에 따르면 인류의 99퍼센트는 사색하지 않는다. 그리고 사색하는 1퍼센트 밑에서 노동하면서 살아간다. 물론 여기서 말하는 사색은 주로 기업경영에 관한 것이다. 인문학적 사색은 어떨까. 아마도 인류의 99.9퍼센트는 인문학적 사색과 거리가 먼 삶을 살아갈 것이다. 그렇기 때문에 보통 사람들에게 사색하는 사람의 존재는 심히 낯설고 이상하게 여겨진다. 그래서 군중은 사색하는 사람을 두고서 수군거린다. 마치 아테네 군인들이 소크라테스에게 그랬듯이 말이다. 타인들의 시선과 수군거림을 초월하라. 그들의 눈빛과 의견에 신경 쓰는 순간 사색의 끈은 풀려버리고, 그동안 해온 사색은 물거품이 되어버린다. 그 함정에 빠지지 말라.

넷째, 해답을 얻을 때까지 사색하라. 인류 역사상 가장 위대한 사색의 경지에 오른 소크라테스에게도 사색이 쉬웠던 것은 아니다. 때로는 주위의 모든 사람이 알아챌 정도로 소크라테스의 사색은 난항을 거듭했다. 하지만 그는 단 한 순간도 좌절하거나 포기하지 않았다. 사색의 실마리가 풀리지 않을수록 더욱 치열하게 물고 늘어졌다. 그러면 언젠가는 해답이 찾아왔다. 그렇게 소크라테스는 사색의 전쟁터에서 항상 승리를 거두었고, 마침내 우리가 아는 소크라테스가 됐다.

소크라테스식 사색법은 서양과 동양의 천재들에게서 공통적으로 발견되는 것이다. 인문학·과학·수학 등의 분야는 말할 것도 없고, 음악·미술 등의 분야에서도 동일하게 나타난다. 대표적으로 헨델과 아인슈타인의 경우를 보자. 헨델은 〈메시아〉를 작곡할 때 24일 동안 거의 먹지도 자지도 않은 채 오직 〈메시아〉만 생각했다. 아인슈타인에 대해서는 《젊은 아인슈타인의 초상》의 저자 데니스 오버바이와 《안녕, 아인슈타인》의 저자 위르겐 네페의 말을 들어보자.

데니스 오버바이는 이렇게 말한다.

"대학 시절 당시에 그는 종종 무아지경이나 발작과도 같이 자신만의 세계로 사라지는 이상한 상태에 빠지곤 했다. 후일 그는 아무것도 기억나지 않는다고 주장했다. 사실 그것은 낯선 행동이 아니었다. 그의 주변 사람들은 그가 전 생애에 걸쳐 조용할 때는 말할 것도 없고 아주 시끄러운 환경에서도 갑자기 무아지경에 빠져 자신만의 생각에 몰두하는 능력이 있다고 말하곤 했다."[26]

위르겐 네페는 이렇게 말한다.

"안토니나 발렌틴은 아인슈타인이 가령 성자들이 도취경에 빠질 때처럼 정신을 육체로부터 분리시키는 게 가능했다고 전했다. 사람들이 지독하게 떠들거나 아니면 그보다 훨씬 더 고통스럽게 침묵을 지키면서 그를 쳐다보고 있다고 해도 그는 아무것도 보거나 듣지 못했다. 그는 마치 무인도에 있는 것처럼 자신 속으로 침잠해서 고립돼 있었을 뿐만 아니라, 눈을 아무리 크게 뜨고 있어도 멍하고 빛을 잃어 마치 장님의 그것 같았다."[27]

소크라테스식 사색법은 놀랍게도 IBM, 마이크로소프트, 애플, 페이스북의 창업자에게서도 공통적으로 발견된다. IBM의 창업자 토머스 J. 왓슨은 IBM을 경영하는 일보다 사색하는 일을 더 중요하게 여겼고, 한번 사색을 시작하면 해답을 얻을 때까지 그만두는 일이 없었다.

"왓슨은 아침식사를 마치면 특별히 생각해봐야 할 문제가 있지 않은 한 승용차가 대기하고 있는 현관 밖으로 나갔다. 왓슨은 생각해봐야 할 문제가 있으면 출근하지 않았다. 한 시간이고 두 시간이고 커피 잔을 앞에 두고 생각에 잠겼다. 문제가 해결됐다 싶어야 승용차를 타기 위해 집 밖으로 나섰다."[28]

《과학자 빌 게이츠, 부자가 되다》의 저자 마이클 화이트에 따르면 마이크로소프트의 창업자 빌 게이츠에게는 어렸을 때부터 몇 시간씩 멍하니 허공을 응시하는 버릇이 있었다. 주변 사람들이 도대체 뭘 하느냐고 물으면 그때마다 그는 이렇게 대답했다고 한다.

"생각하고 있어요."[29]

애플의 창업자 스티브 잡스는 젊은 시절부터 선불교식 사색법을 실천했다. 이 사색법의 특징은 무아지경에 빠질 때까지 사색하는 것이다.

《페이스북 이펙트》의 저자 데이비드 커크패트릭에 따르면 마크 저커버그에게는 한번 무엇인가를 생각하면 저녁 만찬을 하던 도중에도 주위의 모든 것을 한순간에 잊고서 깊은 사색에 잠기는 습관이 있다고 한다.[30]

플라톤은《파이돈》에서 소크라테스 사색법의 진정한 비밀은 육체의 욕망과 어리석음에서 벗어나서 진리와 만나는 것이라고 말한다. 과연 우리 같은 평범한 인간에게 이런 경지가 가능할까. 아마도 불가능할 것이다. 하지만 감히 소크라테스처럼 사색하기에 도전해보자고 말하고 싶다. 비록 무모해 보이지만 태양을 향해 던지는 창이 가장 높이 올라가는 것처럼, 우리가 하는 사색도 소크라테스의 경지를 추구할 때 가장 깊은 곳에 이를 수 있다고 믿기 때문이다.

Think 05
망가진 두뇌를 복구하는 과정, 원어로 읽어라

대중에게 인문고전은 원전으로 읽는 것이 원칙이라고 밝힌 사람은 아마도 내가 최초일 것이다. 처음에 원전 독서를 대중에게 권유하겠다고 하자 지인들이 우려를 표시했다. 우리나라 사람들은 쉬운 책도 1년에 한 권 읽을까 말까 한데, 그 어려운 인문고전을 그것도 원전으로 읽으라는 메시지가 통하겠느냐, 당신만 이상한 사람 취급당할 것이다, 라면서 말이다. 사실 나도 좀 겁이 났다. 하지만 알리기로 했다. 진실을 감추고 환대를 받느니 진실을 밝히고 얻어맞는 게 더 속 편할 것 같았기 때문이다. 그런데 다행스럽게도 많은 사람이 내 진심을 알아줬다. 지금 적지 않은 사람이 인문고전을 원전으로 읽고 있다. 이 흐름은 앞으로도 계속될 것이고, 우리나라 독서문화의 한 줄기로 자리 잡게 될 것이라고 믿는다. 이미 여러 경로를 통해서 인문고전을 왜 원전으로 읽어야 하는지에 대해서 이야기했지만, 여기서 다시 한번 밝히고 가겠다.

첫째, 동서양 합 5000년 동안 인문고전 독서는 원전 읽기가 원칙이었다. 동양과 서양 모두 빠르면 서너 살, 늦어도 열두세 살 무렵이면 원어, 즉 한자·라틴어·그리스어를 배웠다. 지금도 서양의 명문 사립학교에서는 원어 교육과 원전 독서교육을 하고 있다.

둘째, 인문고전 저자 중에 번역서를 읽고 깨달음을 얻었다고 한 사람은 없다. 모두 원전 독서를 하던 중에 황홀한 깨달음을 얻었다.

셋째, 제아무리 훌륭한 번역자라 할지라도 원전에 담긴 인문고전 저자의 영혼까지 번역할 수는 없다.

넷째, 우리나라에는 중역본과 축약본이 아주 많다. 중역본은 그리스어 원전의 영어 번역서를 한글로 옮긴 것 또는 그리스어 원전의 영어 번역서의 일어 번역서를 한글로 옮긴 것이고, 축약본이라 함은 중역본을 임의대로 줄인 것이다.

다섯째, 우리나라 번역서에는 잘못된 번역이 너무 많다. 우리나라 사람들이 가장 많이 접한 번역서는 단연 성경이다. 물론 성경은 창조주 하나님의 말씀을 기록한 책으로, 피조물인 인간의 생각을 담은 인문고전은 아니다. 그렇지만 서양 인문학을 알려면 반드시 읽어야 하는 책이 성경이기 때문에 잠시 이야기하고 가겠다. 구약성경의 《열왕기상》을 보면 솔로몬의 일천번제 이야기가 나온다. 솔로몬이 왕위에 올라 여호와 하나님께 일천번제를 드리자 하나님께서 밤에 솔로몬의 꿈에 나타나 무엇이든 원하는 것을 주겠다고 말씀하시자, 솔로몬이 지혜를 구했다는 내용이다. 히브리어로 지혜는 호크마ᵐᵐᵐᵐ다. 그런데 히브리어 성경 원문을 살펴보면 호크마ᵐᵐᵐᵐ 대신 '듣는 마음'을 뜻하는 레브 쇼메아ᵐᵐ ᵐᵐ가 나온다. 즉 솔로몬이 구한 것은 여호와 하나님의 말씀과 백성의 소리를 온 마음을 기울여서 듣는 것이었다.

이번에는 "그 이전의 철학은 칸트에게 흘러들어갔고, 그 이후의 철학은 칸트로부터 흘러나왔다"는 평가를 받는 칸트의 대표작 《순수이성비판》을 보자. 이 책의 독일어 원제는 'Kritik der reinen Vernunft'다. 여기서 맨 앞에 나오는 'Kritik'을 번역한 게 바로 '비판'이다. 그런데 이 'Kritik'은 분리하다·구분하다·판단하다·법정에 세우다 등을 뜻하는 그리스어 크리네인ᵏʳⁱⁿᵉⁱⁿ에서 비롯된 말로, 칸트는 이를 순수이성의 한계를 정한다·구분한다·분리한다·판단한다 등의 의미로 사용했다. 그러니까 《순수이성비판》이라는 제목은 엄밀하게 말하면 잘못 번역한 것이다.[31]

여섯째, 우리나라의 '정精'처럼 번역 불가능한 단어들이 많다. 대표적으로 그리스 고전에서 가장 중요한 단어 중 하나인 '아레테ᵃʳᵉᵗē'를 보자. 이는 보통 '탁월함' 또는 '덕德'으로 번역하는데, 엄밀하게 말하면 그렇게 번역할 수 없다. 이런 단어는 깊은 원전 독서를 통해 그 의미를 가슴으로 깨달아야 한다.

물론 번역서를 읽지 말아야 한다는 의미는 아니다. 우리나라에서는 1920년대부터 원전을 직접 번역하는 문화가 있었고,[32] 특히 최근 들어서 원전 완역이 새로운 번역문화로 자리 잡아가고 있다. 이 새로운 번역문화를 주도하는 번역가들이 한글로 옮긴 인문고전은 무조건 읽는 것이 좋다. 무엇보다 이 번역가들은 원전을 이해하는 열쇠가 되는 단어 하나를 우리말로 제대로 옮기기 위해서 몇 년씩 공부하고 고뇌하는 참된 인문학자들이기 때문이다. 또 이들이 출간한 번역서들은 원전 독서의 가장 훌륭한 참고서이기 때문이다. 그래서 나도 원전을 완역한 번역서는 되도록 꼭 산다.

다시 원전 독서 이야기로 돌아가자. 우리는 인문고전을 왜 원전으로 읽어야 하는 것일까. 이유는 간단하다. 원어로 사색하기 위해서다. 원어로 사색하는 시간을 갖지 않는 원전 독서는 무의미하다. 물론 평범한 우리가 원어로 사색한다는 것은 쉽지 않다. 특히 히브리어나 그리스어, 라틴어로 원전을 읽고 사색까지 한다는 것은 거의 불가능에 가까운 일일 수 있다. 하지만 원전의 핵심이라고 할 수 있는 단어들을 가지고 사색하는 것은 얼마든지 가능하다. 예를 들면 그리스 고전을 읽고 사색할 때 '형상' 대신 '이데아ἰδέα', '탁월함' 대신 '아레테ἀρετή', '억견' 대신 '독사δόξα', '이성' 대신 '누스νοῦς'로 생각하는 것이다. 이렇게 하면 사색의 깊이와 밀도가 달라진다.

당신이 이 경험을 꼭 해보면 좋겠다.

한편으로 동양 고전, 특히 사서, 즉 《대학》《중용》《논어》《맹자》
만큼은 원전으로 읽고 원어로 사색하는 것을 권하고 싶다. 《논어》
원전 강독을 할 때마다 번역서로 강독할 때와는 차원이 다른 현장
을 만난다. 사람들이 달라지는 것이 눈에 확 보인다고나 할까. 사실
사서 원전 독서는 그렇게 어렵지 않다. 마음만 먹으면 누구나 할 수
있다. 굳이 한문을 몰라도 된다. 그냥 무식하게 파고들면 된다. 그
러다 보면 자연스럽게 익히게 된다. 또 사서를 원전으로 강독하는
곳은 의외로 많다. 조금만 노력하면 얼마든지 전문가의 지도를 받으
면서 원전을 읽을 수 있다.

원어로 사색할 때 주의할 점이 있다. 그것은 인문고전 저자의 관
점에서 사색하는 일이다. 어떤 사람들은 말한다. 중요한 것은 나 자
신의 생각 아니냐고. 왜 꼭 인문고전 저자의 관점에서 생각해야 하
느냐고. 이 말에 동의한다. 인문고전을 원전으로 읽고, 원어로 사색
하는 것은 결국 나 스스로 생각하기 위해서이기 때문이다. 한편으
로 이 말은 틀렸다. 왜냐하면 인문고전 저자의 관점에서 사색하는
행위는 내가 생각을 가장 잘하기 위해서 꼭 필요하기 때문이다. 앞
에서 누누이 말했지만 우리 두뇌는 세계 최악 수준의 교육으로
인해 심하게 망가져 있다. 특히 인문학적으로 생각하는 기능은 거의
파괴됐다고 해도 과언이 아니다. 이를 치유하고 복구하는 과정이 바

로 인문고전 저자의 관점에서 사색하는 행위다.

《과학혁명의 구조》라는 책으로 20세기 과학철학의 역사를 새롭게 쓴 토머스 쿤Thomas Kunn의 사례를 보면 인문고전 저자의 관점에서 원어로 사색하는 일은, 세계 최고의 인문학 교육을 받은 아이비리그 출신들의 두뇌도 새롭게 변화시키는 것 같다. 토머스 쿤은 하버드 대학교 물리학과를 수석으로 졸업하고 유럽에서 군사 관련 기술을 연구하다가 다시 하버드로 돌아와 학생들을 가르쳤는데, 이때 좀더 훌륭한 강의를 하기 위해 인문고전을 원전으로 읽는 것을 넘어서 인문고전 저자의 관점에서 원어로 사색하기를 실천하다가 황홀한 깨달음을 얻었고, 훗날 전 세계의 과학철학계가 혁명으로 평가하게 될 이론을 정립하기 시작했기 때문이다.

앞으로 많은 변화가 있겠지만, 우리나라 인문학은 아직까지는 19세기에 활동한 일본 지식인들이 만든 용어의 한계에 갇혀 있다. 대표적으로 니시 아마네西周는 서양 고전을 번역하면서 '철학'33 '이성' '명제' '관념' '개념' '추상' '정의' '귀납' '현상' '원리' '주관' '시간' '공간' 등의 용어를 만들었다. 그런데 이들은 당황스럽게도 인문학적 지식이 매우 얕았고, 인문학석 사색이 뭔지 몰랐고, 인문학의 실천은 아예 없었던 자들이다. 그러니까 이들은 인류의 역사를 새롭게 쓴 위대한 천재들의 파편을 단 한 조각도 갖지 못한 자들이었다. 한번 생각해보라. 이런 자들이 만든 용어를 가지고 제아무리 깊은 사색을 한다 한들 소크라테스 같은 천재들의 영혼 가까이에라도 다가갈 수 있겠는가. 아마도 불가능할 것이다. 이는 마치 물리학과 학생들이 요약 정리한 상대성이론에 관한 노트를 가지고 아인슈타인의 창조적 영혼을 이해하려고 하는 것과 마찬가지일 테니 말이다. 또는 미술학원에 다니는 원생들이 모사한 모나리자를 보면서 레오나르도 다빈치의 예술적 영혼을 이해하려고 하는 것과 마찬가지일 테니 말이다. 생각해보면 일본의 인문학 용어들이 우리나라의 인문학을 점령하다시피 한 때부터 우리나라에서는 세계에 내놓을 만한 독창적인 사상가들이 나오지 않고 있다. 이는 어쩌면 우리가 니시 아마네 등이 만든 용어로 읽고 생각하기 때문은 아닐까. 그러니까 그들이 만든 용어를 받아들인 그 순간부터 우리는 구조적으로 그들의 수준에 머물러버렸던 것은 아닐까. 참으로 심각하게 생각해봐야 할 문제다.

원어는 인문고전을 쓴 천재들이 사색하고, 대화하고, 토론하고, 강의하고, 집필할 때 사용한 바로 그 언어다. 그러니까 인류의 역사를 새롭게 쓴 위대한 사람들의 두뇌와 심장을 만든 그 언어다. 원어를 통해 위대한 천재들의 세계로 나아가라. 원어는 천재들의 영혼과 직접 만날 수 있는 유일한 언어다.

Think 06

인문고전의 반열에 오른
해설서부터 시작하라

태조 이성계가 스스로 무인武人에서 왕王으로 변화하기 위해 수시로 밤을 새워가면서 읽은 책, 태종 이방원이 자기경영과 국가경영의 교과서로 삼은 책, 조선의 가장 위대한 두 임금 세종과 정조가 늘 곁에 두고 읽으면서 자신을 만들어나간 책. 그렇게 조선 왕들의 필독서가 된 책. 이 책의 이름은《대학연의》로, 중국 황제들의 필독서이기도 했다. 고려의 위대한 인문학자 중 한 명인 회헌 안향이 중국에 가서 손수 베껴 오고, 조선 인문학의 별 중의 별인 퇴계 이황이 글자가 희미해질 때까지 읽고 또 읽었던《주자전서朱子全書》. 이 책은 약 800년 가까이 동양 인문학 천재들의 필독서였다.

이 두 책의 공통점은 인문고전의 반열에 오른 인문고전 해설서라는 것이다. 그리고 인문고전인 사서삼경과 함께 동양 문명을 만들었다는 것이다. 서양에서도 인문고전의 반열에 오른 해설서인 이븐 루시드의 저서들이 인문고전인 아리스토텔레스의 책들과 함께 합리주의를 낳았고, 이는 '르네상스→과학혁명→산업혁명'으로 이어지는 서양 근대 문명의 뿌리가 됐다. 결론적으로 말하자면 인문고전의 반열에 오른 해설서는 인문고전 이상으로 중요하다. 그리고 우리가 주변에서 흔히 접할 수 있는 해설서와는 차원이 다르다. 그렇다면 인문고전의 반열에 오른 해설서는 일반 해설서와 무엇이 다를까.

《논어》의 예를 들어보겠다. 《논어》는 〈학이〉 편으로 시작하고, 〈학이〉 편은 다음 세 문장으로 시작한다.

학이시습지 불역열호 學而時習之 不亦說乎

유붕자원방래 불역락호 有朋自遠方來 不亦樂乎

인부지이불온 불역군자호 人不知而不慍 不亦君子乎

《논어》는 공자가 직접 쓴 책이 아니다. 공자 사후에 제자들이 모여서 스승의 가르침을 한 권의 책으로 묶은 것이다. 이런 가정을 해보자. 당신이 공자의 제자인데 《논어》 편찬의 임무가 주어졌다. 지금 당신의 작업실에는 자료가 산더미처럼 쌓여 있다. 다른 제자들이 제출한 '내가 기억하는 스승님의 중요한 가르침'이라는 제목의 죽간들이다. 당신은 인류 최고 수준의 편집 솜씨를 발휘해 이를 한 권의 책으로 만들어야 한다. 이때 당신은 책의 첫머리에 스승의 어떤 가르침을 담을 것인가. 분명히 모든 제자가 가장 중요하다고 생각하는 가르침을 담을 것이다. 공자의 제자들도 마찬가지였다. 그들은 자신들이 생각하는 가장 핵심적인 가르침을 《논어》의 첫머리에 배치했다. 바로 위의 세 문장이다. 그러니까 이 세 문장은 공자의 세계로 들어가는 열쇠나 마찬가지인 셈이다.

그런데 우리가 시중에서 흔히 접할 수 있는 《논어》 해설서들은 이 세 문장을 언급하는 경우가 드물다. 설령 언급하더라도 "공자가 말하기를 '배우고 때때로 익히면 기쁘지 아니한가, 벗이 먼 곳에서 찾아오면 즐겁지 아니한가, 사람들이 알아주지 않더라도 화내지 아니하면 군자답지 아니한가'라고 했다. 인간은 무엇인가를 배우고 실천하면 기쁨을 누릴 수 있다. 또 삶의 큰 즐거움 중의 하나는 진실한 친구를 사귀는 것이다. 나에 대한 세상의 평가는 중요하지 않다. 중요한 것은 내가 군자의 길을 걷고 있느냐 아니냐다. 그러니 군자처럼 배우고 실천하자. 그리고 군자처럼 친구를 사귀자. 그렇게 군자의 길을 가자"라는 식으로 풀이하는 경우가 일반적이다. 여기서 더 나아간다고 해도 "익힐 습^習은 어린 새가 스스로 날기 위해 죽을힘을 다해 날개를 퍼덕이는 모습을 형상화한 것이다. 때 시^時는 '가끔'을 의미하는 게 아니라 '때에 맞게'를 의미한다. 열^說은 기쁘다를 뜻할 때는 '열'로 읽지만 말씀을 뜻할 때는 '설'로 읽는다. 붕^朋은 단순한 친구가 아닌 뜻을 함께하는 '동지'를 의미한다." 이 정도를 덧붙이는 경우가 보통이다. 그렇다면 인문고전의 반열에 오른《논어》해설서들은 이 세 문장을 어떻게 풀이할까. 대표적으로 주희의《논어집주論語集註》는 이렇게 해설하고 있다.

"학學이란 본받는다는 것이다. 사람의 본성은 모두 선善하다. 하나 깨달음에는 선先과 후後가 있다. 나중에 깨닫는 사람은 반드시 먼저 깨달은 사람이 하는 것을 본받아야 선을 밝히고 본성을 회복할 수 있다. 습習은 새가 나는 법을 터득하기 위해 계속해서 나는 연습을 하는 것처럼 배움 또한 그러해야 한다는 의미다. 열說은 기쁜 마음을 뜻한다. 학습을 하면 배운 것이 익숙해지고 마음속에 희열이 생긴다. 그러면 앞으로 나아가는 것을 스스로 멈출 수가 없게 된다. 정자程子는 '습習은 거듭 익히는 것으로 때때로 다시 생각해서 마음속으로 푹 젖게 되니 기쁜 것이다'라고 했다. 또 '앞으로 실천하기 위해서 배우는 것이다, 때때로 익히면 배움이 내 것이 된다, 때문에 기쁜 것이다'라고 했다. 사양좌謝良佐는 '때때로 익힌다時習는 것은 항상 익힌다는 뜻으로, 앉을 때 시동처럼 하는 것은 앉을 때의 익힘이고, 서 있을 때 제사 때처럼 하는 것은 서 있을 때의 익힘이다'라고 했다. 붕朋은 같은 무리를 의미한다. 먼 곳에서 사람들이 찾아온다면 가까운 사람들에 대해서 알 수 있다. 정자는 '선한 마음과 행동으로 사람들에게 영향을 끼치니 나를 믿고 따르는 자들이 많아져서 즐거운 것이다'라고 했다. 또 '열說은 마음속에 있고, 낙樂은 주로 발산되기에 밖에 있는 것이다'라고 했다. 온慍은 마음속에 노여움을 품은 것인데 노여워하지 않고 덕을 이룬 사람을 군자라 한다. 윤돈尹焞은 '학문은 나에게 있는 것이고, 이를 알아주거나 알아주지 않는 것은 타인에게 있는 것이니 어찌 성냄이 있을 것인가'라고 했다. 정자는 '비록 타인에게 영향을 끼침을 즐거워하지만 설령 옳다고 인정받지 못하더라도 힘들어하지 않아야 군자다'라고 했다. 내가 생각건대 타인에게 영향을 끼쳐서 즐거운 것은 순리에 맞기에 쉽고, 타인에게 인정받지 못해도 화를 내지 않는 것은 순리가 아니기에 어렵다. 따라서 이는 오직 덕을 이룬 사람만이 할 수 있다. 그러나 덕을 이루는 것은 또 바르게 배우고 익숙하게 익히고 깊이 기뻐하여 그침이 없는 상태에서 비롯된다. 따라서 정자는 '낙'은 '열'에서 말미암고, 열의 뒤에 얻어지는 것이기에 즐거움이 없다면 군자라 할 수 없다고 했다."

《논어집주》에 나오는 주자, 정자, 윤돈, 사양좌의 해설은 한눈에 보기에도 우리가 흔히 만나는 해설서와 매우 다름을 알 수 있다. 《논어정의》《논어평》《논어고의》《논어징》《논어고금주》 같은 해설서도 마찬가지다. 이 책들을 보면 왜 천재들이 인문고전의 반열에 오른 해설서를 평생 치열하게 독서하고 사색했는지 알 수 있다. 그리고 우리가 왜 이런 해설서들을 읽고 사색해야 하는지도 알 수 있다.

인문고전의 반열에 오른 해설서들은 천재들이 인문고전을 읽고 남긴 사색노트나 마찬가지다. 그리고 이 사색노트는 사색의 바다라는 망망대해를 떠도는 우리에게 든든한 나침반이 되어줄 수 있다.《소크라테스 이전 철학자들의 단편 선집》을 읽고 사색해보라. 아리스토텔레스의《형이상학》과 니체의《플라톤 이전의 철학자들》[34]을 읽고, 여기에 나오는 두 천재의 소크라테스 이전 철학자들에 관한 사색과 내가 사색한 바를 비교해보라.《플라톤의 대화편》을 읽고 '이데아'에 관해 사색해보라. 아리스토텔레스의《형이상학》과 칼 포퍼의《열린사회와 그 적들》을 읽고 천재들의 사색과 내가 사색한 바를 비교해보라. 데카르트의《철학의 원리》를 읽고 데카르트의 생각 시스템을 파고들어 보라. 스피노자의《데카르트 철학의 원리》를 읽고 천재가 파악한 데카르트의 생각 시스템과 내가 파고든 데카르트의 생각 시스템을 비교해보라.

이런 식으로 인문고전과 인문고전의 반열에 오른 해설서를 읽고 사색해보라. 그러면 언젠가 당신의 두뇌 속에 천재들이 사색의 바다를 항해할 때 사용한 바로 그 나침반이 생길 것이다. 바로 그때가 당신의 두뇌에 거대한 혁명이 일어나는 순간이다. 당신이 평범한 한 사람에서 시대를 깨우는 현인賢人으로 변화하는 순간이다.

Think 07

1만 번의 각오, 평생 읽을 단 한 권을 정하라

조보^{趙普}는 무엇 하나 특별한 점이라고는 없는, 지극히 평범한 사람이었다. 아니, 한때 그는 건달 생활을 하기도 했으니 무식하고 천한 사람이었다. 그런 조보에게 어느 날 특별한 순간이 찾아왔다. 동양 인문고전의 왕 《논어》와 만난 것이다. 조보는 《논어》의 첫 장을 열자마자 사랑에 빠졌다. 마치 바위가 심해^{深海}에 빠지듯 말이다. 이후 조보는 매일 온 힘을 다해 《논어》를, 아니 《논어》만 읽었다. 물론 조보도 다른 인문고전들의 존재를 알았다. 하지만 그는 한평생 《논어》 한 권을 제대로 읽고, 깨치고, 실천하기에도 부족하다고 생각했다. 그는 세상을 떠날 때까지 《논어》만 읽었다. 그리고 《논어》에서 얻은 지혜를 바탕으로 일개 장군에 지나지 않던 조광윤을 도와 중국 역사상 가장 찬란한 문화의 꽃을 피운 송나라를 세웠다. 또한 태조 조광윤이 죽자 2대 황제 태종 조경을 보좌해 송을 반석 위에 올려놓았다. 그렇게 그는 평생 혼신의 힘을 다해 읽은 단 한 권의 책《논어》를 통해 중국 역사상 가장 위대한 재상의 반열에 올라섰다.

괴델은 우리나라로 치면 중학교 2학년인 열다섯 살 때 처음으로 수학에 관심을 가졌다. 당연히 그의 수학 실력은 보잘것없었다. 그런데 열일곱 살 때 그는 칸트의《순수이성비판》을 만났다. 그리고 칸트의 세계에 폭풍처럼 빠져들었다. 이때 그의 두뇌에서 어떤 신비한 일이 벌어졌던 것 같다. 왜냐하면 그는 칸트 독서를 마치고 다시 수학 공부에 매진했는데 고작 1년 남짓한 기간에 중고등학교 과정은 물론이고 대학 과정까지 마쳤기 때문이다. 그리고 7년 뒤인 스물네 살 때는 수학계의 상대성이론이라고 할 수 있는 '불완전성 정리'를 발표했다. 이런 괴델의 모습은 아인슈타인을 떠올리게 한다. 왜냐하면 아인슈타인도 괴델처럼 10대에 칸트의《순수이성비판》을 만났고, 괴델처럼 칸트에 빠져들었고, 괴델처럼 20대 중반에 '상대성이론'을 발표했기 때문이다. 재미있는 사실은 이 두 사람이 훗날 프린스턴 고등연구소에서 만나 친구가 됐다는 것이다. 그리고 아인슈타인이 사망하기 전까지 거의 매일 함께 산책하면서 대화를 나누었다. 그렇다면 두 사람은 주로 무엇을 화제에 올렸을까. 칸트의《순수이성비판》이었다. 그러니까 괴델과 아인슈타인은 한 권의 인문고전을 가지고 평생 사색했다.[35]

괴델과 아인슈타인의 사례에서 짚고 넘어가야 할 점이 있다. 그것은 아인슈타인이 뉴턴의 물리학에 뿌리를 둔 칸트의 철학을 무너뜨린 상대성이론을 발표했다는 것이다. 그리고 괴델이 상대성이론에 관한 논문을 썼다는 사실이다. 그러니까 두 천재는 자신들이 오류를 증명한 철학자의 책을 평생 읽고 사색했다. 도대체 무엇 때문에 그랬던 걸까. 정확한 이유는 알 수 없다. 두 천재가 밝히지 않았기 때문이다. 그러나 추측은 가능하다.

두 천재는 칸트의 철학 이론이 아니라 '칸트처럼 철학하기', 그러니까 '칸트처럼 사색하는 방법'을 연구했을 것이다. 실제로 두 사람은 10대 시절에 칸트가 제자들에게 누누이 강조한 "나에게 철학 이론을 배우지 말고 철학하는 방법을 배워라. 스스로 사색하고 연구하라. 그리고 스스로 서라"[36]를 치열하게 실천했다. 그 결과 두뇌의 혁명을 일으켰으며, 20대 중반에 물리학과 수학의 역사를 새롭게 쓰지 않았던가. 따라서 두 천재는 인류 최고 수준의 사색 능력을 갖춘 칸트라는 용광로에 두뇌를 담그는 훈련을 평생 계속함으로써 20대에 이룬 업적을 뛰어넘고 싶었던 것이라고 추측해볼 수 있다. 이는 《과학혁명의 구조》로 과학철학계에 혁명을 일으킨 토머스 쿤의 사례를 보면 분명해진다. 쿤은 현대 과학의 관점에서 보면 오류투성이인 아리스토텔레스의 《자연학》을 원전으로 치열하게 읽었다. 그 이유를 묻는 사람들에게 그는 늘 이렇게 대답했다.

"아리스토텔레스처럼 생각하는 법을 배우고 싶기 때문이다."

실제로 쿤은 칸트 이상의 사색능력을 갖춘 아리스토텔레스의 사색법을 배운 뒤 사고의 혁명을 일으켰다. 어떤 사람들은 말한다. 고전은 현대의 관점에서 보면 시대에 뒤떨어진 내용을 많이 담고 있기에 읽을 필요가 없다고. 만일 인문고전 독서의 목적을 책의 내용을 습득하는 것에만 한정한다면 어느 정도 일리가 있다. 하지만 이를 뛰어넘어 인문고전 저자처럼 생각하는 법을 배우는 것으로 확장한다면 전혀 귀담아들을 가치가 없다.

다시 본 주제로 돌아가자. 나에게도 지난 평생 동안 읽어온, 그리고 남은 평생 동안 읽을 책이 있다. 하나는 성경이고, 다른 하나는 《논어》다. 성경은 하나님과의 만남을 위해서 읽고, 《논어》는 인간 세상의 삶을 위해서 읽는다. 놀랍게도 이 두 책은 해를 거듭할수록 깊은 영감과 지혜를 준다. 믿는 만큼 보이고, 아는 만큼 보인다고나 할까. 또 읽는 만큼 믿게 되고, 읽는 만큼 알게 된다고나 할까. 아무튼 나는 천재들의 사색공부법 중 하나인 '한 권의 인문고전으로 평생 사색하라'의 효과를 톡톡히 보고 있다. 물론 나는 이 두 책으로 평생 사색하고 있지만 말이다.[37]

당신은 어떤가. 지난 평생 동안 읽고 사색해온 한 권의 인문고전이 있는가. 만일 없다면 잠시 자신의 삶을 돌아보라. 어쩌면 삶에 그토록 문제가 많은 것은 당신에게 지혜가 없기 때문은 아닐까. 더 정확하게 말하면 당신 삶에 문제를 해결하기 위해 지혜를 구하는 시간이 없었기 때문은 아닐까. 날라리 신자인 내가 이런 말을 한다는 게 민망하지만, 나는 알 수 없는 허무감이나 불안감이 밀려오면, 다시 말해 영적인 문제나 내면의 문제를 만나면 되도록 빨리 성경을 펼친다. 그리고 하나님의 말씀 속에서 영혼을 위한 지혜를 얻는다. 한편으로 나는 사회생활을 하다가 문제를 만나면 따로 시간을 내서 《논어》를 읽는다. 그러면 오래지 않아 해법과 만나게 된다. 이는 평소에 성경과 《논어》를 가까이하기에 가능한 일이다. 또 20년 넘게 읽어왔기에 가능한 일이다. 말하고 싶다. 당신에게도 지혜를 구하는 시간이 있어야 한다고. 그래야 이 험난한 인생길을 조금이나마 든든한 마음으로 걸어갈 수 있다고.

예부터 인문고전은 1만 번 이상 읽어야 비로소 그 의미를 완전하게 깨달을 수 있다고 했다. 과연 이게 가능한 일일까. 만일 당신이 《논어》를 일주일에 한 번씩 독파한다고 하자. 1년은 52주다. 그러면 당신은 앞으로 192년 뒤에야 《논어》를 1만 번 읽을 수 있다. 한마디로 불가능한 경지다. 그렇다면 '1만 번'을 '평생'으로 이해하면 어떨까. 이는 누구에게나 가능한 일이다. 그러니 앞으로 평생 읽고 사색할 한 권의 인문고전을 정하라. 그리고 그 책을 집필한 천재와 위대한 정신적 교류를 시작하라.[38]

천재들의 생각법을 배우는 가장 간단한 방법, 목차로 지도를 그려라

내가 생각하기에 천재들의 생각하는 법을 배울 수 있는 가장 간단한 방법은 인문고전의 목차로 사색하는 것이다. 방법은 다음과 같다.

1. 내가 닮고 싶은 생각 시스템을 가진 인문고전 저자의 책을 한 권 선정한다. 단, 아직 읽지 않은 책이어야 한다.

2. 책의 목차를 그대로 종이에 옮겨 쓴다.

3. 종이에 적힌 목차대로 사색을 시작한다. 만일 세부 목차가 없다면 스스로 만들어도 좋다. 단, 책은 읽지 않는다.

4. 내가 사색한 내용을 글로 정리한다. 이때 참고 도서 등을 활용해도 좋다.

5. 선정한 책을 통독한 뒤 다시 2~3회 정독한다. 필사까지 하면 더욱 좋다.

6. 책의 내용을 각 목차별로 요약 정리한다.

7. 내가 사색한 내용을 정리한 글과 책의 내용을 정리한 글을 함께 읽으면서, 내가 사색한 내용과 천재가 사색한 내용을 비교해본 뒤 이를 글로 정리한다.

8. 내가 천재처럼 생각하려면 어떻게 해야 할까를 진지하게 사색한다.

예를 들면 다음과 같다.

1. 존 스튜어트 밀의《자유론》을 선정한다.

2.《자유론》의 다음 목차를 종이에 옮겨 쓴다.

제1장. 머리말

제2장. 사상과 언론의 자유에 대하여

제3장. 행복한 삶을 위한 한 요소로서의 개성에 대하여

제4장. 개인에 대한 사회 권위의 한계에 대하여

제5장. 원리를 현실에 적용하는 것에 관하여

3.《자유론》의 목차 순으로 또는《자유론》의 각 목차에 덧붙여 스스로 만든 세부 목차 순으로 사색을 시작하고 이를 글로 정리한다. '스스로 만든 세부 목차'의 예를 들면 이렇다.

제1장. 머리말

1) 나는 왜 '자유'를 주제로 사색하고, 이를 글로 기록하게 됐나?

2) 자유란 무엇이고, 어떤 것들이 있는가?

3) 나는 얼마나 자유로운가. 우리 가족은? 우리 사회는? 우리나라는?

제2장. 사상과 언론의 자유에 대하여

1) 사상이란 무엇이고, 언론이란 무엇인가?

2) 사상의 자유란 무엇이고, 언론의 자유란 무엇인가? 그리고 이 둘은 왜 필요한가?

3) 사상과 언론의 자유는 어디까지 보호되어야 하는가?

4) 어떤 정부가 사상과 언론의 자유를 통제하는가?

(제3장, 제4장, 제5장의 세부 목차도 이런 식으로 스스로 만든다.)

4. 《자유론》을 통독, 정독, 필사한 뒤 이를 각 목차별로 요약 정리한다. 그리고 이를 내가 사색한 내용을 정리한 글과 비교해보면서, 나의 생각과 존 스튜어트 밀의 생각은 무엇이, 어떻게, 왜 다른가를 연구한다.

5. 내가 '자유'에 대하여 존 스튜어트 밀처럼 생각하려면 어떻게 해야 할까를 사색하고 연구한다.

만일 이런 식으로 인문고전 한 권을 통째로 사색하고 연구하는 게 힘들다면 일부분을 가지고 하는 방법도 괜찮다. 예를 들면 아리스토텔레스의 《니코마코스 윤리학》 중 '정의' 부분의 목차만 가지고 사색하고 연구하는 것이다. 한편으로 인문고전의 목차는 나의 지혜를 일깨우는 사색지도가 될 수 있다. 대표적으로 안외순이 옮기고 책세상이 펴낸 율곡 이이의 《동호문답》 목차는 이렇게 구성되어 있다.

제1장. 군주의 길을 논하다

제2장. 신하의 길을 논하다

제3장. 좋은 군주와 좋은 신하가 만나기 어려움에 대해 논하다

제4장. 우리나라에서 도학이 행해지지 않음에 대해 논하다

제5장. 우리 조정이 옛 도를 회복하지 못함에 대해 논하다

제6장. 금일의 시대 정세를 논하다

제7장. 무실務實이 수기修己의 요체임을 논하다

제8장. 간인姦人의 판별이 용현用賢의 요체임을 논하다

제9장. 안민정책을 논하다

제10장. 교육정책을 논하다

제11장. 정명正名이 정치의 근본임을 논하다

내가 만일 CEO라고 하자. 그러면 《동호문답》의 목차를 가지고

다음과 같은 사색지도를 그릴 수 있다.

제1장. CEO란 누구이고, 어떤 길을 가야 하는지에 대해 논하다

제2장. 직원이란 누구이고, 어떤 길을 가야 하는지에 대해 논하다

제3장. 좋은 CEO와 좋은 직원이 만나기 어려움에 대해 논하다

제4장. 우리 회사에서 경영의 도가 행해지지 않음에 대해 논하다

제5장. 후계자들이 창업자의 경영 정신을 회복하지 못함에 대해 논하다

제6장. 세계 정치·경제·경영·군사·지식의 흐름과 이 흐름이 우리나라와 우
리 회사에 미치는 영향에 대해서 논하다

제7장. 실천하는 경영이 기업경영의 핵심임을 논하다

제8장. 내 안의 간사한 마음을 판별하고, 회사 안의 간사한 사람을 판별하는 일
이 지혜로운 경영의 핵심임을 논하다

제9장. 고객을 진심으로 행복하게 만드는 기업정책에 대해 논하다

제10장. 인문학적인 기업문화를 만드는 기업교육에 대해 논하다

제11장. 공자가 국가경영의 근본으로 규정한 '정명'을 실천하는 일이 기업경영
의 근본임을 논하다

이런 식으로 CEO와 임직원들이 《동호문답》의 목차를 가지고 기
업경영과 업무에 관한 사색지도를 만들고 이를 함께 나누는 일이
또 다른 의미의 인문경영이라고 생각한다.[39] 저자의 사색이 물질의

형태로 구체화되어 나타난 것을 가리켜 책이라고 한다. 그런데 책의 뿌리는 목차에 있다. 이는 곧 저자의 사색의 뿌리가 목차라는 의미다. 우리가 인문고전을 읽는 가장 중요한 이유 중 하나는 천재처럼 생각하기 위해서다. 오늘부터 '인문고전의 목차로 사색하기'를 실천해보라. 앞에서 제시한 8단계 중 3단계까지만 실천해도 좋다. 당신의 사색 능력이 비약적으로 향상될 것이다.

Think 09
연표를 통해 '나무'가 아닌 '숲'을 보라

사마천의 《사기史記》는 동서양 합 5000년 역사고전 대표작 가운데 하나다. 이 책은 〈본기本紀〉 〈세가世家〉 〈열전列傳〉 〈서書〉 〈표表〉로 구성되어 있다. 이 중 '표'가 바로 연표다. 그런데 우리가 입시공부할 때 흔히 접했던 노트 대여섯 쪽 분량의 그 요약식 연표를 생각하면 안 된다. 사마천의 〈표〉는 〈본기〉와 비슷한 분량이기 때문이다.[40] 동양의 인문학 천재들은 지난 2000여 년 동안 사마천의 〈표〉를 중심으로 역사를 파악하고 이해했다. 대표적으로 다산 정약용과 중국의 정림 고염무顧炎武는 다른 역사고전이라면 몰라도 〈표〉만큼은 손때가 새까맣게 묻을 정도로 읽고 사색하라는 조언을 남겼다.[41] 따라서 '연표로 사색하라'는 동양 역사 공부의 핵심이었다.

이는 서양도 마찬가지였다. 라틴어로 '셋'을 의미하는 '트리Tri'와 '길'을 의미하는 '비움Vium'의 합성어인 '트리비움Trivium'은 서양의 대표적인 인문학 공부법으로 2500년의 역사를 가지고 있다. 이 트리비움은 문법학·논리학·수사학으로 구성되어 있다. 이 중 문법학은 트리비움의 기초가 되는 것으로 그리스어와 라틴어 문법을 익혀 그리스·라틴 인문고전을 원전으로 읽는 것을 목적으로 한다. 그런데 이 문법학의 '문법'은 단순히 언어의 문법만을 의미하는 게 아니었다. 각 교과목의 문법, 즉 수학이나 과학의 공식이라든가 음악의 악보 등도 의미했다. 역사 과목의 문법에 해당하는 것은 '왕'과 '전쟁'이다. 그런데 이 역사 문법교육은 연표를 토대로 이루어졌다. 그러니까 인문학 교사는 연표를 중심으로 각 시대의 왕들이 일으킨 전쟁들과 그 전쟁들이 바꾼 역사를 가르쳤다. 재미있는 사실은 사마천의 〈표〉도 왕과 전쟁을 중심으로 구성되어 있다는 점이다. 이렇게 놓고 보면 동서양 합 5000년 역사 공부법은 본질적으로 같다.

안타까운 사실은 거경궁리와 격물치지로 대표되는 동양의 인문학 교육법이 우리나라 학교 현장에서 사라진 반면, 트리비움으로 대표되는 서양의 인문학 교육법은 미국과 유럽의 사립학교 등에서 여전히 핵심 교육과정으로 자리하고 있다는 점이다. 우리나라에서 연표로 사색하는 역사공부법이 사라진 것은 일제강점기 때다. 일제는 우리가 생각할 줄 모르는 바보가 되기를 원했다. 그래야 마음껏 노예로 부려먹을 수 있기 때문이다. 그래서 일제는 우리 교육과정에서 인문학을 없애버렸다. 하지만 그렇다고 생각하는 기능 자체를 없앨

수는 없는 노릇이었다. 그래서 도입한 것이 '단순하게 생각하는' 바보를 만드는 교육이었다.[42] 대표적인 것이 우리 역사와 세계 역사를 분리해서 가르치는 역사교육이다. 이 교육을 받으면 세종대왕이 언제 한글을 창제했는지는 알 수 있다. 하지만 비슷한 시기에 오스만 튀르크제국의 메메트 2세가 콘스탄티노플을 점령하고 동로마제국을 멸망시켰다는 사실은 알 수 없다. 또 구텐베르크가 최초로 활자를 만들어 성경을 인쇄한 시기는 알 수 있지만, 비슷한 시기에 우리나라에서 사육신이 단종의 복위를 꾀하다가 처형됐다는 사실은 알 수 없다. 한마디로 이 역사교육을 충실히 받으면 자기도 모르게 한 면밖에 볼 줄 모르는 바보가 되고 만다.

나는 인문고전 독서교육 자원봉사자를 교육할 때 반드시 연표를 중심으로 역사를 가르친다. 예를 들면 고조선에서 8조법을 제정할 무렵 이집트에서는 람세스 2세가 히타이트와 대규모 전쟁을 벌였고, 메소포타미아 지역에서는 아시리아가 미탄니를 멸망시켰고, 그리스에서는 폴리스가 형성되기 시작했고, 중국에서는 주나라의 무왕이 은나라의 주왕을 몰아냈고, 이스라엘에서는 다윗이 왕위에 올랐음을 가르친다.[43] 물론 학교에서 하듯이 단편적인 '세계사-한국사' 지식을 주입하는 것은 아니다. 만일 그렇게 한다면 이는 또 다른 형태의 단순하게 생각하는 바보를 만드는 역사교육이 되기 때문이다.

무엇보다 먼저 교사들로 하여금 하나의 큰 주제예를 들면, "고대 제국들의 핵심 통치원리 중 하나인 '교육'을 근대 제국들과 현대 제국들은 어떻게 활용했는가?"[44]를 정하게 한 뒤, 여기에 대해 약 한 달 동안 자유롭게 사색하게 한다. 그리고 교사교육 시간에 한두 시간 정도 그 사색을 함께 나누게 한다. 이어서 서너 시간에 걸쳐 역사고전 강의를 진행하고, 한두 시간 동안 조별 토론과 발표 시간을 갖게 한다. 이 교육을 할 때마다 교사들에게 이런 고백을 듣곤 한다.

"이제 비로소 역사를 전체적인 관점에서 볼 수 있게 된 것 같다."

"그동안 머릿속에 단편적으로 흩어져 있던 역사 지식들이 마치 구슬들이 하나의 실에 꿰이듯 정리되는 느낌이다."

"역사를 공부할수록 답답하기만 했던 머릿속이 뻥 뚫리는 기분이다."

"과거의 역사가 현재에도 반복되고 있으며 미래에도 반복될 것이라는 사실을 분명히 깨닫게 됐다."

"진정한 역사 공부는 암기가 아니라 사색하는 것임을 알게 됐다."

"역사의 주인공은 다른 누가 아닌 나 자신일 수 있다는 사실을 생각하게 됐다."

교사들의 뜨거운 고백을 듣고 있노라면 단지 연표 중심으로 사색하는 역사교육을 알리는 것만으로도 우리나라를 혁명적으로 바꿀 수 있겠다는 자신감이 든다고나 할까. 다산 정약용이 극찬한 연표 공부법의 위력을 실감하곤 한다.

연표로 역사를 공부하고 사색하는 구체적인 방법에 대해서는 동양의 인문학 천재들이 잘 설명해놓았다. 다음은 그들이 남긴 사색공부법을 정리한 것이다.

1. 마음속에 언제나 모든 백성을 행복하고 편안하게 만들겠다는 뜻을 가져라.

2. 연표를 만들고, 연표를 중심으로 역사고전을 읽어라.

3. 역사고전을 읽다가 전쟁, 반란, 혁명 같은 사건을 만나면 중간까지만 읽고 책을 덮어라. 그리고 그 사건의 성공과 실패를 예측해보라. 그리고 다시 책을 펼쳐라. 만일 예측이 맞았다면 계속 책을 읽어라. 그러나 틀렸다면 그 이유를 정밀하게 사색해보라. 한편으로 나 자신이 그 역사적 사건의 한가운데에 있다고 상상해보라. 그리고 그 사건의 긍정적인 면과 부정적인 면을 파악하고, 이 두 가지 면이 그 시대와 후세에 끼친 영향에 대해서 사색하라. 또 내가 만일 그 시대에 태어나서 그 사건에 휘말렸다면 어떻게 해야 했을지에 대해 사색해보라.

천재들은 한목소리로 말한다. 바로 이런 식으로 역사를 공부할 때 생각이 깊어지고 지식이 향상되며 학문이 진보한다고. 그러니 이제부터 연표로 사색하라.

Think 10
그랜드투어와 서번트투어를 떠나라

내가 생각하기에 세상에는 두 종류의 여행이 있는 것 같다. 자기를 충전하는 여행과 자기를 향상시키는 여행. 전자는 우리가 익히 알고 있는 여행으로, 국내외 유명 관광지에 가서 실컷 놀고 실컷 먹고 실컷 보는 것을 목적으로 한다. 반면 후자는 우리에게 조금 생소한 여행으로, 인문고전 저자의 발자취를 따라가거나 그 무대를 탐사하면서 인문학적 지식과 지혜를 쌓는 것을 목적으로 한다. 즉 터키의 트로이 유적지를 답사하면서 호메로스의 《일리아스》를, 그리스의 아테네 아카데미에서 《플라톤의 대화편》을, 공자의 주유천하 경로를 따라가면서 《논어》를, 도산서원을 거닐면서 퇴계 이황의 《퇴계집》을, 다산초당에서 다산 정약용의 《목민심서》를 읽고 토론하고 사색하는 것을 목적으로 한다.

이 여행의 기원은 고대까지 거슬러 올라가는데, 스물여덟 살에 아테네를 떠나 10년 넘게 메가라·이집트·이탈리아 등지를 여행하면서 여러 철학 학파와 교류한 플라톤과, 스무 살에 고향을 떠나 3년 가까이 중국 전역을 여행하면서 역사의 무대를 샅샅이 탐구한 사마천이 대표적인 여행자다.[45] 이후 이 여행은 동서양의 인문학 천재들에게 드문드문 전수되어오다가 17세기에 이르러 영국의 귀족 가문들에 의해 '그랜드투어Grand Tour'로 재탄생했다.

인류 역사의 모든 귀족계급이 그렇듯이 영국 귀족계급의 고민도 "어떻게 하면 지금 내가 누리고 있는 부와 권력과 명예를 자자손손 물려줄 수 있을까?"였다. 그들이 찾은 답은 인류 역사의 모든 귀족계급이 찾은 답과 같았다. 바로 인문학 교육이었다. 영국의 귀족계급은 자녀가 어릴 적부터 가정교사를 고용해서 그리스어와 라틴어를 가르쳤고, 인문고전을 원전으로 읽게 했다. 그런데 그들은 욕심이 많았다. 그들은 후손들이 영국을 넘어 세계의 귀족계급이 되기를 원했다. 그러려면 인문학 교육의 혁명이 필요했다. 다른 모든 나라의 귀족계급은 상상도 하지 못할 그런 인문교육 프로그램이 필요했다는 의미다. 그들은 자식을 서양 인문학의 본산지인 그리스, 로마 등지로 보냈다. 그리고 그곳에 수년씩 머물면서 그동안 책과 강의를 통해서만 접했던 인문학을 온몸으로 배우고 느끼고 깨닫게 했다. 그것도 애덤 스미스 같은 저명한 인문학자를 동행시켜 함께 보고, 느끼고, 사색하고, 대화하고, 토론하게 했다.[46] 그들은 이 인문여행 교육 프로그램을 가리켜 그랜드투어라 칭했다.

영국에서 그랜드투어가 막 시작된 17세기 후반과 18세기 초반에는 고작 수백 명의 여행자가 유럽 대륙을 밟았다고 한다. 하지만 이 숫자는 18세기 후반에 이르러 4만 명 가까이 늘어난다. 영국의 귀족 가문 자제들은 물론이고, 귀족 바로 아래 계급인 젠트리의 자제들까지 그랜드투어를 한 셈이다. 그리고 영국은 19세기 초반에 우리가 아는 바로 그 대영제국으로 성장한다.[47]

문득 그랜드투어에 관한 자료를 처음 접했을 때가 생각난다. 그때 나는 매우 흥분했다. 그리고 우리나라에는 왜 이런 인문교육 프로그램이 없을까 아쉬워했다. 하지만 그 흥분과 아쉬움은 금세 가라앉고 말았다. 불현듯 내 마음속에 찾아든 "그래서 영국의 귀족계급은 인류에게 얼마나 유익한 영향을 끼쳤는가? 그리고 인류를 얼마나 행복하게 했는가?"라는 질문에 그 어떤 긍정적인 대답도 할 수 없었기 때문이다. 냉정하게 평가하면 영국의 귀족계급에서 시작해 전 유럽과 미국 상류층 자제들의 필수 인문교육 과정이 된 그랜드투어는 실패했다. 그들은 그랜드투어를 통해 얻은 인문학적 힘을 주로 전쟁을 일으키는 데 사용했기 때문이다. 그리고 전쟁을 통해 강제 점령한 국가를 억압하고 착취하는 데 사용했기 때문이다. 물론 그렇다고 그랜드투어 자체가 나쁜 것은 아니다. 이 인문여행 교육 프로그램은 훌륭하기 그지없다. 다만 더 훌륭한 한 가지가 빠졌을 뿐이다. 그것은 내가 《에이트》에서 문화인류학적 여행이라 부른 '서번트투어Servant Tour', 즉 낮은 자리에 있는 사람들을 섬기는 여행이다.

나는 꿈꾼다. 우리나라 사람들, 특히 대학생들이 휴가 기간이나 방학 때 해외 빈민촌 학교에서 아이들에게 인문학을 가르치는 광경을 말이다. 아니 이것은 나에게 있어 꿈이 아니라 현실이다. 나는 이미 10년 넘게 이 서번트투어를 하고 있기 때문이다. 그런데 나는 영국 귀족만큼이나 욕심이 많은 사람이다. 지금 이 글을 읽고 있는 당신은 물론이고, 우리나라 사람 모두가 이 위대하고 신비롭고 아름답고 놀라운 경험을 하게 되기를 간절히 원하기 때문이다. 그래서 나는 내가 부대표로 있는 드림스드림과 전 세계 빈민촌에 최소 100개, 최대 1000개의 학교를 짓는 프로젝트를 진행하고 있다. 나는 언젠가 우리나라 사람들, 특히 20대들이 물밀듯이 서번트투어를 떠나게 되리라고 믿는다. 미래에 그 많은 자원봉사자를 수용하려면 학교가 1000곳이라도 부족할 것이다. 이 책 곳곳에서 인문학은 곧 교육이라고 이야기했다. 그렇다면 그 교육은 어떤 모습이어야 할까. 하버드 스타일이어야 할까, 아니면 세인트존스 스타일이어야 할까. 둘 다 좋을 것이다. 하지만 그보다 더 좋은 것은 나눔과 섬김의 교육이라고 말하고 싶다. 인간을 인간답게 하는 것은 오직 나눔과 섬김이라고 믿기 때문이다.

서른일곱 살의 괴테는 바이마르 공국의 재상이자 유럽 최고의 지식인이자 유명 인사였다. 하지만 어느 날 그는 모든 것을 내려놓고 이탈리아로 떠났다. 서양 인문학의 거대한 뿌리 중 하나인 로마를 온몸으로 배우고 느끼고 깨닫기 위해서였다. 그는 당시의 심정을 《이탈리아 기행》에 이렇게 남겼다.

"새벽 3시. 나는 사람들 몰래 카를스바트를 빠져나왔다. 만일 그렇게 하지 않았다면 나는 떠날 수 없었을 것이다. 사람들이 나를 붙잡고 놔주지 않았을 테니까. 8월 28일인 내 생일을 진심으로 축하하기 위해 모인 친구들은 더욱. 하지만 나는 더 이상 그곳에서 지체할 수 없었다. 하여 오소리 가죽 배낭과 여행 가방 하나만 꾸려 홀로 역마차에 몸을 실었다.[48] … 마침내 나는 세계의 수도 로마에 도착했다.[49] … 세계의 모든 역사가 이곳과 연결돼 있다. 나는 생각한다. 내가 로마 땅을 밟은 그날은 나의 제2의 탄생일이자 나의 진정한 삶이 시작된 날이라고 말이다."[50]

당신도 일생에 한 번쯤은 그랜드투어를 떠나기 바란다. 괴테처럼 정신적으로 새롭게 태어나게 되기를 원한다. 또 당신이 일생에 한 번쯤은 서번트투어도 떠나기 바란다. 영혼의 위대한 성장을 경험하기를 원한다.

삶은 여행이다.

나오며 1

이 책의 집필을 시작한 때는 2012년 10월 초다. 탈고는 그로부터 약 2년 2개월이 흐른 2014년 12월 말에 이루어졌다. 군대를 다시 다녀온 기분이다. 이 책을 쓰는 동안 많은 일이 있었다. 이렇게 쓰고 나니 문득 죽고 싶을 정도로 고통스러웠던 순간과 하늘을 날듯이 행복했던 순간 들이 교차한다. 앞으로는 되도록 기쁜 일들만 있었으면 좋겠다. 그나저나 오랜 기간 무척 힘들게 원고를 썼기 때문일까. 솔직히 말하면 탈고가 믿기지 않는다. 지금도 내가 1년 넘게 홀로 글을 쓰면서 머물던 그 산속 집필실에 있는 것만 같다. 고생을 많이 했기 때문일까. 미친 사람처럼 살았던 그때가 전혀 그립지 않다. 하지만 언젠가는 그리울 것 같기도 하다. 그때만큼 내면의 황홀경을 자주 경험했던 적도 없었던 것 같아서. 정말이지 그땐 내 곁에 오직 예수님만이 함께 계셨다. 만일 이 책 덕분에 어떤 영광을 받는다면, 모두 예수님께 돌리고자 한다.

2014년 12월 22일 새벽 5시 33분,

용인 집필실에서 사티Satie를 들으며

나오며 2

2014년 12월 22일 새벽 5시 33분, 나는 《생각하는 인문학》 원고를 마쳤다. 하지만 다시 읽어보니 수정할 부분이 조금 있었다. 덕분(?)에 나는 크리스마스이브에도 원고를 붙들고 있어야 했다. 마침내 2014년 12월 27일 저녁 6시 24분에 원고를 완전히 마쳤다. 그리고 바로 출판사로 보냈다. 그날 밤 9시 15분, KBS TV는 〈2014 KBS 연예대상〉을 방영했다. 여기서 아내는 여자 신인상을 수상했다. 나는 그 소식을 듣고 커피 한잔을 마신 뒤 차를 몰아 아내의 집이 있는 인천으로 향했다.

다음 날 오후, 우리 두 사람은 인도 뉴델리로 가는 비행기 속에 있었다. 나는 가장 사랑하는 사람과 타지마할을 보고 싶다는 꿈을 이루고 싶었고, 아내는 내 꿈을 이루어주고 싶었다. 그렇게 우리는 북인도를 열흘 넘게 여행했다. 그리고 뉴델리 김바울 선교사님 사역지로 가서 또 며칠을 보냈다.

인도를 여행한 지 사흘째 되던 날, 아내는 한국에서 시작된 감기가 나았고 나는 독감에 걸렸다. 설상가상으로 인도에 겨울이 찾아왔다. 열흘이면 끝나는 우스운(?) 겨울이었지만 나에게는 치명타였다. 온몸이 너무 아파서 잘 걸을 수도 없을 정도였다. 하지만 행복했다. 영혼의 동반자가 곁에 있었기에. 다행스럽게도 타지마할에 도착할 무렵, 독감이 어느 정도 나았고 나는 그토록 꿈꾸던 순간을 온 마음으로 만끽할 수 있었다.

타지마할에서 만난 김바울 선교사는 인도인보다 더 인도인 같았다. 며칠 뒤 천민들로 가득한 뉴델리 빈민촌에서 만난 김바울 선교사는 성자聖者 같았다. 나와 아내는 당시에 혼인신고만 한 상태였기에, 결혼식 기념으로 뉴델리에 빈민 아이들을 위한 학교를 세우자고 약속하고 돌아왔다. 그 학교는 우리 결혼식이 있었던 해에 완성됐다.

인도 여행 이야기를 꺼낸 것은 《에이트 : 씽크》를 완성하면 아내와 다시 인도를 여행하고 싶었기 때문이다. 물론 아내는 첫 인도 여행 때 고생을 너무 많이 해서 인도라면 손사래를 치지만 말이다.

언제 하늘길이 다시 열리게 될까. 지금으로선 막막하기만 하다. 어쩌면 영원히 열리지 않을 것 같다는 생각도 든다. 하지만 언젠가는 열릴 것이다. 그때가 되면 이집트와 이스라엘을 여행하고 싶다. 고대 문명의 발상지에서 인간과 인공지능이 공존하는 미래를 상상해보고 싶다. 그리고 미래를 주제로 새로운 책을 쓰고 싶다.

2020년 6월 26일 새벽 1시 37분,

파주 집필실에서 내면의 음악을 들으며

감사의 글

아들을 만난 그 순간부터 지금까지 늘 간절하게 기도해주시는 부모님께 깊은 감사의 마음을 전합니다.

처음부터 지금까지 늘 아들처럼 챙겨주시는 장인어른과 장모님께 깊은 감사의 마음을 전합니다.

늘 묵묵히 응원하고 기도해주는 아름답고 지혜로운 아내에게 사랑과 감사의 마음을 전합니다.

아빠가 작가라는 사실을 신기해하고 자랑스러워하는 딸 한나와 아빠를 친구처럼 잘 따르는 아들 예일에게 고마운 마음을 전합니다.

한나와 예일을 위해 늘 기도해주시는 슈퍼맨 목사님과 사모님께 감사의 마음을 전합니다.

탈북인 구출 프로젝트에 후원해주신 모든 분, 특히 단체방에서 늘 함께 기도해주시는 분들께 감사의 마음을 전합니다.

진리를 전하기 위해 늘 애쓰시는 인천 성산교회 고광종 목사님께 감사의 마음을 전합니다.

해외 빈민촌에 학교를 짓는 사역을 함께하고 있는 드림스드림 임채종 대표에게 감사의 마음을 전합니다.

이지성의 폴레폴레 '드림스드림 프로젝트'에 함께해주시는 모든 분께 감사의 마음을 전합니다.

비록 투병 중이지만 인공지능에게 대체되지 않는 인재를 길러내는 독서교육에 온 힘을 다하고 있는 정회일 대표에게 감사의 마음을 전합니다.

정회일 대표와 함께 대한민국 독서문화 정착을 위해 애쓰고 있는 김나연에게도 감사의 마음을 전합니다.

20년 넘게 나를 괴롭힌 만성 축농증과 만성 비염을 깔끔하게 고쳐준 메디컬 오 장동훈 원장님께 감사의 마음을 전합니다.

어지럽게 자란 머리카락들을 늘 산뜻하게 정리해주는 파시노 김필선 원장에게 감사의 마음을 전합니다.

PC와 프린터 등을 협찬해준 원큐의 이돈희 님께 감사의 마음을 전합니다.

늦어진 원고를 묵묵히 기다려주고 멋진 책으로 만들어준 차이정원에 감사의 마음을 전합니다.

〈이지성TV〉 멤버십 회원님들과 구독자님들께 감사의 마음을 전합니다.

폴레폴레, 페이스북, 인스타그램을 통해 응원해주시는 독자님들께 감사의 마음을 전합니다.

이 책을 읽어주신 모든 분께 감사의 마음을 전합니다.

감.사.합.니.다.

서로 존중하고, 타인에게 공감할 수 있는 인문학으로의 초대

나는 성격이 고요하고 사색적인 편이다. 상쾌한 공기가 가득한 숲 속을 산책하는 것을 좋아한다. 20대 후반에는 숲에서 시를 쓰다가 아침을 맞이하고는 숲 아래 가게에서 빵과 우유로 식사를 대신하고 출근한 날도 적지 않았다. 노을이 지는 하늘을 바라보면서 걷는 것도 매우 좋아한다. 특히 저물 무렵 샛강 옆을 걷는 일은, 때로 이 산책이 내가 존재하는 이유처럼 느껴질 정도로 행복하다. 나는 꽃을 사랑한다. 특히 6월에 피는 빨간 장미를 사랑한다. 6월이 되면 장미 넝쿨 아래 누워 있다가 잠이 들곤 한다. 담배는 입에 대지도 못한다. 주량은 맥주 한 잔이다. 사람들이 술에 취해 서로 알아듣지도 못할 말들을 해대는 동안 홀로 옥상에 올라가 별을 세곤 한다. 스무 살 이후로 지금까지 지켜온 나의 모습이다.

어릴 적부터 남자답지 않다는 말을 많이 들었다. 거칠고 공격적이고 집단적인 한국 남자들에 비해 유하고 식물적이고 개인적이라는 뜻이다. 하지만 이런 나도 한국 남자 특유의 격한 열정을 내보일 때가 있다. 그때는 완전히 다른 사람이 된다. 마치 적진으로 발사되는 미사일처럼 목표물을 해치워버린다.

이 책을 쓰면서도 격한 열정이 유감없이 발휘됐다. 나는 내 안의 순수한 설렘을 견디지 못하고, 하루아침에 인문학 교육기관을 세워버리고 말았다.2014년의 일이다. 이 기관은 2017년에 문을 닫았다. 이 기관은 전국 초중고교와 대학, 지역사회에 독서와 인문학, 예술을 기반으로 하는 자원봉사 동아리를 만드는 것과 전국 저소득층 공부방과 해외 빈민촌 학교에 인문학 교사를 파견하는 것, 그리고 전국 각지에 인문학 도서관을 세우고 해외 빈민촌에 도서관과 학교와 병원을 짓는 것을 목표로 하고 있다. 한마디로 새로운 교육을 통해 세상을 변화시키는 것이 목적이다.

여기에 많은 대학생이 참여하면 좋겠다. 미국에 TFA^{Teach For America}라는 교육 봉사단체가 있다. 이 단체는 지난 20년간 3만여 명에 이르는 교사를 도시 빈민 공립학교에 파견했다. 덕분에 300만 명 넘는 아이들이 제대로 된 교육을 받을 수 있었다. 이 단체는 매년 대학 졸업생들을 대상으로 교사를 모집하는데, 놀랍게도 하버드, 예일, 스탠퍼드 같은 명문대 졸업생들이 이 단체의 교사가 되기 위해 매년 10 대 1의 경쟁을 한다.[1] 나는 한국 대학생들이 미국 대학생들보다 몇 배는 더 따뜻한 마음을 가지고 있다고 생각한다. 다만 누군가가 TFA 같은 단체를 만들어주지 않았기 때문에 움직일 수 없었던 게 아닐까 생각한다. 그래서 우리나라 대학생들에게 멋진 명석을 깔아주고자 한다. 그렇다고 이 기관이 대학생만을 대상으로 하는 것은 아니다. 우리나라에 근본적인 변화가 필요하다고 느끼는 모든 사람을 대상으로 한다. 특히 지금 이 글을 읽고 있는 당신도 함께하면 좋겠다. 나는 언제나 내가 먼저 실천한 뒤 독자에게 함께하자고 권해왔다. 내 입으로 말하기 쑥스럽지만 나는 이미 작은 실천을 하고 있다. 세상을 바꾸는 자기계발과 인문학을 실천하는 일 말이다. 당신이 동참해주기를 간절히 바란다. 세상은 함께 바꾸는 것이라고 믿기 때문이다.

특히 공교육 교사들이 많이 참여하면 좋겠다. 인문학의 기본은 자신에게 가르침을 주는 사람, 즉 스승을 공경하는 것이다. 만일 우리나라의 모든 교실에서 매일 《논어》를 비롯해 마음의 수양을 쌓는 책을 읽는다면, 바흐와 헨델을 들으면서 미켈란젤로와 피카소와 이중섭의 그림을 감상한다면, 교사와 학생이 서로 인격체로 존중하면서 대화를 나눈다면, 다시 말해 공부 기계로 작동하던 교실이 인문학적인 교실로 바뀐다면 어떻게 될까? 상상하는 것만으로도 가슴이 벅차오른다. 이 상상을 현실로 만드는 것은 의외로 쉽다. 교사들이 인문학 교육 자원봉사 모임에 참여하면 된다. 이제 교사들이 깨어나야 한다. 특히 교대생과 사대생이 일어나야 한다.

교사들에게 감히 도전적인 질문을 던지고 싶다. 도대체 언제까지 이 세계 최악의 교육 시스템에 순응해서 살아갈 생각이냐고. 이젠 교사들이 나서서 이 시스템을 바꿔야 하지 않겠느냐고. 특히 교대생과 사대생에게 묻고 싶다. 도대체 언제까지 임용고시 기계로 살아갈 생각이냐고. 그토록 젊은데 도대체 언제까지 안정적인 직업 하나만 바라보고 살 생각이냐고. 벌써부터 '늙어버릴' 생각이냐고. 만일 교사들이 인문학 교육을 시작하지 않는다면 우리 교실의 수준은 지금과는 비교도 할 수 없는 지경까지 떨어지게 될 것이다. 그때가 바로 우리 교육이 망하는 날이다. 교육이 망하면 나라가 망한다. 온 힘을 다해 우리 교육을 살려야 한다. 그게 우리 모두가 사는 길이기 때문이다.

엄마 아빠들도 이 프로젝트에 함께하면 좋겠다. 우리나라 학부모치고 교육에 문제가 있다고 느끼지 않는 사람이 있을까? 거의 없을 것이다. 그런데 우리 교육을 바꾸기 위해 행동하는 사람은? 찾아보기 어렵다. 바로 이게 문제다. 내가 교사로 재직하던 시절, 한 아이가 방학 중에 학교 근처에서 놀다가 차에 치여 숨졌다. 나는 큰 충격을 받았다. 또 다른 아이가 희생될까 봐 두려웠다. 학교로 통하는 네 개의 횡단보도 가운데 한 곳에만 신호등이 설치되어 있으니, 나머지 세 곳에도 설치하자고 학교에 건의했다. 그리고 지금의 교통지도가 형식적이니 교사와 학부모 들이 팀을 짜서 제대로 교통 지도를 하자고, 방학 중에도 그렇게 하자고 건의했다. 하지만 바로 묵살됐다. 교장과 교감은 신호등 설치는 경찰서 소관이고 교통 지도는 지금 하는 것으로 충분하다며 목에 핏대를 세웠고, 교사들은 다들 자기 일에 바빴다. 그래서 녹색어머니회와 학부모회에 도움을 요청했다. 혼자만의 힘으론 학교를 설득할 수 없으니 함께해달라고. 하지만 학부모들은 "학교고 경찰이고 말해봤자 어차피 안 듣는다"며 거절했다. 심지어 어떤 학부모는 "교사가 애들이나 잘 가르칠 생각을 해야지, 이런 일로 나서면 안 된다"며 타박했다.

나도 모르게 격앙된 목소리로 물었다.

"만일 어머님 아이가 사고를 당했다고 해도 이렇게 이야기할 수 있습니까?"

그러자 다들 민망한 얼굴로 자리를 피했다. 그때 깨달았다. 한국 교육이 왜 바뀔 수 없는지. 뒷이야기를 하자면 나는 경찰서 담당자에게 직접 전화를 걸어서 신호등 설치를 요구했지만 경찰은 시청 담당이라며 시청에 떠넘겼고, 시청에 전화하니 다시 경찰서로 떠넘기고…. 그렇게 몇 개월을 바보 취급당했다. 결국 신호등은 내가 사직서를 제출할 때까지 설치되지 않았다. 매일 2000여 명의 아이들이 등하교를 하는 학교였다. 이 땅의 엄마 아빠들에게 책임을 묻자고 이런 말을 하는 게 아니다. 이젠 학부모들도 바뀌어야한다는 뜻이다.

만일 학부모들이 앞으로도 지금처럼 생각한다면 학교는 영원히 바뀌지 않을 것이다. 그리고 그 피해는 고스란히 아이들의 몫이 될 것이다. 감히 말하고 싶다. 1등만 인정받고 나머지는 들러리로 전락하고, 날마다 한 명 이상이 성적 때문에 자살하고, 자유와 기쁨, 행복과 사랑은 찾아볼 수 없고, 경쟁은 자기 자신과 하는 것인데 같은 반 친구와 하는 것으로 잘못 알고 있는 이 비참하고 슬픈 교육 현실을 바꾸려면 무엇보다 '내 자식만 괜찮다면…'이라는 사고방식을 버려야 한다고. 대신 '다른 집 아이가 행복해야 우리 아이도 행복하다'는 사고방식이 필요하다고. 특히 가장 낮은 곳에서 고통받고 있는 저소득층 아이들을 돌봐야 한다고. 실제로 학교를 바꾸는 일에 적극적으로 나서야 한다고 말이다. 이 땅의 엄마 아빠들이 그렇게 변화할 때 비로소 교육은 새로워지고 아이들은 행복해질 것이다.

마지막으로 그 누구보다 대통령과 장관, 국회의원, 대학 총장, 초중고 교장, 대형 교회 목사, 재벌, CEO 들, 즉 우리 사회 각 분야의 리더들이 저소득층 공부방 아이들에게 인문학을 가르치는 봉사활동을 해야 한다. 그리고 해외 빈민촌 아이들을 돌보는 일에 참여해야 한다. 리더는 본래 '섬기는' 사람이다. 하지만 우리나라 리더들은 군림하기 바쁘다. 이러니 나라가 제대로 돌아갈 수 없다. 교육이 망가지지 않을 수 없다. 한편으로 리더는 '생각하는' 사람이다. 그런데 우리나라 리더들은 참으로 생각 없이 살고 있다. 정부와 국회, 기업과 대학, 대형 교회를 보라. 여기 리더들이 과연 생각하면서 조직을 이끌고 가는 것 같은가? 리더들에게 세상을 바꾸는 인문학이 필요하다. 월스트리트 스타일의, 부자들과 권력자들만 배 불리는 검은 인문학이 아닌 진정한 인문학이 필요하다.

리더들이 인문학 봉사를 시작하면 우리나라도 차츰 변화할 수 있다. 예를 들어 대학 총장이 인문학 봉사를 하면 그 영향력은 곧바로 교수들에게 미친다. 그리고 교수들의 영향력은 대학생들에게 미친다. 리더 한 사람이 생각하고 실천하는 삶을 사는 것이 곧 수천 명의 20대가 세상을 바꾸는 생각과 행동을 할 수 있게 한다. 우리나라는 생각 없는 리더들 때문에 역사의 실패를 맛본 적이 많다. 지금 우리나라가 세계 무대에서 자꾸만 뒤로 밀려나고 있다는 것은 모두가 잘 알고 있는 사실이다. 이제라도 늦지 않았다. 리더들이 생각하는 삶을 살기 시작하면 우리나라는 얼마든지 세계 일류 국가가 될 수 있다. 단순히 돈만 잘 버는 나라가 아니라, 세계의 정신과 문화를 이끄는 진정한 일류 국가 말이다. 시대 앞에, 국민 앞에, 역사 앞에 깨어 있는 리더들을 보고 싶다.

이제 인문학 교육 이야기를 미칠 시간이다. 그리고 '아픔'에 대한 이야기를 할 시간이다. 폴레폴레의 인문학 봉사활동은 놀라울 정도로 사람을 행복하게 하고 충만하게 하지만 때론 가슴을 후벼 파는 아픔을 주기도 한다. 믿기지 않겠지만 우리는 이따금 봉사처에서 쫓겨난다. 아이들 교육을 못해서가 아니다. 오히려 아이들을 잘 가르쳐서 쫓겨난다. 나도 한 번 쫓겨난 적이 있다. 무려 1년 6개월 동안 온 힘을 다해 봉사한 곳이었다. 역시나 폴레폴레 교사들이 아이들을 잘 교육한 게 탈이었다. 망나니 같던 아이들이 인문학 교육을 통해 교사에게 존경심을 갖게 되고 자기관리를 하게 되자 자연스럽게 공부하는 습관이 형성됐다. 그리고 실제로 성적이 오르기 시작했다. 그러자 공부방 관리자의 머리가 이상한 쪽으로 굴러갔던 것 같다. '드디어 이 아이들에게 희망이 보이는구나. 그동안 인문학 공부는 할 만큼 했으니 이제부턴 본격적으로 입시공부를 시켜야겠다. 그러면 이 아이들 몇이 대학에 갈 수 있을 테고, 그건 우리 공부방의 자랑이 될 테고, 나는 더 많은 후원을 받을 수 있을 거야. 잘하면 언론에 보도될 수도 있고.' 이런 생각을 하게 됐던 것 같다. 아무튼 우리는 하루아침에 쫓겨났다. 그 공부방 관리자는 우리에게 아이들과 인사할 기회조차 주지 않았다.

때로 우리는 사적 욕망을 품고 모임에 들어온 사람들 때문에 크게 고통받는다. 최근 나는 한 지역 리더를 한 시간 넘게 위로해주었다. 그는 2013년 초 인문학 봉사모임에 들어온 몇 사람 때문에 힘들다고 했다. 천사 같은 얼굴로 모임에 들어온 몇몇 사람은 두세 달 헌신하는 듯하더니 자신들의 입지가 생기자 모임을 흔들기 시작했다. 그들은 리더를 음해하고 회원들 사이에 파벌을 만들었다. 이유는 황당했다. 그들은 축적된 정보를 빼내 인문고전 교육사업을 하려는 목적을 가지고 있었다. 다행히 뒤늦게나마 그들의 욕심을 알아챈 회원들의 활약으로, 그들은 잘못을 인정하고 떠났지만 이미 모임은 엉망진창이 된 후였다. 사실 나도 내가 직접 이끌었던 모임들이 이런 식으로 해체된 적이 있다. 그런데 이 정도는 아무것도 아니다. 전문적인 사기꾼들에게 걸려 호되게 당한 적도 있다. 앞에서도 말했지만 나는 해외 빈민촌에 학교를 세우는 프로젝트를 진행하고 있다. 힘세고 돈 많은 나라가 약하고 가난한 나라를 착취하는 이 세상의 구조가 슬프다. 대표적으로 우리가 즐겨 마시는 커피 한 잔에는 저개발 국가 아이들의 눈물이 가득 담겨 있다. 이런 잘못된 구조를 깨뜨려버리려면 교육이 가장 중요하다. 그래서 학교 설립에 열을 올리고 있다. 하지만 알다시피 학교 하나를 지으려면 적지 않은 돈이 들어간다. 돈냄새를 귀신같이 맡는 사기꾼들이 꼬이지 않을 수 없다. 지금까지 해외 빈민촌에 건축한 학교만 40개 2020년 6월 기준에 이르니 그동안 얼마나 많은 일이 있었겠는가.

나는 좋은 일을 많이 하면 좋은 일만 일어날 줄 알았다. 하지만 그렇지 않았다. 오히려 마음이 찢어지는 일을 훨씬 많이 겪었다. 삼당, 즉 이용당하고, 배신당하고, 사기당하는 일의 연속이었다. 그러나 감사하게도 처음 다짐한 그 마음이 하나도 변하지 않았다. 아니, 오히려 처음보다 더 깊어지고 더 뜨거워지고 더 투명해졌다. 그리하여 진실로 행복하다. 더 감사한 것은 이런 마음이 나 혼자만의 것이 아니라는 사실이다. 폴레폴레에서 헌신적으로 활동하는 모든 사람의 마음이라는 것이다. 진실로 감사하다. 앞으로도 사적 욕망에 눈이 먼 사람들은 내 주위로 밀려올 테고, 가슴이 찢어지는 일 또한 겪으리라는 사실을 알고 있다. 그러나 그것이 내게 주어진 십자가라면 기쁜 마음으로 짊어질 것이다. 인간은 누구나 자신만의 십자가를 진 채 거칠고 험한 인생길을 걸어가는 존재니까.

아, 여기까지 쓰고 나니 갑자기 교회에 가고 싶어진다. 거룩하신 분 앞에 무릎을 꿇고, 내 은밀한 죄들을 고백하고 싶어진다. 예수 그리스도의 보혈의 힘을 입어 내 모든 죄를 사함받고 싶어진다. 내 영혼 위로 축복처럼 내리는 절대자의 사랑을 만나고 싶어진다.

느닷없이 아픔에 대해 이야기한 것은 당신을 위해서다. 이 책에서 폴레폴레를 아름답게 소개했다. 그러나 폴레폴레 역시 불완전한 인간들이 모인 곳이기에 어둠이 없을 수 없다. 이는 곧 당신이 폴레폴레 활동을 한다면 기쁨만큼 아픔을 얻게 된다는 뜻이다. 하지만 인간은 아픈 만큼 성숙해지는 법, 당신은 크게 성장하게 될 것이다. 그리고 변화하게 될 것이다. 당신이 꿈꾸는 바로 그 존재로.

교사를 위한 인문고전 독서교육 실전 가이드

전국 폴레폴레 인문고전 독서교육은 개별 또는 집단으로 이루어진다. 개별교육은 교사 한 명이 아이를 일대일로 가르치거나 두세 명 정도 가르치는 방식이다. 집단교육은 그 형태가 다양한데 주로 네 가지 방식이 있다. 먼저 개별교육에 대해 알아보자. 순서는 대략 다음과 같다.[1]

1. 서로 반갑게 인사한다. 아이의 두 손을 부드럽게 잡아주거나 아이를 따뜻하게 안아주면 더욱 좋다.
2. 아이를 위한 작은 선물이나 교사의 진솔한 마음이 담긴 카드 또는 편지를 진하면서 아이의 마음을 연다. 지난 한 주 동안 서로를 생각하면서 쓴 생각일기를 교환해서 읽는 것도 추천한다.
3. 교사가 지난 한 주 동안 자신이 어떻게 지냈는지 소탈하게 이야기한다. 그리고 아이에게 지난 한 주 동안 어떻게 지냈는지

물어본다. 이 과정은 매우 중요하다. 아이가 자신에 대해 이야기
하는 법을 자연스럽게 터득하기 때문이다.

4. 교사가 아이에게 다음 한 주는 어떻게 살 것인지 물어본다. 아
이의 대답을 경청한다. 자연스럽게《논어》를 펼치면서 이런 식
으로 말한다. "우리 이쯤에서 공자 선생님을 만나볼까? 그럼 다음
한 주를 더 멋지게 지낼 지혜를 얻을 수 있을 거야! ^{물론 다른 방식으로 수업}
^{을 시작해도 괜찮다}"

5.《논어》본문을 읽는다. 교사가 먼저 본문 전체를 읽고 아이가 다
시 본문 전체를 읽는 방식, 교사가 한 줄을 읽고 아이가 그다음
줄을 읽는 방식, 교사와 아이가 한목소리로 함께 읽는 방식 등
다양하게 활용한다.

6. 교사와 아이가 본문을 가지고 자연스럽게 대화한다. '대화'는
인문고전 독서교육의 핵심이다. 소크라테스나 공자 같은 인
문고전 그 자체라고 할 수 있는 사람들은 제자들을 대화로 교육
했다. 동서양의 왕가와 귀족 가문에서 공통적으로 행한 인문고
전 독서교육 방식도 대화였다. 아인슈타인이 열세 살 때 막스
탈무드에게 받았던 인문고전 독서교육 또한 대화였다.

전국 폴레폴레 인문고전 독서교육 교사들도 강의보다는 대
화가 아이들의 지적 능력을 향상시키는 데 탁월한 힘을 발휘
한다고 말한다. 나도 폴레폴레 교사들을 교육할 때 강의보다는

대화가 파격적으로 성장시키는 것을 경험한다. 다시 말해 강의를 따라가는 것조차 어려워하던 사람이 고작 한두 시간 정도의 대화만으로도 그동안 자신 안에서 어지럽게 흩어져 있던 지식과 지혜의 구슬들을 멋지게 꿰고는 어엿한 인문학자로 우뚝서는 광경을 보게 되는 것이다.

대화는 우리에게 매우 생소한 교육방식이다. 그렇다고 어려워할 필요는 없다. 우리가 늘 하는 수다, 그게 바로 대화이기 때문이다. 그렇다. 《논어》나 《플라톤의 대화편》을 가지고 한바탕 즐거운 수다를 떠는 것, 그게 바로 대화를 통한 인문고전 독서교육이다. 물론 처음에는 교사나 아이나 깊이 있는 대화를 나누기는 어려울 것이다.

"방금 읽은 부분에 대해서 어떻게 생각하니?"

"저는 이렇게 생각해요."

이 정도일 것이다. 그러나 계속해서 이어지는 대화는 오래지 않아 교사와 아이를 높은 세계로 끌고 간다. 대학생과 초등학생이 마치 학자와 같은 얼굴로 공자의 '인'과 맹자의 '의'를 논하고 소크라테스의 '삶'과 플라톤의 '사유'를 함께 나누는 광경을 한번 상상해보라. 생각만으로도 짜릿하고 황홀하지 않은가. 전국 폴레폴레 교사들은 이구동성으로 말한다. 아이와 함께 인문고전을 읽으면서 대화를 시작하면 누구나 두세 달 안에 이런 경지에 도달할 수 있다고.

아이와 대화를 잘하려면 무엇보다 나 자신과 대화를 잘해야 한다. 자기 자신과도 대화를 잘 나누지 못하는 사람이 타인과 대화를 잘 나눌 리는 절대 없기 때문이다. 그렇다면 어떻게 해야 자기 자신과 대화를 시작하고 또 잘할 수 있을까? 독서와 사색이 답이다. 사람은 책을 읽을 때 비로소 자신과 대화를 시작하게 되고, 깊은 사색에 잠기는 시간이 바로 자기 자신과 깊은 대화를 나누는 시간이기 때문이다. 인문고전 독서교육 봉사를 제대로 하는 사람의 삶은 혁명적으로 바뀔 수밖에 없다. TV와 스마트폰 중심의 삶에서 책 중심의 삶, 타인들과 무의미한 수다를 남발하던 삶에서 자기 자신과 깊이 있는 대화를 나누는 삶으로 자연스럽게 옮겨갈 수밖에 없다. 이는 곧 가정과 지역사회의 변화로 연결된다.

토론은 대화가 충분히 이루어진 뒤에 시작해야 한다. 우리나라에는 토론문화가 거의 없다고 해도 과언이 아니다. 심지어 TV 토론 프로그램에 나오는 지식인들조차 제대로 토론할 줄 모른다. 어쩌다가 이렇게 됐을까? 이유는 간단하다. 서로 사색을 함께 나누는 것이 대화이고 대화의 확장이 토론인데, 우리나라 사람들은 사색도 대화도 할 줄 모르기 때문이다. 눈을 맞추고 입을 열어서 대화를 시작해야 서로에 대해 알게 된다.

즉 대화는 이해와 공감과 존중을 언어로 표현한 것이다. 이 아름다운 대화의 바탕 위에서 토론할 때 서로 성장하게 된다. 서로 감사하고 사랑하게 된다. 반면 이해와 공감과 존중에 기반한 대화가 선행되지 않고 이루어진 토론은 서로에게 상처만 줄 뿐이다. 대립하고 미워하는 마음만 키울 뿐이다.

나는 인문고전 독서교육 봉사자들에게 아이들과 즐거운 시간을 자주 보내라고 말한다. 되도록 함께 짜장면도 먹고 축구도 하고 영화도 보고 놀이공원도 가고 여행도 자주 가라고 한다. 그렇게 친해졌을 때 비로소 서로에 대해 알게 되고, 마음을 열게 되고, 바로 그때부터 진정한 '대화'가 시작된다는 사실을 잘 알기 때문이다. 그렇다. 대화를 통한 인문고전 독서교육은 단순한 독서교육이 아니다. 그것은 가르치는 사람과 가르침을 받는 사람의 영혼이 만나는 과정이자 서로를 성장시키고 완성시키는 과정이다.

7. 교사 한 명이 두세 명의 아이를 가르치는 경우라면 아이들끼리 본문을 가지고 서로 대화하고 토론하게 한다.

8. 아이에게 본문을 읽으면서 생각하고 느낀 점, 교사나 함께 공부하는 친구들과 대화하고 토론하면서 가지게 된 의견을 발표하게 한다. 발표는 되도록 아이가 좋아하는 방식으로 하게 한다. 《논어》를 읽고 느낀 점을 춤과 랩으로 표현하는 아이, 《플라톤

의 대화편》을 읽다가 깨달은 것을 그림으로 표현하는 아이,《격몽요결》을 읽다가 친구와 나눈 대화를 만화로 그리는 아이,《손자병법》을 읽고 터득한 병법의 원리를 스타크래프트 게임을 통해 증명하는 아이…. 이런 아이들로 가득한 교실, 교사가 이들을 격려하고 칭찬하는 교실을 상상해본 적이 있는가?

9. 본문을 필사한다. 초등학교 저학년은 노트 서너 줄, 중학년은 노트 반 쪽, 고학년은 노트 한 쪽 정도를 권한다. 중학생 이상은 노트 한 쪽 이상을 권한다. 필사는 아이만 시켜서는 안 된다. 교사가 함께해야 한다. 초기에는 번역서 위주로 하다가 점차 원문 위주로 넘어가는 것이 좋다. 아이가 원문 필사를 힘겨워하면 번역서 필사로 돌아가야 한다. 그런데 아이가 필사 자체에 부담감을 크게 느낀다면 어떻게 해야 할까? 당연히 필사를 시키지 말아야 한다. 하지만 교사는 5분이든 10분이든 정해진 시간 동안 즐겁게 필사하라. 이때 아이는 신경 쓰지 마라. 오직 필사에만 집중하라. 그렇게 수업시간마다 필사 자체를 즐기는 모습을 보여준다. 그럼 오래지 않아 아이가 자연스럽게 자신 안의 부정적인 감정을 깨고, 손에 펜을 들게 될 것이다. 아이에게 인문고전을 그저 베껴 쓰게 하는 것보다 차원 높은 교육은, 교사가 아이에게 필사라는 어렵고 힘든 과정 그 자체를 즐기는 모습을 보여주는 것이다.

10. 아이에게 격려와 칭찬을 충분히 하면서 수업을 마친다.

11. 숙제를 내준다. 인문고전을 몇 쪽 읽으라든가 필사하라든가
하는 식의 숙제는 되도록 내지 말 것을 권한다. 대신 '하루에
예쁜 생각 하나씩 하기'라든가 '착한 일 하나씩 하기' 같은 숙
제를 내주는 게 좋다. 아이가 이런 숙제를 계속하다 보면 자
연스럽게 '스스로 생각하고 실천하기'를 습관화하게 된다. 이
때부터는 아이에게 '어떻게 하면 우리 공부방을 더 밝고 멋
진 곳으로 변화시킬 수 있을까? 스스로 계획을 짜고 실천해보
세요'라든가 '어떻게 하면 친구들을 진심으로 대하고 친구들
에게 진심으로 사랑받는 리더가 될 수 있을까? 자신을 진짜 리
더로 변화시켜보세요' 같은 창조적인 숙제를 내주어라. 물론
이런 식의 숙제는 아이에게만 내주면 안 된다. 교사도 동일한
숙제를 자기 자신에게 내야 한다. 그리고 실제로 자신이 변화
하고 성장하는 모습을 아이에게 보여주어야 한다. 이게 진정한
숙제고 교육이다.

이제 집단교육에 대해서 알아보자. 집단교육은 앞에서 이야기한
것처럼 주로 네 가지 방식이 있다.

1. 두 개별교육 모임이 함께 공부하는 방식이다. 먼저 두 교사가

인문고전을 함께 읽고 대화한다. 이어서 두 아이가 인문고전을 함께 읽고 대화한다. 한쪽은 아이가 한 명인데 다른 쪽은 두 명이라면 어떻게 해야 할까? 세 명이 함께 인문고전을 읽고 대화하면 된다. 한쪽은 두 명, 다른 쪽은 세 명이라면 일대일, 일대이로 정해준다. 이때 교사는 격려하는 눈빛으로 지켜보다가 자연스럽게 아이들의 대화에 참여한다. 되도록 자신이 맡고 있지 않은 아이와 대화하는 것이 좋다. 그래야 서로 발전하기 때문이다. 교사와 아이의 대화가 어느 정도 마무리되면 이번에는 두 교사와 아이들 모두 한자리에 모여서 토론한다. 대화하고 토론한 내용과 생각하고 느낀 점을 각자 간단하게 정리하고 발표한다. 인문고전을 필사한다. 칭찬과 격려를 충분히 한 뒤 수업을 마친다.

2. 개별교육 모임이 모두 함께 공부하는 방식이다. 교사들과 아이들이 한자리에 모여서 한목소리로 인문고전을 읽고 함께 토론하고 필사한다.

3. 한 개별교육 모임이 모든 교사와 함께 공부하는 방식이다. 서울의 한 저소득층 공부방에서 인문고전 독서교육 봉사를 할 때 안타까운 일이 있었다. 아이들이 담당 교사와는 가족처럼 지냈지만 다른 교사와는 별다른 유대관계를 맺지 못하고 있었다. 뭔가 잘못됐다고 생각했다. 인문학의 핵심 가운데 하나는 따뜻한 정이 넘치는 공동체를 회복하는 것이기 때문이다. 당시 우리는

2주에 한 번씩 모여 인문고전을 읽고 토론하는 시간을 보냈다. 나는 이때 한 교사가 담당하고 있는 세 명의 아이를 초청했다. 우리는 친구처럼 서로 소개했고, 서로 꿈과 생각과 마음을 나누었다. 교사와 아이의 구별은 없었다. 우리는 서로 인간 대 인간으로 만났다. 아니, 정확하게 말하면 그렇게 하려고 노력했다. 그러고는 아이들이 말하는 인문고전 이야기를 경청했고, 무조건적인 칭찬과 격려를 해줬다. 마지막으로 교사들이 돌아가면서 악수하거나 아이들을 안아줬고, 각자 준비한 작은 선물을 안겨줬다. 열다섯 명의 교사들에게 영혼이 담긴 사랑과 격려를 받은 아이들의 표정이 어땠을까? 세상의 언어로는 표현하기 힘든 감동에 사로잡혀 있었다.

이렇게 교사들이 아이들을 사랑으로 섬기는 것, 그게 바로 교육이다. 오늘날 가정교육과 학교교육이 왜 무너졌는가. 그 이유를 바깥에서 찾으면 셀 수 없이 많다. 아마도 우리는 세상과 정부와 교육청을 향해서 분노를 터뜨리며 남은 인생을 보내야 할지도 모른다. 그러나 그 이유를 가정과 학교에서 찾으면 매우 간단하다. 우리는 아이들을 사랑하고 칭찬하고 격려하는 데는 시간을 거의 쓰지 않는다. 대신 우리는 아이들을 감시하고 꾸짖고 벌주는 데 많은 힘과 시간을 쏟는다. 그리고 나머지 시간은 무관심으로 일관한다. 혹시 앞의 문장을 읽으면서 '내가 우리 아이에게 무관심하다고? 나는 24시간 내내 우리 아이만 생각하는데!'라고 생각했는가? 부모의 바로 그런 생각 탓에 아이들은 그토록 깊은 외로움과 소외감을 느끼는 것이다. 그것도 다름 아닌 부모의 품 안에서. 아이들에게 진정으로 필요한 것은 먹이고 입히는 일 같은 생존에 관한 관심이 아니라, 인간적인 관심이다. 그런데 많은 부모가 아이에게 인간적인 관심을 주지 않고, 아이를 힘들게 한다.

초중고교 시절에 집에서든 학교에서든 제대로 된 사랑을 받고 자란 아이가 어른이 되어서 사랑을 할 줄도 받을 줄도 아는 법이다. 그런데 우리 아이들은 집에서든 학교에서든 돈 욕심에 사로잡혀 있는 어른들을 만나게 되는 경우가 많다. 부모와 교사들이 아이들을 좋은 대학, 좋은 직장에 보내려는 이유가 뭔가? 아이들의 영혼을 위해서인가? 아니다. 사실은 돈 때문이다. 부모와 교사의 이런 마음을 가장 잘 아는 건 아이들이다. 그래서 우리 아이들의 영혼은 나날이 죽어가고 마음은 나날이 병들어 간다. 우리나라 청소년의 행복지수는 OECD 꼴찌 수준이고, 자살률은 OECD 최고 수준이다.

말이 길어졌다. 본 주제로 돌아가자. 전국 폴레폴레 교실만이라도 교사들과 아이들이 가족처럼 지내는 문화를 만든다면 얼마나 좋을까, 라는 피터 팬 같은 생각이 이 방식을 탄생시켰다. 한 달에 두 번 정도 모든 교사와 한 개별교육 모임의 아이들이 만나는 시간을 갖는 것, 그게 이 방식의 핵심이다.

4. 각 개별교육 모임의 아이들이 한 조를 이루어 공부하는 방식이다. 개별교육 A, B, C, D, E가 있다고 하자. 그리고 A에는 랩을 좋아하는 아이, B에는 노래를 좋아하는 아이, C에는 춤을 좋아하는 아이, D에는 그림을 좋아하는 아이, E에는 촬영을 좋아하는 아이가 있다고 하자. 이 다섯 명의 아이를 한 조로 묶는다. 그리고 이렇게 수업을 진행한다.

1) 《논어》를 함께 읽는다.

2) 《논어》를 읽고 느낀 점을 세 아이가 랩, 노래, 춤으로 표현한다.

3) 세 아이가 춤추고 랩하고 노래하는 장면을 한 아이가 그림으로 그리고 다른 아이가 영상으로 기록한다. 물론 자신이 《논어》를 읽고 느낀 점을 그림으로 그리고 영상으로 표현해도 좋다.

이런 식의 수업은 일종의 축제다. 교사와 아이 모두 얼굴에서 웃음꽃이 떠나지 않기 때문이다.

PS. 폴레폴레 인문고전 교육기관은 2017년에 문을 닫았다. 폴레폴레 인문고전 독서교육 봉사활동은 2018년에 공식적으로 종료됐다.

수학적·과학적 사고를
배울 수 있는, 인류 최고의 인문학자들

수학

• 게오르크 칸토어^{Georg Cantor} 무한집합에 관한 혁명적인 이론을 발
표해서 수학의 새 분야를 개척했다.[1] 초중고 수학 교과서의 앞
머리를 장식하고 있는 '집합론'의 창시자다. 대학에서 철학과
물리학을 공부했다.[2] 그는 할레 대학 수학부 교수 시절 철학과
로 적을 옮기려고 했을 정도로 철학에 몰두했고,[3] 대학교수를
그만두고 도서관에서 역사학과 신학 연구에 전념할 계획을 세
울 정도로 역사학과 신학에도 관심이 많았다.[4]

• 고트프리드 라이프니츠^{Gottfried Leibniz} 곱셈과 나눗셈은 물론이고
거듭제곱근까지 계산할 수 있는 현대적 의미의 계산기를 최
초로 발명했다. 함수라는 용어와 함수기호 $f(x)$를 최초로 사용
하고, 미분기호와 적분기호를 만들었다.[5] 독일의 대표적인 철

학자이자 역사학자이자 신학자이자 언어학자이자 논리학자
이자 형이상학자였다. 그는 지금도 철학계의 빛나는 별 중
하나다.

• **다비트 힐베르트**David Hilbert 정수론, 불변식론, 기하학, 무한차원
벡터 공간인 힐베르트 공간 등에 관한 연구로 현대 수학의 아
버지라 불린다. 왕립학교에서 인문고전 독서교육을 받았고, 철
학자 레오나르트 넬존과 친구로 지내면서 '수학, 철학, 논리학
이 만나는 분야'를 놓고 자주 토론한 것으로 유명하다. 논리
학자이자 수리철학자였다.[6]

• **레온하르트 오일러**Leonhard Euler '오일러의 공식'으로 유명하다.
어린 시절 아버지의 주도로 체계적인 인문고전 독서교육을 받
았고 대학에서 철학을 공부했다. 석사과정을 열일곱 살에 마
쳤는데 졸업식 때 라틴어로 데카르트와 뉴턴의 철학과 수학
을 강의했을 정도로 고전어에 능통했다. 평생 인문고전을 애독
했는데, 베르길리우스의 장편 서사시《아이네이스》를 암송하는
게 취미였다고 한다.

• **르네 데카르트**René Descartes 〈함수의 그래프〉에 나오는 좌표평면

을 발견하고, 지수를 나타내는 기호를 창안하고, 미지수를 기호로 나타낸 '해석기하학'의 창시자인 프랑스의 수학자다. 철학의 역사를 새롭게 쓴 철학자 중의 철학자로, 근대 철학의 아버지라 불린다.

- **미하엘 슈티펠**^{Michael Stifel} 지수법칙을 발견했다. 인문고전에 정통한 학자이자 신학자였다.

- **베른하르트 리만**^{Bernhard Riemann} '복소함수론' 연구를 통해 복소함수의 기하학적 이론의 기초를 닦고, 리만 적분과 리만 공간의 곡률을 정의한 리만 기하학, 리만 제타함수, 리만 가설 등으로 유명하다. 괴팅겐 대학교에서 철학과 신학을 전공했다. 그는 수학자이자 철학자인 가우스의 제자이기도 했다.

- **블레즈 파스칼**^{Blaise Pascal} 중학교 〈도형〉 교과의 기초가 되는 삼각형의 내각의 합을 밝히고, 고등학교 〈미적분과 통계 기본〉 중 '조합과 이항정리'에서 이항계수를 찾는 방법인 '파스칼의 삼각형'을 발견하고, 페르마와 함께 합의 법칙·곱의 법칙·경우의 수 등등이 나오는 〈확률〉 교과의 뼈대를 세웠다. 그 유명한 《팡세》의 저자로, 프랑스의 대표적인 철학자 중 한 명이다.

• 소피야 코발렙스카야^{Sofya Kovalevskaya} 고등학교 고급수학에 나오는 〈편미분〉과 관련 있는 편미분 방정식의 기초이자 핵심 이론인 '코시-코발렙스카야의 정리'를 증명한, 세계 최초의 여성 수학 박사로 시인이자 비평가이자 소설가였다. 그녀가 집필한 소설 《라예프스키가의 자매》는 유럽 각국에서 베스트셀러가 되기도 했다. 그녀는 도스토옙스키와 친구처럼 지냈고 투르게네프, 톨스토이와도 문학적으로 교류했다. "수학자는 시인이어야 한다"는 말을 남겼다.[7]

• 아르키메데스^{Archimedes} 초등학교와 중학교의 〈도형〉 단원에 나오는 원의 둘레와 원주율의 값을 계산하는 법, 원의 넓이를 측정하는 법, 구의 겉넓이와 부피를 구하는 법 등을 발견했다. 고대 서양 인문학의 성지인 알렉산드리아 도서관에서 공부했다. 철학자이자 역사학자이자 시인인 에라토스테네스에게 큰 영향을 받았다.

• 아서 케일리^{Arthur Cayley} 〈선대칭〉〈점대칭〉〈도형의 방정식〉〈일차변환과 행렬〉 등의 교과와 관련 있다. 대학에서 법학을 전공했고 변호사로 일했다. 그는 그리스어, 라틴어, 이탈리아어, 프랑스어, 영어 등으로 쓰인 문학작품을 원서로만 수천 권 읽었을

정도로 문학 애호가였다.[8]

- **아이작 뉴턴**Issac Newton 고등학교 수학의 절정이라고 할 수 있는 '미분'과 '적분'을 발견했다. 어린 시절 인문고전 독서를 통해 학습 부진아에서 천재적인 두뇌를 가진 학자로 성장했고, 인문고전 저자들에게 배운 '사색공부법'을 바탕으로 위대한 수학적·과학적 발견을 했다. 그가 쓴 대표작의 제목은《자연철학의 수학적 원리》[9]다.

- **아폴로니오스**Apollonios 고등학교 수학 〈도형의 방정식〉에 나오는 '아폴로니오스의 원'을 발견하고 〈기하와 벡터〉 중 이차곡선에 나오는 타원, 포물선, 쌍곡선 등의 용어를 만들었다. 고대 알렉산드리아의 대표적인 역사학자이자 철학자이자 고전학자였다.[10]

- **앨프리드 화이트헤드**Alfred Whitehead · **버트런드 러셀**Bertrand Russell 수리논리학, 즉 기호논리학을 현대 논리학으로 확립한 책으로 유명한《수학의 원리》의 공동 저자이자 20세기 대표적인 수학자다. 두 사람의 공통점은 20세기 최고의 철학자이자 논리학자이고 철학과 교수였다는 것이다.[11] 또한 러셀은 노벨문학

상을 수상한 작가이자 비트겐슈타인의 스승이기도 했다.

• 에라토스테네스^{Eratosthenes} 중학교 수학 〈자연수의 성질〉에 나
오는 소수를 찾는 방법인 '에라토스테네스의 체'를 발견하고,
기하학을 활용해 지구의 둘레를 최초로 측정했다. 플라톤이 세
운 서양 최고의 철학학교 '아카데메이아'와 아리스토텔레스가
세운 '리케이온'에서 공부한 철학자로 역사학자이자 시인이기
도 하다.

• 오거스터스 드모르간 Augustus De Morgan '수학적 귀납법'의 개념을
최초로 사용했다. 집합 연산과 명제에 관한 '드모르간의 법칙'
으로 유명하다. 현대 논리학의 기초를 다진 논리학자이자 철
학자다.

• 윌리엄 해밀턴^{William Hamilton} 복소수를 확장해서 사원수四元數라는
새로운 수 체계를 창안해 대수학의 혁명을 일으켰다. 인문고전
독서교육을 받았고 그 결과 다섯 살 때부터 히브리어 성경, 그
리스 고전, 라틴 고전을 원어로 읽을 수 있었다. 대학 시절 20년
동안 수상자가 나오지 않았던 수학, 고전 영역에서 대상을 수상
했다. 영국의 대표적인 낭만파 시인 윌리엄 워즈워스와 친구 사

이였다. 두 사람은 문학, 철학, 신학을 주제로 대화하는 것을 즐겼다고 한다. 해밀턴 자신도 시인이었다.[12]

- 유클리드^{Euclid} 약수와 배수·최대공약수·수의 비율·홀수·짝수·완전수·무리수·선·면·각·원·원뿔·원기둥·정다각형·작도·각뿔·각기둥·원의 면적·도형의 작도·입체의 부피 등 초중고 수학 교과서의 기초가 되는 내용들로 가득한 《기하학 원론》을 집필했다. 플라톤이 세운 서양 최고의 철학학교 아카데메이아에서 공부했다. 고대 인문학의 본산지인 알렉산드리아에서 활약한 철학자이기도 했다.

- 제논^{Xenon} 고등학교 수학 〈수열의 극한〉에 나오는, 수능시험에서 수리논술 문제로 자주 등장했던, 새롭게 바뀐 '스토리텔링' 교육과정에서는 아예 수능 단골 문제가 될 것 같은 '제논의 역설'을 만들었다. 고대 그리스 엘레아학파의 대표적인 철학자다.

- 제임스 실베스터^{James Sylvester} '행렬'을 완성했다는 평가를 받는다. 대학에서 법학을 전공했다. 그리스, 로마 인문고전 독서광으로 유명했다. 시인이자 언어학자이자 성악가로 런던 대학교에서 자

연철학 교수로 재직했다.[13]

• **존 네이피어**John Napier '로그'를 발명한 중세 영국의 수학자. 대학에서 철학과 신학을 공부하고 평생 철학과 신학을 연구한 인문학자였다. 또 여러 권의 신학 서적을 저술했는데, 이는 유럽 각국에서 번역 출간됐다.

• **존 벤**John Venn '벤 다이어그램'으로 유명하다. 케임브리지 대학에서 '윤리학'을 강의한 철학자였고, 여러 권의 역사서를 집필한 역사학자였다. 또 《가능성의 논리》《기호논리학》《경험논리의 원리》 등을 출간한 논리학자이기도 했다. 벤 다이어그램은 바로 이 《기호논리학》을 통해 세상에 알려졌다.[14]

• **지롤라모 카르다노**Girolamo Cardano 3차 방정식의 근의 공식과 4차 방정식의 풀이법을 발표했다. 물활론적 인식론을 주장한 철학자였다.[15]

• **카를 가우스**Carl Gauss 수학의 왕이라고 불린다. 열한 살에 라틴어와 그리스어를 독학했다. 유클리드와 피타고라스를 원전으로 읽기 위해서였다. 그는 대학예비학교에서도 수학보다는 고

전어를 공부하는 데 더 심혈을 기울였다. 괴팅겐 대학에서 철학·수학·문헌학을 전공했고, 헬름슈테트 대학에서 철학으로 박사 학위를 받았다. 문학 교수가 문학의 길을 가라고 권할 정도로 문학에도 조예가 깊었다.[16] 고등학교 수학의 〈역행렬과 1차 연립방정식〉과 〈복소평면〉이 가우스의 업적과 관련 있다.[17]

- 카를 바이어슈트라스Karl Weierstrass 현대 해석학의 아버지로 불린다. 대학에서 수학과 물리학은 물론이고 식물학과 역사학을 강의한 인문학자였다. "오직 시인의 기질을 갖춘 수학자만이 완벽한 수학자가 될 수 있다"는 말을 남겼을 정도로 문학에도 조예가 깊었다. 〈함수의 극한과 연속성〉〈다항함수의 미분, 적분법〉〈등차수열과 등비수열〉〈수열의 극한〉 등이 그의 수학적 업적과 관련 있다.[18]

- 칼 피어슨Karl Pearson 수리통계학의 창시자로 고등학교 〈미적분과 통계 기본〉〈적분과 통계〉와 직접적으로 연관되는 통계학의 수학적 기초를 확립한 것으로 알려져 있다. 법학자이자 인문학자였다. 1892년에 《과학의 근본 원리》를 출간했는데 여기서 수학은 물론이고 법학, 정치학, 신학, 문학, 미술 등 인문학 전반을 다루었다.[19]

• 콰리즈미^{Khwarizmi} 1차 방정식의 해법을 발견하고, 2차 방정식을 풀 때 사용하는 '근의 공식'을 발견한 아라비아의 수학자다. 그리스와 인도의 인문학에 정통한 학자였다.

• 쿠르트 괴델^{Kurt Gödel} 수학이 완벽한 학문이 아니라는 사실을 증명한 '불완전성 정리'로 수천 년 수학의 역사를 하루아침에 뒤흔들고, 힐베르트 같은 천재 수학자들을 절망의 도가니로 몰아넣은 바 있다. 수학과 철학의 역사를 새롭게 쓴 수학자이자 철학자다. 또 아리스토텔레스 이후 가장 위대한 논리학자라는 평을 받기도 했다.

• 탈레스^{Thales} 자연철학의 시조다. 초등학교 5, 6학년 과정인 〈도형의 합동〉〈도형의 대칭〉〈비와 비율〉〈비례식〉 등은 수학의 전쟁터로 들어가는 첫 관문이다. 만일 이것들을 정복하지 못한다면 중학교 과정에 나오는 〈작도와 합동〉〈도형의 닮음〉〈도형의 성질〉 등은 아예 손도 대기 힘들다. 쉽게 말해 초등학교 때 수학의 패배자가 되는 것이다. '도형의 합동과 대칭' '비와 비율' '비례식'을 증명하고 정리한 인물이 바로 탈레스다. '작도와 합동' '도형의 닮음' '원의 성질'도 마찬가지로 탈레스가 증명하고 정리했다.

- 피에르 드 페르마Pierre de Fermat '정수론'을 확립하고, 파스칼과 함께 '확률론'의 기초를 만든, '페르마의 마지막 정리'로 유명하다. 상류층 자제들만 입학할 수 있던 명문 수도원 학교에서 최고 수준의 인문고전 교육을 받았고, 법학을 전공한 뒤 대법원에서 일했으며, 지방의회 의원으로도 활약했다. 고대 그리스와 라틴 인문학을 주제로 에세이를 쓴 인문서 저자였고 시인이기도 했다.

- 피타고라스Pythagoras 중학교 수학에 나오는 〈피타고라스의 정리〉를 증명했다. 서양 최고의 철학자라 불리는 플라톤에게 지대한 영향을 미친 철학·종교 집단인 피타고라스학파의 창시자였다.

- 헤르만 바일Hermann Weyl 고등학교 수학에서 어려운 단원 중 하나라는 〈벡터〉를 체계화하고, 양자역학의 수학적 기초를 제공했다. 철학자이자 논리학자로 서른두 살에 케임브리지 대학교 철학과에서 철학자 후설의 후임 교수로 초빙받을 정도로 뛰어난 철학 실력을 갖추고 있었다. 노벨문학상을 수상한 시인 T. S. 엘리엇과 친구 사이였다.[20]

- 히파티아Hypatia 최초의 여성 수학자로 초중고 수학 교과서에 지

대한 영향을 미친 유클리드의《기하학 원론》, 디오판토스의《산학》, 아폴로니오스의《원뿔곡선론》등에 관한 주석서를 집필해 고대 이후 수학 교과서의 표준을 만들었다[21]고 평가받는다. 고대 이집트의 대표적인 철학자 중 한 명이다.

과학

• 갈릴레오 갈릴레이Galileo Galilei '자유낙하운동'과 '진자의 등시성'을 발견해 물리 교과서의 기초를 마련했다. 또한 최초로 달, 태양 흑점, 목성, 목성의 4개 위성, 토성의 고리, 금성의 위상 변화를 관측해서 지구과학 교과서의 기초를 만들었다. 10대 시절 피렌체의 유명한 인문학자에게 인문학을 배웠고, 대학에서 유클리드 기하학, 아리스토텔레스 등을 강의했다. 단테의《신곡》을 주제로 강연한 적도 있다.[22]

• 그레고어 멘델Gregor Mendel '멘델의 법칙'을 발견했다. 독일 최고 명문학교에서 인문고전 교육을 받았다. 인문학교를 졸업하고 올로모우츠 대학 부설 철학연구소에 들어가서 2년 동안 공부했다. 츠노이모 인문학교에서 수학과 인문고전을 가르쳤다.[23]

• 니콜라우스 코페르니쿠스^{Nicolaus Copernicus} 고대 그리스와 로마의 인문고전을 공부하다가 지동설 연구를 시작하게 됐다. 열렬한 플라톤주의자였다. 그가 발표한 우주 체계 또한 플라톤의 철학에 기초하고 있다. 중학교 과정의 〈태양계〉〈내행성과 외행성〉, 고등학교 과정의 〈태양계와 지구〉와 직접적인 관련이 있다.

• 닐스 보어^{Niels Bohr} 양자론의 아버지. 어린 시절부터 대학교수인 아버지와 아버지의 교수 친구들이 주관한 신학, 철학, 과학 토론모임에 참여했다. 대학에서 수학과 철학을 전공했으나 2년 만에 전공을 물리학으로 바꾸었고, 학생들이 조직한 철학연구회에서 주도적으로 활동했다.[24] 평생 철학에 매진했는데 특히 키르케고르의 실존주의와《주역》에 심취했다.

• 드미트리 멘델레예프^{Dmitry Mendeleev} 주기율표를 창안했다. 대학에서 인문학을 치열하게 공부했다. 톨스토이와 도스토옙스키의 지지를 받고 레닌의 존경을 받은 사상가였고, 레닌은 자신의 책에 멘델레예프의 저서들을 종종 인용했다.《귀중한 사고》《러시아의 인식》《러시아 국민교육에 관한 소고》 같은 인문학적 저작들을 집필했다. 미술작품 심사위원이자 예술 아카데미 임원을 지냈다.[25]

• 레오나르도 다빈치^{Leonardo da Vinci} 고등학교 물리 교과서에 등장하는 '열역학 제2법칙'과 관련된 메모를 남겼다.[26] 이탈리아어로 번역되지 않은 인문고전을 읽기 위해 라틴어를 독학으로 익힐 정도로 독서에 몰두했다.

• 레우키포스^{Leucippos} 중고등학교 과정에 나오는 '원자론'을 처음으로 주장한 고대 그리스의 철학자다. 그의 원자론은 제자 데모크리토스가 완성했다. 물론 데모크리토스도 철학자다.

• 로버트 보일^{Robert Boyle} 중학교 1학년 과정에 나오는 '보일의 법칙'은 화학으로 들어가는 문이다. 보일이 있었기에 근대 화학이 탄생했기 때문이다. 보일은 어린 시절, 의사에게 이렇게 계속 독서하면 결국 큰 병에 걸리고 말 것이라는 주의를 들었을 정도로 인문고전 독서에 열중했다. 영국 최고 명문 이튼 학교에서 인문고전 독서교육을 받았다. 데모크리토스와 베이컨의 철학적 사고와 연구 방법을 토대로 보일의 법칙을 발견했고, 철학과 신학에 대한 글을 썼다.

• 로버트 훅^{Robert Hooke} 현미경을 제작해 세포벽을 최초로 관찰하고, 고체역학의 기본 법칙인 '훅의 법칙'을 발견해서 생물 교

과서에 이름을 올렸다. 10대 시절 히브리어, 그리스어, 라틴어로 인문고전을 읽는 교육을 받았다.[27] 옥스퍼드 대학에서 기하학 교수로 일했다.

• 로저 베이컨Roger Bacon 근대 과학의 선구자로 평가받는다. 중세 영국의 대표적인 스콜라 철학자다. 그는 과학에서 가장 중요한 것은 실험과 관찰이라는, 당시로서는 혁명적인 주장으로 과학적 연구 방법의 새 장을 열었다. 그는 프란체스코파에 속한 수도사이자 신학자였고, 옥스퍼드 대학교에서 그리스어를 강의한 언어학자이기도 했다.

• 루트비히 볼츠만Ludwig Boltzmann '볼츠만 방정식' '맥스웰-볼츠만 분포' '슈테판-볼츠만 법칙' 등으로 유명하다. 고등학교 과정에 나오는 '열역학 제2법칙'을 새롭게 정의했다. 물리학자이자 철학자였고, 피아니스트이자 여행 작가였다.[28]

• 마이클 패러데이Michael Faraday 초중고 과정 모두에 나오는 '전자기 유도 현상'을 발견했다. 제본소에서 7년 동안 일하면서 셀 수 없이 많은 인문학, 과학 관련 책을 읽고 필사했다. 당시 그가 가장 인상 깊게 읽은 책은 《정신의 개선》《화학의 보존》《브리태

니커 백과사전》등이었다. 철학학회에서 주최하는 강연회도 열
성적으로 참여했는데, 자기만의 인문학·과학 노트에 강의 내
용을 철저하게 기록한 것으로 유명했다.

- 베르너 하이젠베르크Werner Heisenberg '불확정성 원리'를 발표해
  양자역학을 창시했다. 비잔틴 문학 교수였던 아버지에게 깊이
  있는 인문고전 독서교육을 받았다. 이를 통해 10대 시절 플라
  톤과 칸트를 만났고, 평생 플라톤을 연구했다. 그의 대표작인
  《부분과 전체》《물리학과 철학》등에 잘 나타나 있듯이 다른 이
  론물리학자들과 마찬가지로 과학사상에 영향을 미친 철학자
  이기도 하다.

- 벤저민 프랭클린Benjamin Franklin 천둥 벼락이 치는 하늘에 연을 날
  리는 실험을 통해 번개가 전기라는 사실을 증명하고 피뢰침
  을 발명했다. 초등학교 2학년 때 중퇴한 학력이 전부이지만 인
  문고전 독서를 통해 미국의 국부로 거듭났다. 미국 실용주의 철
  학의 아버지로서 미국 철학협회 창립을 주도했다.

- 스티븐 헤일스Stephen Hales 수상치환법을 창안했다. 수학자이자
  화학자로 활동했지만 인문고전에 정통한 인문학자이자 신학자

이기도 했다.

• 아르키메데스^{Archimedes} 중학교 과정의 〈물질의 밀도〉와 〈도구와
일의 원리〉와 관련된 과학적 발견을 했다. 그는 알렉산드리아
도서관에서 공부했고, 에라토스테네스에게 지대한 영향을 받
았다.

• 아리스토텔레스^{Aristoteles} 물리학·생물학의 시조로 불린다. 하지
만 본업은 철학자였다.

• 아메데오 아보가드로^{Amedeo Avogadro} '아보가드로의 법칙'을 발견
했다. 유럽의 전통적인 인문고전 독서교육을 받았다. 대학에서
철학과 법학을 전공했고, 그리스·라틴 인문고전에 해박한 지
식을 갖고 있었다.

• 아이작 뉴턴^{Issac Newton} 세 가지 운동 법칙인 '관성의 법칙' '가속
도의 법칙' '작용반작용의 법칙'과 '만유인력의 법칙'을 창안
했다. 초등학교 시절 인문고전 독서를 통해 두뇌를 단련시킨 대
표적인 인물로, 대학에서 플라톤과 아리스토텔레스의 철학을
비롯한 논리학, 윤리학, 역사학을 치열하게 공부했다.[29] 그의 과

학적 발견들은 플라톤, 아리스토텔레스, 데카르트 같은 천재 철학자들의 철학적 사고 방법의 기초 위에 이루어졌다.

• 알레산드로 볼타^{Alessandro Volta} 초중고 과정의 '전지 실험'과 '전류의 흐름'에 나오는 '볼타 전지'를 발명했다. 라틴어, 프랑스어, 이탈리아어로 시를 쓰는 것을 즐긴[30] 시인이자 인문학자였다. 전압의 단위인 V^{볼트}는 볼타의 이름에서 유래했다.

• 알베르트 아인슈타인^{Albert Einstein} 상대성이론을 발표했다. 아인슈타인이 인문고전을 얼마나 사랑했는지에 대해서는 《리딩으로 리드하라》에서 자세히 밝혔으므로 생략하기로 한다.

• 앙드레 앙페르^{André Ampère} '앙페르의 오른손 법칙'을 발견했다. 정식 교육을 받지 않았지만 독학으로 고전어, 철학, 과학을 공부해서 우리가 아는 그 앙페르가 됐다. 파리 대학 문학부의 철학과 교수이자 시인이었다.[31] 전류의 단위인 A^{암페어}는 그의 이름에서 유래했다.

• 앙투안 라부아지에^{Antoine Lavoisier} '질량보존의 법칙'을 발견했다. 프랑스 최고 명문학교에서 인문고전 독서교육을 받았고[32] 대학

에서 법학을 전공했다. 고대 그리스, 특히 아리스토텔레스의 철학을 깊이 연구했다. 그 결과 '실험측정법'을 통해 아리스토텔레스의 원소 이론이 틀렸음을 입증했다.

- 야코뷔스 호프^{Jacobus Hoff} 삼투압의 원리에 관한 '호프의 법칙'을 발견해 제1회 노벨화학상 수상자가 됐다. 어린 시절부터 문학고전을 비롯한 인문고전 독서에 깊이 빠졌다. 콩트의 실증주의 철학에 크게 영향받은 철학도였다.

- 에라토스테네스^{Eratosthenes} 중학교 과정에 나오는 〈지구의 크기 측정하기〉는 에라토스테네스가 사용했던 방법을 그대로 쓰고 있다. '농구공의 크기 측정하기' 또한 에라토스테네스의 방법을 응용한 것이다. 그는 시인이자 철학자이자 역사학자였고, 《지리학》을 쓴 지리학자이기도 했다.

- 에르빈 슈뢰딩거^{Erwin Schrödinger} '슈뢰딩거 방정식'과 '슈뢰딩거의 고양이'로 유명한, 파동역학의 창시자다. 부모에게 인문고전 독서교육을 받았고, 인문학교에서 체계적으로 인문고전을 공부했다. 한때 물리학을 포기하고 철학자가 되려고 했을 정도로 철학에 뜨거운 열정을 보였다.[33] 동서양 철학고전을 두루 섭렵

했는데 특히 스피노자, 쇼펜하우어, 베단타[34] 철학에 깊은 영향을 받았다.

- **요하네스 케플러**Johannes Kepler 고등학교 과정에 나오는 '케플러 제1법칙: 타원 궤도의 법칙' '케플러 제2법칙: 면적 속도 일정의 법칙' '케플러 제3법칙: 조화의 법칙'을 발견했다. 어린 시절부터 플라톤, 아리스토텔레스 등을 라틴어로 읽었고 명문 수도원에서 최고의 인문고전 독서교육을 받았다. 이때 그는 피타고라스, 소크라테스, 플라톤, 아리스토텔레스 등 고대 그리스 철학자들과 새롭게 만났다. 그가 발표한 행성의 세 가지 운동 법칙은 피타고라스와 플라톤의 철학에 큰 빚을 지고 있다.

- **윌리엄 하비**William Harvey 혈액 순환의 원리를 발견했다. 아리스토텔레스의 철학에 정통한 생리학자로, 아리스토텔레스의 철학적 사고 방법과 탐구 방법을 활용해 혈액 순환의 원리를 발견했다.

- **장 앙리 파브르**Jean Henri Fabre 토마스 아 켐피스의 《그리스도를 본받아》 그리스어-라틴어 대역본을 독학하면서 그리스어를 깨쳤다. 베르길리우스의 라틴어 원전을 문법책과 사전만 가지고

프랑스어로 번역하기도 했다. 그의 서가에 자리한 책들은 대부분 그리스, 로마, 프랑스 인문고전이었다. 친구 사이였던 존 스튜어트 밀의 철학적 조언을 곤충 연구에 활용했다.[35]

• **제임스 맥스웰**James Maxwell '맥스웰의 방정식'으로 유명하고, 전자기학을 완성했다. 대학에서 수학, 물리학, 철학을 전공했다. 매일 아침 그리스·라틴 고전을 원전으로 읽고,[36] 저녁에는 아내와 함께 셰익스피어를 읽는 습관을 평생 유지했다. 영국 문학에 정통한 문학 연구가이자 시인이었다.[37]

• **조지프 프리스틀리**Joseph Priestley 철학자이자 역사학자, 신학자로 기체화학의 아버지라 불린다. 특히 그는 철학에 뛰어났는데, 영국의 대표적인 철학자 데이비드 흄과 대등하게 논쟁할 정도였다.[38] 언어학, 역사학, 철학, 과학, 신학을 주제로 134권의 책을 썼다.[39] 그의 발견은 초중고 과학 교과서 〈기체〉 단원의 기초를 이룬다.

• **존 돌턴**John Dalton '돌턴의 법칙'과 '배수 비례의 법칙'을 발견했다. 고대 그리스의 철학, 특히 데모크리토스의 원자론을 치열하게 연구하고 실험하다가 돌턴의 법칙을 발견했다.[40] 맨체스

터 대학과 뉴칼리지 대학에서 철학과 과학을 강의했다.[41] 또 당대 최고의 문법 교과서를 집필한 문법학자였고 맨체스터 문학철학협회의 회장으로서[42] 이 협회에서 116편에 달하는 논문과 문학작품을 발표했다.[43]

- **카를 린네**Carl Linné 동식물분류법인 '이명법'을 창안했다. 어린 시절 부모에게 인문고전 독서교육을 받았고 김나지움에 입학한 뒤 체계적으로 교육받았다. 아리스토텔레스의 《동물지》를 읽고 식물학자의 길에 들어섰다.

- **탈레스**Thales 초등학교 3학년 과정에 나오는 〈자석의 성질〉, 5학년 과정에 나오는 〈전기회로〉, 6학년 과정에 등장하는 〈자기장〉은 초등학생들이 과학을 공부할 때 가장 어려워하는 단원에 속한다. 물론 이 단원들과 연계된 중학교, 고등학교 과정은 더욱 어렵다. 이 과정의 바탕이 되는 '자기'와 '전기'를 최초로 발견한 인물이 최초의 철학자라 불리는 탈레스다.[44] 중학교 2학년 과정에 나오는 '삼각형의 닮음비를 이용한 달의 크기 측정하기'도 탈레스의 방법을 응용한 것이다.

- **테오프라스토스**Theophrastos 식물학의 아버지라 불린다. 아리스토

텔레스가 세운 철학 학교인 리케이온의 2대 학장을 지냈다.

• **토머스 영**Thomas Young 이중 슬릿 실험으로 빛이 파동이라는 것을 증명하고, 표면장력의 원리에 입각하여 모세관 현상 이론을 수립했다. 열네 살에 라틴어로 자서전을 쓸 정도로 고전어에 해박했다. 대학에서 문학과 의학을 전공했다. 과학자, 언어학자, 고고학자로 활동했다.

• **프랜시스 베이컨**Francis Bacon · **르네 데카르트**René Descartes 16, 17세기에 일어난 과학혁명의 주역들 중 과학적 방법론에서 혁명을 일으켰다. 베이컨은 경험철학의 시조라 불리고, 데카르트는 근대 철학의 아버지라 불린다.

• **하인리히 헤르츠**Heinrich Hertz 전자기파의 존재를 증명했다. 어린 시절, 호메로스의 《일리아스》와 《오디세이》를 그리스어로, 라틴 고전은 라틴어로, 단테의 저작들은 이탈리아어로, 아랍 고전들은 아랍어로 읽는 원전 독서 중심의 인문고전 독서교육을 받았다.[45] 진동수의 단위 Hz헤르츠는 그의 이름에서 유래했다.

• **험프리 데이비**Humphrey Davy 전기분해 실험을 통해 알칼리와 알

칼리 토금속을 최초로 분리시켰다. 전기화학의 창시자로 시인이자 철학자이기도 했다.[46]

• **헤르만 폰 헬름홀츠**Hermann von Helmholtz '에너지 보존의 법칙'을 발견했다. 히브리어, 그리스어, 라틴어, 아랍어, 이탈리아어, 프랑스어, 영어로 성경과 인문고전을 읽는 교육을 받았다. 과학 실험 이상으로 철학에 몰두했다. 〈의학적 관점에서 본 사유〉 〈연역과 귀납〉 〈지각의 실제〉 같은 에세이를 쓰기도 했다.[47]

주
—

인공지능의 딥러닝을 이길 유일한 무기

1 　미국의 비영리 인공지능 연구기관 '오픈 AI'는 글을 쓰는 인공지능 시스템
　 'GPT-2'를 개발했지만 사회에 혼란과 충격을 줄 수 있다는 이유로 폐기
　 했다.

2 　이세돌의 발언들을 적절하게 재구성했다.

들어가며　그렇다, 바로 'Think'다

1 　·《오자병법》〈요적〉, "적군이 아군보다 병력이 더 많을 때는 … 무조건
　　 교전을 피해야 한다."
　 ·《손자병법》〈모공〉, "아군이 적군보다 다섯 배 더 많을 때 공격하고 …
　　 아군이 적군보다 적을 때는 전쟁터에서 벗어나야 한다."

1장　지금 당신이 그 무엇보다 먼저 해야 할 일

1 　사장을 비롯 NCR의 임직원 30여 명이 고소당했다. 이들은 1명을 제외
　 하고 모두 1년의 징역형과 5000달러의 벌금형을 선고받았다. 이들은 보

석금을 내고 풀려났다.

2 1910년대 미국 노동자의 평균 일당은 2.34달러였다. 5000달러를 2.34달러
　　로 나누면 약 2136(일)이 나온다. 1년 365일 중 일요일 52일을 빼면 313일
　　이 나온다. 2136일을 313일로 나누면 약 6.8년이다.

3 《BUSINESS》 집필진, 《비즈니스 거장에게 배운다》, 바른번역 옮김, 비즈
　　니스맵, 2009, 237쪽.

4 케빈 매이니, 《내 인생에 타협은 없다》, 김기영 옮김, 21세기북스, 2005,
　　30쪽. NCR이 미국 금전등록기 시장의 90퍼센트를 점령하고, 미국에서
　　가장 성공적이고 혁신적인 기업으로 평가받게 된 데는 토머스 J. 왓슨의
　　공이 가장 컸다. 물론 이는 사장이었던 존 패터슨의 지휘 아래 이루어진
　　일이었다.

5 2011년 6월 11일 영국의 경제전문지 《이코노미스트》는 IBM재단과 카
　　네기재단의 사회 공헌도를 비교하면서, 지난 100년간 사회 공헌을 가장
　　많이 한 기관은 IBM재단이라고 밝혔다. 그렇다고 IBM을 마냥 천사로 볼
　　수만은 없다. IBM이 인류에 끼친 해악이 적지 않기 때문이다. 가장 대표
　　적인 예가 제2차 세계대전 때 독일을 도운 일이다.

6 물론 소크라테스도 덕을 비롯해 도덕적인 가치를 강조했고, 이를 전파
　　하는 것을 평생의 사명으로 삼았다. 그런데 소크라테스는 상대방으로 하
　　여금 'Think' 하게 함으로써 영혼의 지혜를 깨닫게 했다. 이를 소크라테

스의 산파술 또는 문답법이라 한다. 참고로 소크라테스의 'Think'는 탈레스, 아낙시만드로스, 피타고라스, 크세노파네스, 아낙시메네스, 헤라클레이토스 같은 소크라테스 이전 철학자들이 쌓아놓은 'Think'의 바탕 위에 생긴 것이다. 즉 소크라테스의 'Think'는 어느 한 철학자의 '생각'이 아니라 고대 그리스의 철학 그 자체, 즉 고대 그리스 문명에 뿌리를 둔 것으로 이해하는 것이 타당하다.

7 소크라테스를 배출한 고대 그리스 문명은 인류 최초의 문명이라 불리는 수메르 문명과 페니키아 문명의 영향을 크게 받았다. 따라서 서양 문명의 진정한 기초는 수메르 문명과 페니키아 문명으로 보는 게 맞을 것이다. 그러나 서양 인문학의 바탕 위에 세워진 서양 문명의 직접적인 뿌리는 고대 그리스에 맞닿아 있기 때문에 이렇게 기술한다.

8 에트루리아어가 라틴어에 미친 영향이 고대 그리스어가 라틴어에 미친 영향보다 훨씬 크다는 게 일반적인 학설이다. 세계의 문자 연구회, 《세계의 문자》, 김승일 옮김, 범우사, 1997, 157쪽. 여기서는 글의 흐름상 고대 그리스어가 라틴어에 미친 영향만을 논하기로 한다.

9 '독사'에 반대되는 사고思考 행위는 '노에시스νόησις' 외에도 '디아노이아διάνοια'와 '에피스테메έπιστήμη' 등이 있다. 이 단어들의 표면적인 의미는 서로 조금씩 다르지만, 본질적인 의미는 서로 같다.

10 호메로스의 《일리아스》였다.

11 문화를 인문학으로 해석했다.

12 데카르트는 《방법서설》에서 스무 살 무렵의 자신은 시를 깊이 사랑한 청
    년이었다고 밝혔다. 아미르 D. 악젤, 《데카르트의 비밀노트》, 김명주 옮
    김, 한겨레출판, 2007. 이 책에 따르면 20대 시절의 데카르트는 음악을 사
    랑했고[48쪽], 번쩍번쩍 빛나는 큰 검을 차고 다녔고[46쪽], 여가의 대부분을 검
    술 연습을 하며 보냈다[45쪽]고 한다. 버트런드 러셀도 《러셀 서양철학사》
    에서 데카르트가 항상 검을 차고 다녔다고 밝히고 있다.

13 《방법서설》에 나오는 고백이다.

14 아미르 D. 악젤, 같은 책, 50쪽.

15 E. T. 벨, 《수학을 만든 사람들 상》, 안재구 옮김, 미래사, 2002 중 〈데카
    르트〉와 《데카르트의 비밀노트》를 참고하라.

16 아미르 D. 악젤, 같은 책, 71쪽.

17 요약해서 정리했다. 좀더 자세한 내용을 원한다면 《데카르트의 비밀노
    트》, 72~74쪽을 참고하라. 미국 수학협회 회장 E. T. 벨도 《수학을 만든
    사람들 상》, 54쪽에서 데카르트의 세 가지 꿈을 이야기하고 있는데, 아미
    르 D. 악젤과는 조금 다른 내용을 기술하고 있다.

18 데카르트는 독실한 기독교인이었지만 당대에는 무신론자라는 비난을 받

았다. 대표적으로 《팡세》를 쓴 파스칼에게 맹렬한 비난을 받았다.

19 《성찰》 중 〈제1성찰〉.

20 《방법서설》 제4부.

21 영국의 경험론은 프랜시스 베이컨이 시작했고, 존 로크가 체계화했다.

22 버트런드 러셀, 《러셀 서양철학사》, 서상복 옮김, 을유문화사, 2009, 167쪽.

23 찰스 퍼스와 존 듀이가 대표적이다.

24 물론 'Think'의 사전적 의미는 두뇌를 잘 활용하는 행위가 맞다. 그리고 실제로 대부분의 미국인은 그런 의미로 'Think'를 쓴다. 하지만 미국의 문명을 만든 천재들은 사전적 의미에 인문학적 의미를 더해 'Think'를 썼다. 그리고 현대 문명의 정수인 컴퓨터 문명을 설계하고 창조한 사람들도 이 두 번째 의미로 'Think'를 쓰고 있다. 그러니까 일상에서는 주로 사전적 의미로 'Think'를 쓰지만 창조의 현장에서는 심층적 의미, 문명적 의미, 인문학적 의미로 'Think'를 쓰고 있다.

25 이새봄 기자, 〈IBM 특허 수입 한 해 1조 원… 삼성은?〉, 《매경MBA》, 2011. 3. 19.

26 장 이봉 비리앵, 《컴퓨터의 역사》, 노윤채 옮김, 한길사, 1999, 155쪽. 〈옮긴이의 말〉을 참고하라.

27 "미래는 이미 와 있다. 단지 널리 퍼지지 않았을 뿐이다."-윌리엄 깁슨소설가

28 이탈리아 과학자 루이지 메나브레Luigi Menabrea가 프랑스어 논문으로 정리, 발표한 찰스 배비지의 '해석기관analytical engine' 강의록을 에이다 러브레이스가 찰스 배비지의 요청으로 영어로 번역해 출간했다. 그런데 그녀는 이 영어 번역본에 본문 분량을 훌쩍 뛰어넘는 독창적인 주석들을 덧붙였다. 그리고 이 주석들은 현대 컴퓨터 프로그래밍 언어들의 뿌리가 됐다. 찰스 배비지는 그녀의 주석을 읽고는 "에이다 러브레이스는 '해석기관'에 대해서 나보다 더 잘 아는 사람"이라고 평했다.

29 그녀는 이 책에서 인공지능의 가능성에 대해 '긍정'적인 사고와 '부정'적인 시선을 함께 소개했다.

30 "에이다 러브레이스 백작부인"-나무위키 미러

31 여기에 대해서는 약간의 논란이 있다.

32 현재까지는 초보적인 수준의 인공지능이 활용되고 있다. 진정한 의미의 인공지능은 사람처럼 생각하고 말하고 반응하는 컴퓨터이다.

33 현 CEO는 인도계 미국인인 아르빈드 크리슈나다. 그는 2020년 4월에 버지니아 로메티의 뒤를 이어 IBM CEO가 됐다.

34 '사물인터넷'과 '인공지능'이 서로 다른 영역인 것처럼 말하는 자료도 많으나 사람과 사물, 사물과 사물을 연결시키는 '사물인터넷'은 사물이 지능, 곧 인공지능을 가진다는 것이다. 2014년 6월 26일, 《파이낸셜뉴스》에서 랜디 마우릭 전 IBM 디렉터가 말한 것처럼 IBM의 인공지능 컴퓨터 프로젝트인 '딥블루 프로젝트'가 사물인터넷의 기초가 된 점, 2014년 3월 14일, 《조선비즈》에서 IBM의 사물인터넷 전문가인 리청성이 인공지능 컴퓨터 '왓슨'의 개발을 주도한 인공지능 분야의 세계적인 권위자라는 점, 그리고 그가 '향후 사물인터넷을 통해 연결된 디바이스가 늘어나면 왓슨 같은 인공지능을 이용한 진정한 의미의 사물인터넷이 가능할 것'이라고 내다본 점, 구글의 두 창업자인 래리 페이지와 세르게이 브린이 인터넷은 결국 뇌, 즉 인공지능으로 발전할 것이라고 선언한 점 등을 고려해서 이같이 표현했다.

35 컨설팅 전문업체 매킨지는 지난해 5월 발표한 〈파괴적인 기술: 생활·사업·세계 경제를 변화시킬 발전〉 보고서에서 2025년 사물인터넷 기술이 세계 경제에 미칠 잠재적 영향력이 연간 2조 7000억~6조 2000억 달러에 이를 것으로 예측했다. 정찬수 기자, 〈6000조 원대 블루오션… 인공지능 시대는 이미 시작〉, 《헤럴드경제 Weekend》, 2014. 6. 27.

36 '유진 구스트만'이 테스트를 통과했다는 부분에 대해서는 이견도 적지 않다.

37 제임스 맥라클란·브루스 콜리어, 《컴퓨터의 아버지 배비지》, 이상헌 옮김, 바다출판사, 2006, 25쪽.

38 장 라세구, 《튜링》, 임기대 옮김, 동문선, 2003, 18쪽.

39 존 매카시와 공동으로 세웠다.

40 데이먼 호로비츠는 오직 철학만 하는 사람이 아니다. 그는 스탠퍼드 대학 등에서 철학·인지과학·컴퓨터공학을 동시에 가르쳤을 정도로 과학과 공학 분야에 조예가 깊다. 또 그는 컴퓨터 벤처기업을 창업하고 사회 관련 제품 연구와 개발을 주도한 사업가이자 공학자이다.

41 라이프니츠는 라이프치히 법대에 박사 학위 논문을 제출했으나 그의 천재적인 지적 능력을 질투한 법대 교수진은 나이가 어리다는 이유로 박사 학위를 수여하지 않았다. 이후 그는 알트도르프 대학으로 옮겼고, 그곳에서 법학박사 학위를 취득하고 법대 교수 임용을 제의받았다.

42 라이프니츠, 《라이프니츠가 만난 중국》, 이동희 옮김, 이학사, 2003, 173~174쪽.

43 복희 64괘 차서도와 복희 64괘 방위도였다고 한다.

44 라이프니츠가 《주역》을 보고 이진법을 발명했다는 증거는 없다. 여러 자료에 따르면 라이프니츠는 《주역》을 알기 전인 1672년부터 이진법을 연

구한 것으로 보인다. 하지만 그는 이진법 논문의 부제로 주역의 창시자인 복희를 언급했을 정도로 《주역》에 깊은 관심을 가지고 있었다. 또 이 논문을 비롯해 중국의 인문학에 대해서 쓴 여러 편의 글에서 《주역》의 원리가 이진법의 원리와 일치하고, 자신은 고대 중국의 복희가 발견한 이진법을 재발견했다고 밝혔다.

45 러셀과 화이트헤드의 《수학의 원리》가 확립한 기호논리학에 대한 힐베르트의 입장은 마틴 데이비스, 《수학자, 컴퓨터를 만들다》, 박정일·장영태 옮김, 지식의풍경, 2005, 141쪽, 303~304쪽을 참고하라.

46 여기에 대한 내용은 다음 책을 참고하라. 레베카 골드스타인, 《불완전성: 쿠르트 괴델의 증명과 역설》, 고중숙 옮김, 승산, 2007, 135~224쪽; 팰레 유어그라우, 《괴델과 아인슈타인》, 곽영직·오채환 옮김, 지호, 2005, 65~105쪽; 마틴 데이비스, 《수학자, 컴퓨터를 만들다》, 151~193쪽.

47 에드박은 에니악보다 5년 늦은 1951년에 세상에 나왔지만 이후 '폰 노이만 아키텍처'라 불리며 우리가 쓰고 있는 모든 컴퓨터CPU, 메모리, 프로그램을 갖춘의 구조가 된다.

48 여기에 대한 내용은 《수학자, 컴퓨터를 만들다》, 14쪽을 참고하라.

49 존 폰 노이만은 논리학을 열정적으로 연구하다가 괴델의 '불완전성 정리'에 충격을 받고 다시는 논리학을 하지 않겠다고 선언하기도 했다. 하지만 약 10년 뒤 그는 다시 논리학의 세계로 돌아왔다.

50 존 폰 노이만은 여섯 살 때부터 아버지와 그리스 고전을 가지고 농담을
   했을 정도였다. 일화에 따르면 웬만한 그리스, 로마 고전은 눈을 감고도
   외울 수 있었다고 한다.

51 프레드릭 맥스웰, 《살아 있는 신화》, 안진환 옮김, 한국경제신문, 2003,
   123~124쪽.

2장 인공지능 창조자들의 숨겨진 정체

1 수학 교수가 되겠다는 꿈은 평생 이루지 못했다.

2 피정만, 《20세기 서당교육연구》, 하우, 2010, 101~114쪽. 물론 내가 《리딩
   으로 리드하라》에서 말한 것처럼 고루한 사고방식에 젖은 나쁜 훈장들도
   많았다. 사람들에게 율법을 위한 율법을 강요한 나쁜 랍비들도 많았듯이.

3 제임스 사이먼스는 여러 인터뷰에서 자신은 수학을 현실에 적용해보고
   싶어서 월스트리트로 갔다고 말했다.

4 2020년 6월 20일 환율 기준.

5 벤 메즈리치, 《MIT 수학 천재들의 카지노 무너뜨리기》, 황해선 옮김, 자
   음과모음, 2003, 348~349쪽.

6　남현호 기자, 〈러 수학자 물리 공식으로 경제위기 예측〉, 《연합뉴스》, 2009. 3. 12.

7　Quantitative Analysist. 수학, 컴퓨터, 통계 등을 이용해 금융시장을 예측하는 사람들.

8　주식 투자를 비롯한 '투자'는 재테크 안에 포함되지만 여기서는 일부러 분리해서 쓰고 있다.

9　제시 리버모어는 5달러로 주식 투자를 시작했다. 그리고 주식 투자의 전설이 됐으나 실패하고 63세에 권총 자살로 생을 마감했다. 그의 초기 자금 5달러는 오늘날로 치면 우리 돈으로 약 10만 원에 해당한다고 한다.

10　물론 일부 퀀트들의 수익률은 월스트리트 전설들의 수익률을 훌쩍 뛰어넘는다.

11　김상근 키코 피해 기업 공동대책위원장.

12　오세경·이미영, 《금융 및 경제·경영을 위한 수학》, 청람, 2013, 3쪽.

13　오세경·이미영, 같은 책, 5쪽.

14　오세경·이미영, 같은 책. 적절히 재구성했다.

15 양영유 기자, 〈[양영유 曰] 수학 홀대로 AI 강국 가능한가〉, 《중앙선데이》, 2019. 12. 21.

16 김정호 교수, 〈[김정호의 AI 시대의 전략] AI 시대, 수학 실력이 최고의 경쟁력이다〉, 《조선일보》, 2019. 11. 11.

17 이해성 기자, 〈기술 진보 속도 너무 빨라… 수학자·기업 밀착 협력 나서야〉, 《한국경제》, 2019. 8. 20.

18 이해성 기자, 〈다이슨 청소기, 갤럭시 Z플립 뒤엔 옥스퍼드대 수학과 있다〉, 《한국경제》, 2020. 5. 18.

19 이해성 기자, 〈최기영 장관 AI 기본인 수학교육 혁신〉, 《한국경제》, 2020. 5. 24.

20 고지마 히로유키, 《수학으로 생각한다》, 박지현 옮김, 박경미 감수, 동아시아, 2008, 76~79쪽.

21 탈레스, 《소크라테스 이전 철학자들의 단편 선집》, 김인곤 외 옮김, 아카넷, 2005에 나오는 〈단편: 피타고라스〉를 추천한다.

22 피타고라스는 탈레스의 제자였다.

23 코페르니쿠스는 순수 플라톤주의자였다.

24　유클리드는 이 세 사람에게 큰 영향을 받았다.

25　후베르트 마니아, 《뜨거운 몰입》, 배명자 옮김, 21세기북스, 2010, 72~73쪽, 130쪽.

26　금융감독원과 한국거래소에 따르면 우리나라의 2010년 상반기 파생금융 상품 거래 규모는 2경 8537조 원, 2010년 총 거래 규모는 3경 7488조 원, 2011년 총 거래 규모는 3경 350조 원이다.

27　'μάθημα'와 'sciéntïa'는 '지식' '학문' 등을 의미한다.

28　정약용, 《유배지에서 보낸 편지》, 박석무 편역, 창비, 2009.

29　요한 페터 에커만, 《괴테와의 대화》, 장희창 옮김, 민음사, 2008.

30　이황, 《퇴계선집》, 윤사순 옮김, 현암사, 2011.

31　'후마니타스'라는 말은 키케로가 처음으로 썼다.

3장　Think 인공지능이 복제할 수 없는 생각 **하는 뇌를 만들어라**

1　디오게네스 라에르티오스, 《그리스철학자열전》, 전양범 옮김, 동서문화사, 2008, 179쪽.

2   원자론의 창시자는 데모크리토스의 스승 레우키포스다.

3   이 원자론은 1808년, 돌턴이 출간한 《화학 철학의 새로운 체계A New System of Chemical Philosophy》에서 더 정교하게 체계화됐다.

4   손영운, 《청소년을 위한 서양과학사》, 두리미디어, 2004, 185쪽.

5   캐서린 쿨렌, 《천재들의 과학노트 2》, 최미화 옮김, 일출봉, 2007, 80~81쪽.

6   마르크스는 스물세 살이던 1841년에 〈데모크리토스와 에피쿠로스의 자연철학의 차이에 관하여〉라는 논문으로 박사 학위를 받았다. 이 논문은 고병권이 번역, 그린비에서 출간했다.

7   사마천이 《사기》를 완성했을 무렵인 기원전 97년에 고조선은 이미 붕괴의 길을 걷고 있었지만(고조선제국은 기원전 100년을 전후로 붕괴되기 시작했다. 여기에 대해서는 윤내현·박성수·이현희, 《새로운 한국사》, 집문당, 2005, 116쪽을 참고하라) 완전히 붕괴된 것은 아니었고, 그 영향력이 여전히 강하게 남아 있었기에 이렇게 기술했다.

8   리카이저우, 《공자는 가난하지 않았다》, 박영인 옮김, 에쎄, 2012, 43쪽.

9   리카이저우, 같은 책, 35쪽, 43쪽.

10 리카이저우, 같은 책, 52쪽, 68쪽. 공자는 위나라에서 지금의 도량형으로
    계산하면 90톤의 좁쌀을 연봉으로 받았고, 맹자는 제나라에서 공자의 약
    166배인 1만 5000톤의 좁쌀을 연봉으로 받았다. 당시에 좁쌀 90톤은 어
    른 한 명이 280년 동안 먹을 수 있는 양이었다고 한다. 그러니까 280년에
    166을 곱하면 약 4만 6480년이다.

11 이기담, 《조선의 재산상속 풍경》, 김영사, 2006, 51쪽; 계승범, 《우리가
    아는 선비는 없다》, 역사의 아침, 2011, 68쪽.

12 《리딩으로 리드하라》 출간 이후로 지금까지 다른 독자들과 나눈 대화 내
    용도 삽입했다.

13 물리적 뇌가 아닌 정신적 뇌를 쓰는 것을 말한다.

14 여명협, 《제갈량 평전》, 신원봉 옮김, 지훈, 2007, 78쪽.

15 제갈량, 《제갈량집》, 박동석 옮김, 홍익출판사, 1998, 152쪽.

16 〈가도〉 편. '이천 선생'이라 불린 정이의 말을 의역했다.

17 《논어》 〈헌문〉 편 참고. 하지만 공자는 《논어》 〈팔일〉 편에서는 관중을
    비판적으로 말했다.

18 관중, 《관자》, 김필수 외 옮김, 소나무, 2006, 6~9쪽.

19 凡治國之道 必先富民.

20 당시 공자가 펼쳤던 교教는 인문학이었다.

21 初學 先須立志 必以聖人. 志를 꿈으로 해석했다.

22 프리드리히 니체, 《니체전집》 1권, 김기선 옮김, 책세상, 2003.

23 정현의 《논어정주》는 원본 복원작업이 진행 중이다. 하안의 《논어집해》
    와 황간의 《논어의소》는 국역본이 없지만, 형병의 《논어정의》는 《논어주
    소》라는 제목으로 번역본이 출간되어 있다.

24 김득신은 《사기열전》〈백이전〉을 11만 3000번 읽었다고 전해진다. 또한
    1만 3000번 이상 읽은 책은 36편이라고 한다.

25 홍익희, 《유대인 창의성의 비밀》, 행성:B잎새, 2013, 72~73쪽.

4장 실리콘밸리 천재들의 How to Think

1   물론 스티브 잡스는 인문교양 전체를 이야기했지만, 애플의 대표작인 아
    이폰과 아이패드는 마크 와이저가 하이데거의 철학과 컴퓨터 기술을 결
    합한 '유비쿼터스 컴퓨팅'에서 비롯됐기에 이렇게 기술했다.

2 잡스의 디자인 철학 '심플Simple'은 애플의 천재 디자이너 조너선 아이브 와 그가 이끄는 디자인팀이 아이맥, 아이팟, 아이폰, 아이패드 등에 구현 했다. 여기에 대해서는 리앤더 카니, 《조너선 아이브》, 안진환 옮김, 민 음사, 2014와 켄 시걸, 《미친 듯이 심플》, 김광수 옮김, 문학동네, 2014를 참고하라.

3 여기에 대해서는 2012년 11월 1일, 《디지털타임스》에 실린 기사 〈속성의 공학시 숙성의 미학으로〉와 2014년 3월 4일, 한국표준과학연구원에서 열 린 이종관 성균관대 철학과 교수의 강의 '미래를 보는 두 가지 눈'을 요약 한 대덕넷 이해곤 기자의 기사 〈아이패드에는 실존주의 철학 담겨 있다〉 와 정지훈, 《거의 모든 IT의 역사》, 메디치미디어, 2010, 23쪽 등을 참고 하라.

4 물론 스티브 잡스의 애플 철학에는 이외에도 선불교, 히피문화 등 다양한 요소가 영향을 미쳤다.

5 19세기 말부터 20세기 초까지 유럽과 미국에서 유행한 예술 양식. '아르 누보Art Nouveau'는 '새로운 예술'이란 의미의 프랑스어로, 곡선의 미를 강조 했다.

6 월터 아이작슨, 《스티브 잡스》, 안진환 옮김, 민음사, 2011, 211~213쪽.

7 월터 아이작슨, 같은 책, 28~29쪽.

8 어떤 사람들은 토머스 J. 왓슨이 "언젠가는 컴퓨터가 5대 정도 팔릴 수 있는 날이 올 것이다"라고 발언했기 때문에 그가 컴퓨터를 문명적 의미로 받아들이지 않았다고 주장한다. 그러나 왓슨은 생전에 이런 말을 한 적이 없다. 그에 관한 언론 기사는 물론이고 IBM 관련 기사에서도 이 말은 찾아볼 수 없다. 이 논란에 대해서는 《내 인생에 타협은 없다》, 466쪽을 참고하라.

9 이 5단계는 다양하게 변주될 수 있다. 이를테면 '관찰하라→경청하라→독서하라→토론하라→생각하라'가 될 수도 있고, '독서하라→토론하라→생각하라→관찰하라→경청하라'가 될 수도 있다.

10 《중앙일보》 이원진 기자의 이야기를 바탕으로 기술했다.

11 숀 파커는 T. S. 엘리엇, 러셀, 카뮈 등을 우상으로 둔 독서광인데, 그의 인문학 이야기는 마크 저커버그가 비전을 갈고닦는 데 큰 영향을 줬다. 저커버그는 처음에는 파커에게 조언만 구했으나 나중에는 그를 페이스북의 공동 사장으로 추대할 정도로 깊이 신뢰했다. 저커버그는 지금도 파커에게 정기적으로 인문학적 지혜를 구하고 있다고 한다. 데이비드 커크패트릭, 《페이스북 이펙트》, 임정민·임정진 옮김, 에이콘출판, 2010, 75~79쪽, 215쪽을 참고하라.

12 이케다 준이치, 《왜 모두 미국에서 탄생했을까》, 서라미 옮김, 메디치미디어, 2013, 151~152쪽, 156쪽을 참고하라.

13 데이비드 커크패트릭, 같은 책, 99쪽.

14 데이비드 커크패트릭, 같은 책, 157쪽을 참고하라.

15 마이크로소프트의 공격적인 경영은 빌 게이츠와 스티브 발머의 합작품이었다. 폴 앨런은 심각한 악성림프종과 빌 게이츠와의 불화 등으로 1983년 마이크로소프트를 떠났다.

16 마이클 화이트, 《과학자 빌 게이츠, 부자가 되다》, 이상원 옮김, 사이언스북스, 2003, 238쪽.

17 폴 앨런, 《아이디어맨》, 안진환 옮김, 자음과모음, 2011, 27~28쪽, 35쪽, 81쪽.

18 프레드릭 맥스웰, 같은 책, 49쪽.

19 프레드릭 맥스웰, 같은 책, 93~94쪽.

20 여기서 말하는 '인문학적인 기업'이란 인문학적 지식과 사고를 경영에 접목해 시장 지배력을 극대화하는 기업이라는 의미이지, 인간을 섬기고 사랑하는 것을 최우선 가치로 여기고 실천하는 기업이라는 의미는 아니다.

21 브래드 스톤, 《아마존, 세상의 모든 것을 팝니다》, 야나 마키에이라 옮김, 21세기북스, 2014, 211쪽.

22 프리초프 카프라, 《다빈치처럼 과학하라》, 강주헌 옮김, 김영사, 2011, 135~136쪽. 레오나르도 다빈치가 서른여섯 살 이전에 인문고전을 전혀 만나지 않은 것은 아니다. 실제로 그는 30대 초반에 아리스토텔레스의 철학을 알고 있었다. 하지만 당시에 라틴어를 모르고서 인문학을 한다는 것은 사칙연산도 모르면서 수학을 하는 것과 비슷했다. 즉 당시의 기준으로 볼 때 그의 인문학 공부는 라틴어 공부를 시작한 서른여섯 살에 시작됐다고 보는 게 맞다.

23 마이클 화이트, 《레오나르도 다빈치 최초의 과학자》, 안인희 옮김, 사이언스북스, 2003, 68쪽을 참고하라. 레오나르도 다빈치가 살았던 15, 16세기 유럽인의 평균 수명에 대한 주장은 24세부터 30세, 34세, 37세, 38세 설까지 다양하다.

24 레오나르도 다빈치는 여섯 살 때부터 열 살까지 장인의 작업장보테가에 들어가기 위한 예비학교인 '보테구차'를 다녔고, 열한 살부터 열세 살까지 상인이 되기 위한 예비학교인 '스쿠올레 다바코'를 다녔다.

25 로스 킹, 《다빈치와 최후의 만찬》, 황근하 옮김, 세미콜론, 2014, 48쪽, 272쪽. 1480년 말에 그는 지금껏 자신이 썼던 모든 목록 중 가장 긴 목록을 써 내려가기 시작한다. 바로 어휘력 향상을 위한 목록외국어 단어, 라틴어 단어, 기술적 용어이었다. 50쪽이 넘는 이 목록에는 9000여 단어가 적혀 있었다.

26 알베르티는 화가이자 건축가이자 음악가이자 고전학자이기도 했다. 즉

그는 르네상스 시대의 만능인^{萬能人}이었다.

27   프리초프 카프라, 같은 책, 55쪽.

28   다빈치는 수학자 루카 파치올리^{Luca Pacioli}와 함께 《신성한 비율에 대하여》라는 책을 냈다. 이 책에서 다빈치는 삽화를 맡았다.

29   프리초프 카프라, 같은 책, 135~136쪽.

30   다빈치의 독서목록은 다음 세 가지로 나눌 수 있다. ① 저자 이름만 적혀 있는 경우 ② 책 제목만 적혀 있는 경우 ③ 저자 이름과 책 제목이 모두 적혀 있는 경우. 나는 이 세 가지를 종합해서 다빈치의 독서목록을 만들었다. 뒤에 나오는 아인슈타인의 독서목록도 마찬가지다.

31   히포크라테스, 《히포크라테스 선집》, 여인석 · 이기백 옮김, 나남, 2011을 참고하라.

32   참고로 여기서 말하는 교육은 《리딩으로 리드하라》에 나오는 '인문학을 통한 자기교육'이다.

33   다빈치가 르네상스 방식의 인문학 공부, 즉 인문학 그 자체에 집중한 공부를 하면서 자연스럽게 두뇌의 혁명을 일으켰다면, 아인슈타인은 현대적 방식의 인문학 공부, 즉 자유롭고 창조적인 'Think'를 위한 공부를 하면서 사고의 혁명을 일으켰기에 이렇게 표현했다.

34 아서 밀러, 《아인슈타인, 피카소》, 정영목 옮김, 작가정신, 2002, 323쪽.

35 로버트 루트번스타인·미셸 루트번스타인, 《생각의 탄생》, 박종성 옮김, 에코의서재, 2007, 99~100쪽.

36 데니스 오버바이, 《젊은 아인슈타인의 초상》, 김한영·김희봉 옮김, 사이언스북스, 2006, 312~315쪽.

37 1921년 4월 4일 《뉴욕타임스》의 〈아인슈타인 인터뷰〉를 참고하라. "나는 갈릴레오, 뉴턴, 맥스웰, 로런츠 이 네 명의 과학자가 쌓은 물리학의 토대 위에서 내 이론을 건축할 수 있었다."

38 캐런 폭스·아리에스 케크, 《아인슈타인 A to Z》, 최수홍 옮김, 성우, 2005, 226~227쪽.

39 데니스 오버바이, 같은 책, 56~59쪽.

40 데니스 오버바이, 같은 책, 195쪽.

41 주로 '올림피아 아카데미' 시절의 토론을 바탕으로 정리했다.

42 대표적으로 막스 플랑크와 이렇게 했다.

43 아인슈타인은 저자의 대표 저작 위주로 독서목록을 남겼다. 이를테면

이런 식이다. 칸트 《순수이성비판》, 스피노자 《에티카》…. 또 플라톤처럼 저자의 이름만 언급하고, 도서명은 말하지 않은 것도 있다. 하지만 평생 칸트를 읽고 연구한 아인슈타인이 칸트의 저작을 단 한 권만 읽었을 리 없다. 실제로 아인슈타인은 프라하에서 카프카도 회원으로 활동한 한 철학고전 토론모임에 참여했는데, 이 모임은 아인슈타인이 합류한 직후부터 칸트의 《형이상학 서설》과 《순수이성비판》을 읽고 토론하기 시작했고, 칸트의 저작을 2년 동안 읽고 토론했다. 또 아인슈타인은 스피노자에 심취한 나머지 전문 연구사 이상으로 스피노자의 저작을 읽고 연구했다. 하지만 《에티카》 한 권만 언급했다. 그래서 나는 아인슈타인이 언급한 저자들의 대표 저작뿐 아니라, 다른 주요 저작들도 함께 기술했다.

44 박종현, 《플라톤》, 서울대학교출판부, 1993, 32쪽.

45 에피쿠로스의 사상에 대해 더 자세히 알고 싶다면 《그리스철학자열전》 중 〈에피쿠로스〉와 루크레티우스, 《사물의 본성에 관하여》, 강대진 옮김, 아카넷, 2012를 참고하라.

46 만지트 쿠마르, 《양자혁명》, 이덕환 옮김, 까치, 2014, 261쪽.

47 캐런 폭스 · 아리에스 케크, 같은 책, 251~253쪽.

5장 인공지능의 딥러닝을 이기는 법 10

1 단정하게 앉아 마음을 바르게 함을 의미한다. 유학의 마음공부법 가운데 하나다.

2 바르고 단정하게 앉아 잃어버린 마음을 찾고 이를 보존하는 것을 말한다. 유학의 마음공부법 가운데 하나다.

3 의역했다.

4 마이클 화이트·존 그리빈, 《스티븐 호킹 과학의 일생》, 김승욱 옮김, 해냄, 2004, 134~135쪽.

5 카페에 올린 글을 수정하고 추가했다.

6 물론 공자는 《서경》의 편찬자이기 때문에 《서경》〈우서虞書〉의 요전堯典 전체에 공자의 요임금에 관한 견해가 드러난다. 하지만 《공자가어》에서는 제자와 대화를 통해서 요임금에 대한 공자 자신의 견해를 직접적으로 밝히고 있기에 이런 과제를 주는 것이다.

7 《성학집요》〈수기〉 편 '입지' 장.

8 《격몽요결》 '입지' 장; 《성학집요》〈수기〉 편 '입지' 장.

9 《격몽요결》과 《성학집요》에 나오는 '입지'의 방법을 오늘날에 맞게 수정, 편집했다.

10 '구사'는 《논어》 〈계씨〉 편에, '구용'은 《예기》 〈옥조〉 편에 나온다.

11 의역했다.

12 본문에 첨사로 실린 해설은 전부 의역했다.

13 경敬을 주일무적主一無適으로 풀이했다.

14 총은 1250년경에, 대포는 1288년경에 발명됐다.

15 독일 철학자 크리스티안 볼프와 아돌프 라이히바인, 호주 철학자 존 패스모어, 미국 역사학자 H. G. 크릴 등 서양의 많은 인문학자가 이구동성으로 공자의 사상이 서양의 계몽사상에 엄청난 영향을 미쳤다고 주장한다. 여기에 대해서 더 알고자 하는 사람은 신동준, 《머리는 손자처럼 가슴은 공자처럼》, 생각정원, 2013, 63~64쪽과 2014년 3월 28일, 《서울신문》에 실린 기사 〈유교, 美 독립에도 영향… 시대 맞게 개혁할 것〉 그리고 2014년 11월 17일, 《매일경제》에 실린 기사 〈동양의 경제발전과 유교사상〉 등을 읽어보기 바란다.

16 정좌를 통해 구방심은 물론이고 정심과 존심도 할 수 있다. 구방심, 정심, 존심은 서로 다른 듯하지만 결국 같은 의미다.

17 《대학연의》는 송宋의 유학자 진덕수가 사서삼경 중 《대학》을 풀이한 책으로, 인문고전의 반열에 오른 인문고전 해설서다. 우리나라에서는 2014년에 이한우가 처음으로 완역했다.

18 중국에서 활동한 이탈리아 선교사 알폰소 바뇨니가 쓴 《공제격치空際格致》이종란 옮김, 한길사, 2012가 대표적이다. 이 책은 서양의 과학 지식을 소개한 책으로 한자로 쓰였다. 우리나라 실학자들에게도 전해져 큰 영향을 미쳤다.

19 우리나라와 중국은 일본에 앞서 사이언스science를 '격물치지'로 번역했고, 일본은 메이지유신 이후에 사이언스를 '과학'으로 번역했다. 《리딩으로 리드하라》에서 설명한 것처럼 일본은 서양 인문고전을 국가 주도로 번역하면서, 동양에서의 서양 인문학 연구를 주도적으로 이끌었고, '격물치지'는 자신의 자리를 '과학'에 내주게 됐다.

20 의역하고 편집했다.

21 여기에 대해서는 《리딩으로 리드하라》, 165쪽을 참고하라.

22 2007년 조사다.

23 구자경이 LG그룹 2대 회장에 취임한 첫해인 1970년에 LG그룹의 매출은 약 520억 원이었고, 수출액은 약 3100만 달러였다. 구자경이 경영 일선에서 물러난 1995년에 LG그룹의 매출은 약 30조 원이었고, 수출액은 약

147억 달러였다.

24 연암대학 학위 수여식에서, 2012. 2.

25 플라톤, 《향연》, 강철웅 옮김, 이제이북스, 2014, 21쪽, 59쪽.

26 데니스 오버바이, 같은 책, 78쪽.

27 위르겐 네페, 《안녕, 아인슈타인》, 염정용·염영록 옮김, 사회평론, 2005, 41쪽.

28 케빈 매이니, 같은 책, 249쪽.

29 마이클 화이트, 같은 책, 240쪽.

30 데이비드 커크패트릭, 같은 책, 179쪽.

31 엄밀하게 말하면 이성으로 번역한 Vernunft도 올바른 번역은 아니다.

32 1926년에 결성된 '외국문학연구회'에서 원전을 직접 번역하는 문화를 만들어나갔다.

33 본래는 희철학希哲學이었다.

34 프리드리히 니체, 같은 책.

35 물론 두 천재는 조보와 달리 다른 책도 많이 읽었다.

36 만프레트 가이어, 《칸트 평전》, 김광명 옮김, 미다스북스, 2004, 95쪽.

37 나는 성경은 열네 살 때부터, 《논어》는 열아홉 살 때부터 읽었다.

38 물론 그렇다고 평생 한 권만 읽고 사색하라는 의미는 아니다. 아인슈타인
과 괴델도 많은 책을 읽고 사색했다. 무수히 많은 책 중에서 당신의 사색
을 완성해줄 한 권의 특별한 책을 가지라는 의미다.

39 CEO와 임직원들이 함께 《동호문답》을 읽고 토론하는 일이 선행돼야
한다.

40 우리나라에서는 김원중의 번역본이 유일한데, 총 416쪽이다.

41 다산 정약용은 두 아들에게 보낸 편지에서, 고염무가 《사기》를 읽을 때
〈본기〉와 〈열전〉은 대충 읽고 〈표〉는 손때가 까맣게 묻을 정도로 읽
었다고 하면서, 역사고전은 고염무처럼 연표 위주로 공부하는 게 원칙
이라고 조언했다.

42 이 교육의 다른 이름은 곧 '생각할 줄 모르는 바보'를 만드는 교육이다.

43 고조선의 8조법은 기원전 1122년에 제정됐다. 이집트의 람세스 2세는 기원전 1304년에 즉위했다. 모세는 기원전 1290년에 히브리인들을 이끌고 이집트를 탈출했다. 히타이트와 이집트는 오랜 전쟁 끝에 인류 최초의 평화조약을 기원전 1269년에 체결했다. 아시리아는 기원전 1275년에 미탄니를 멸망시켰다. 그리스에서는 기원전 1100년부터 폴리스가 형성되기 시작했다. 중국에서는 기원전 1046년에 주나라의 무왕이 은나라의 주왕을 몰아냈다. 이스라엘에서는 기원전 1010년에 다윗이 왕위에 올랐다.

44 통^通박사 조병호의 '고대사 3부작'에서 영향을 받았다.

45 플라톤은 스승 소크라테스의 죽음이, 사마천은 역사가인 아버지의 권유가 여행을 떠난 결정적인 이유였다.

46 애덤 스미스는 그랜드투어를 마친 뒤 《국부론》을 집필했다.

47 물론 영국이 대영제국으로 성장한 배경에는 다양한 원인이 있다. 하지만 여기서는 인문학 교육, 그중에서도 그랜드투어만을 논하기로 한다.

48 1786년 9월 3일.

49 1786년 11월 1일.

50 1786년 12월 3일.

부록 1 서로 존중하고, 타인에게 공감할 수 있는 인문학으로의 초대

1 미국 전체 대학 졸업생의 5퍼센트 이상이 TFA 교사에 지원하고, 지원자 중 10퍼센트만이 교사가 된다.

부록 2 교사를 위한 인문고전 독서교육 실전 가이드

1 개별교육과 이후 나오는 집단교육 모두 전국 폴레폴레 교사들의 실제 수업 방식을 기초로 재구성했다. 내 의견도 많이 들어가 있다. 참고자료 정도로 활용할 것을 권한다.

부록 3 수학적·과학적 사고를 배울 수 있는, 인류 최고의 인문학자들

1 미국 국회도서관의 평가다. 마이클 J. 브래들리, 《달콤한 수학사 3》, 안수진 옮김, 일출봉, 2007.

2 칼 B. 보이어·유타 C. 메르츠바흐, 《수학의 역사 하》, 양영오·조윤동 옮김, 경문북스, 2000, 919쪽.

3 여기에는 당시 수학계의 냉대도 한몫했다.

4 존 D. 배로, 《무한으로 가는 안내서》, 전대호 옮김, 해나무, 2011, 120~127쪽.

5   라이프니츠는 뉴턴과 비슷한 시기에 미분과 적분을 발견했다.

6   콘스턴스 리드, 《현대 수학의 아버지 힐베르트》, 이일해 옮김, 사이언스
    북스, 2005, 21~25쪽, 210쪽.

7   후지와라 마사히코, 《천재 수학자들의 영광과 좌절》, 이면우 옮김, 사람
    과책, 2006, 107~113쪽; 마이클 J. 브래들리, 같은 책, 201~202쪽.

8   전현정, 《케일리가 들려주는 도형의 이동 이야기》, 자음과모음, 2009.

9   뉴턴의 물리학 백과. 《프린키피아》라고도 한다.

10 로이 포터 엮음, 《2500년 과학사를 움직인 인물들》, 조숙경 옮김, 창비,
    1999, 42쪽.

11 화이트헤드는 하버드 대학교에서 철학을 강의했고, 러셀은 케임브리지·
    하버드·시카고 대학교 등에서 철학을 강의했다.

12 지즈강, 《수학의 역사》, 권수철 옮김, 더숲, 2011, 184~189쪽; 후지와라
    마사히코, 같은 책, 76~84쪽.

13 존스홉킨스 대학교, 옥스퍼드 대학교 등에서는 수학 교수로 재직했다.

14 전병기, 《존 벤이 들려주는 벤 다이어그램 이야기》, 자음과모음, 2008,

21~23쪽.

15 3차 방정식의 근의 공식은 타르탈리아가 발견했는데, 카르다노가 이를 자신의 것인 양 무단으로 발표했다.

16 후베르트 마니아, 같은 책, 47쪽, 72~73쪽, 90쪽, 130쪽.

17 김화영, 《교과서를 만든 수학자들》, 글담, 2005, 172~173쪽.

18 나소연, 《바이어슈트라스가 들려주는 수열의 극한 이야기》, 자음과모음, 2009, 21~23쪽.

19 김승태, 《피어슨이 들려주는 두 집단의 비교 이야기》, 자음과모음, 2008.

20 후지와라 마사히코, 같은 책, 181~189쪽.

21 마이클 J. 브래들리, 《달콤한 수학사 1》, 오혜정 옮김, 일출봉, 2007, 111쪽.

22 마이클 화이트, 《갈릴레오》, 김명남 옮김, 사이언스북스, 2009.

23 비체슬라프 오렐, 《멘델》, 한국유전학회 옮김, 전파과학사, 2008.

24 로이 포터, 같은 책, 262쪽.

25 마까례냐·르이세프, 《멘델레예프》, 양정성·정은상 옮김, 전파과학사, 1997, 28쪽, 72~74쪽, 78쪽, 134쪽.

26 홍영석, 《과학의 역사》, 교우사, 2002, 129~130쪽.

27 한국지구과학회, 《지구과학사전》, 북스힐, 2009.

28 에밀리오 세그레, 《고전물리학의 창시자들을 찾아서》, 노봉한 옮김, 전파과학사, 1996, 349쪽.

29 손영운, 같은 책, 73쪽.

30 에밀리오 세그레, 같은 책, 180쪽.

31 에밀리오 세그레, 같은 책, 193~196쪽.

32 로이 포터, 같은 책, 149쪽.

33 월터 무어, 《슈뢰딩거의 삶》, 전대호 옮김, 사이언스북스, 1997, 160쪽.

34 인도 철학의 한 학파.

35 마르틴 아우어, 《파브르 평전》, 인성기 옮김, 청년사, 2003, 55~56쪽, 103쪽, 110쪽, 297쪽.

36 에른스트 페터 피셔, 《청소년을 위한 과학인물사전》, 김수은 옮김, 열대
림, 2009, 230쪽.

37 에밀리오 세그레, 같은 책, 229쪽, 232쪽.

38 로이 포터, 같은 책, 133쪽.

39 캐서린 쿨렌, 같은 책, 44~45쪽.

40 홍영석, 같은 책, 188쪽.

41 손영운, 같은 책, 185쪽.

42 캐서린 쿨렌, 같은 책, 80~81쪽.

43 손영운, 같은 책, 186쪽.

44 탈레스가 발견한 전기는 정전기였다.

45 에밀리오 세그레, 같은 책, 255쪽.

46 강건일, 《학생을 위한 화학과 화학자 이야기》, 참과학, 2002, 37쪽.

47 에른스트 페터 피셔, 같은 책, 253쪽, 260쪽.

250만 독자의 선택
대한민국 꿈의 고전

《꿈꾸는 다락방》 시리즈
최종 완결판

이지성 지음 | 양장 | 차이정원 | 각 권 15,000원

우리 모두는 꿈꾸는 자였다.
우리는 어린 시절의 순수함을 회복해야 한다.
현실을 보는 대신 꿈을 보고,
현실을 믿는 대신 꿈을 믿고,
현실에 얽매여 사는 대신 꿈을 꾸며 살아야 한다.
만일 당신이 성공한다는 것을 확실하게 안다면,
지금 무엇을 하겠는가?

R=VD, 생생하게 꿈꾸라!
오늘의 꿈을 내일로 미루지 말고 꿈꾸라!
꿈을 이룬 사람들의 이야기

"왜 세계의 교육학자들은 칼 비테에 열광하는가?"

200년간 이어온 전 세계 베스트셀러,
자녀교육의 변함없는 바이블!

국내 최초 독일어 원전 완역!
200년간 이어온 자녀교육의 바이블

칼 비테 교육법

칼 비테 지음 | 김일형 옮김 | 차이정원 | 17,000원

이지성 작가가 제안하는 칼 비테 교육법의 정수!
내 아이의 잠재력, 어떻게 깨울까?

내 아이를 위한 칼 비테 교육법

이지성 지음 | 차이정원 | 13,800원

공부를 강요하지 마라. 배움은 즐거워야 한다.
인격적으로 대하라. 결국 중요한 것은 자립심이다.
부족한 부모라고 미안해하지 마라. 칭찬만으로도 아이는 훌륭하게 자란다.
부모가 물려줄 수 있는 최고의 유산은 제대로 교육하는 것이다.

새로운 교육법을 찾는 부모를 위한 '대한민국형' 인문학 교육법
미래의 엄마들이 머리맡에 두고 꼭 읽어야 할 책!

에이트 : 씽크

인공지능의 딥러닝을 이기는 동서양 천재들의 생각법

초판 1쇄 발행 2020년 9월 15일
초판 15쇄 발행 2020년 9월 28일

지은이 | 이지성

발행인 | 박재호
편집팀 | 고아라, 홍다휘, 강혜진
마케팅팀 | 김용범, 권유정
총무팀 | 김명숙

디자인 | 김태수
표지사진 | 이다혜
교정교열 | 전은희
종이 | 세종페이퍼
인쇄 · 제본 | 한영문화사

발행처 | 차이정원
출판신고 | 제25100-2016-000043호
주소 | 서울시 마포구 양화로 156(동교동) LG팰리스 814호
전화 | 02-334-7932 **팩스** | 02-334-7933
전자우편 | 3347932@gmail.com

ISBN 979-11-971267-4-1 (03320)

이 도서의 국립중앙도서관 출판예정도서목록(CIP)은 서지정보유통지원시스템 홈페이지(http://seoji.nl.go.kr)와 국가자료종합목록 구축시스템(http://kolis-net.nl.go.kr)에서 이용하실 수 있습니다. (CIP제어번호 : CIP2020036325)

이 책은 2015년에 출간된 《생각하는 인문학》(차이)의 개정증보판입니다.